# 존 맥아더

# Slave

## 슬레이브

John MacArthur 존 맥아더

# Slave
Slave

박주성 옮김

국제제자훈련원

네이슨 부세니츠(Nathan Busenitz)에게

네이슨 부세니츠는 자신의 나이에 비해 훨씬 지혜롭고 많은 것을 이루었으며
다양한 방식으로 나에게 보화와 같은 존재가 되어 왔습니다.
그는 내 목회 사역의 개인 비서로
설교 블로그(the Pulpit blog)에 수많은 기사를 쓰는 작가로,
그레이스 커뮤니티 교회의 양육과 설교를 감당하는 동료 장로로,
그리고 매스터 신학교(The Master's Seminary)의 교수로 섬겨 왔습니다.
그는 자신의 정신과 마음을 이 책의 연구와 집필에 쏟아부었습니다.
제가 이 진리에 헌신하고 절박한 만큼
그도 똑같이 헌신하고 절박했습니다.
오직 그만 이 책의 헌사를 받을 수 있습니다.
앞으로 이 책을 읽을 많은 사람들이
내가 그의 노고에 감사하고 있다는 것을 알게 될 것입니다.

## 머리말

50년 이상 신약성경의 번역, 연구, 교수, 설교, 저술 사역을 감당해 오면서 나는 신약의 복음 신학(theology of the gospel)의 영역에서는 꽤나 진리를 잘 밝혀 내고 이해하고 있다고 생각했다. 사실 『존 맥아더의 참된 무릎 꿇음』(The Gospel According to Jesus), 『복음을 부끄러워하는 교회』(Ashamed of the Gospel), 『값비싼 기독교』(Hard to Believe), 『진리 전쟁』(The Truth War) 등의 저서와 여러 해 동안 감당해 온 수많은 설교와 기사에 이르기까지, 나의 저술 활동에서 가장 중요하고 지속적인 강조점은 복음을 선명히 드러내는 것이었다. 그러나 그런 모든 노력에도 불구하고, 나를 비롯한 대부분의 사람들이 복음과 관련되어 신약성경에 두드러지게 나타난 중요한 한 가지를 놓치고 있었다.

2007년 봄, 나는 런던으로 가는 비행기 안에서 밤새도록 머레이

해리스(Murray J. Harris)가 쓴 *Slave of Christ*(그리스도의 노예)를 읽었
다. 그리고 귀중하고, 강력하고, 명료한 성령의 계시를 신약 영어
성경 번역자들이 모호하게 만들어, 수세기에 걸쳐 이러한 진리가
은폐되고 있었다는 사실을 깨달았다. 그것은 확실히, 의도적인 것
은 아니었다. 적어도 처음에는 말이다. 그러나 그 결과는 너무나도
심각해졌다.

얼마 지나지 않아 "하나님의 노예"(Slaves of God)라는 기사를 보
관하고 있던 사람을 만났다. 에드윈 야마우치(Edwin Yamauchi)가
1966년에 '복음주의 신학회 회보'(*Bulletin of the Evangelical Theological
Society*)에 기고한 기사였다. 그동안 왜 그의 기고에 대해 아무런 반
응이 없었던 말인가? 결점이 하나도 없는 완벽한 번역일 뿐 아니
라 예수님과 우리의 관계를 가르치는 신약의 내용과도 아주 본질
적으로 연관되어 있었는데, 어떻게 그 진리가 의도적으로 감추어
지고, 그 은혜가 무시되었는가?

나는 전 세계를 여행하는 동안, 영어성경 번역본들과 더불어 그
단어를 계속 은폐하는 데 동참한 다른 주요 언어 성경 번역자들이
존재한다는 사실 또한 발견했다. 그러나 그 단어를 정확하게 번역
한 소수의 번역자들도 여전히 존재한다. 러시아, 루마니아, 인도네
시아, 필리핀과 같은 지역 성도들은 바른 번역을 통해 이 계시의 혜
택을 받고 있다. 왜 영어로는 그 혜택을 누리지 못하겠는가?

나는 그동안 복음의 가르침과 실천에 많은 혼란이 발생한 이유
는 신약 계시의 핵심적인 요소 중 하나가 지속적으로 은폐되어 왔

기 때문이라고 확신한다. 사실, 나는 내가 복음을 명확히 밝히는 그렇게 많은 책들을 쓸 필요를 느낀 이유도 그 때문이 아니었을까 생각한다. 만약 이 한 가지 진실이 알려졌다면, 과연 내가 그 책들을 집필할 필요가 있었을까?

내가 깊이 숨어 있던 이 복음의 보화를 캐내기 시작했을 때, 그 보화에서 발하는 광채가 내 사고와 설교를 지배하기 시작했다. 내가 그 주제를 선포하는 곳이면 언제, 어디서나 동일하게 깜짝 놀라는 반응이 생겨났다.

동일한 기간에 나는 종교개혁가의 정신에 충실한 '은혜의 교리'에 대한 책을 써 달라는 요청을 받았다. 그런데, 또 다른 책이 정말로 필요할까? 칼뱅, 루터, 영국 청교도, 에드워즈, 혹은 스펄전을 능가할 사람이 누가 있을까? 분명 나는 그들을 능가할 수 없는 사람이다. 복음의 주제들을 명확하고 완전하고 지속적으로 드러낸 과거와 현재의 신학자들의 작품들에, 뭔가를 추가하는 것은 원치 않았다. 그래서 나는 이미 저술되어 있는 주제들을 고려하면서, 뭔가 새로운 것을 집필해야 할 이유를 발견하려고 몸부림쳤다.

그 몸부림은 이렇게 은폐되어 있는 진리를 발견할 때까지 지속되었다.

비록 복음의 진리를 풍성하게 누리고 있는 개혁주의 신학자들이 이 문제를 다루었지만, 아무도 숨어 있는 보화를 밝은 태양빛 아래에 선명하게 드러내지 못했다.

그래서 이 책을 집필하게 된 것이다. 나는 이 책을 읽어 가게 될 독자들이 자신이 얻은 구원의 부요함을 혁명적이고 새로운 방식으로 발견하게 되기를 기도한다.


존 맥아더

# Slave

Slave

# 목차

# Slave

Slave

## 1장

# 모든 것을 바꿔 놓는
# 한 단어

"나는 그리스도인이다."

생명이 매우 위태로운 상황에서, 그는 로마 정부의 관리 앞에서 이 짧은 대답을 제외하고는 어떤 말도 하지 않았다. 그를 고소한 사람들은 그가 말문이 막히거나 자신의 신앙고백을 철회하기를 기대하며 또다시 그를 압박했다. 그러나 그는 한 번 더 똑같이 대답했다. "나는 그리스도인이다."

때는 마르쿠스 아우렐리우스(Marcus Aurelius)[1] 황제가 통치하던 2세기 중반이었다. 기독교를 믿는 것은 불법이었고, 로마 제국 전역의 신자들은 투옥과 고문과 죽음의 위협에 직면해 있었다. 특별히 비엔나의 집사였던 상투스(Sanctus)가 체포되어 재판에 넘겨졌던 남유럽에서 기독교를 격렬하게 핍박하고 있었다. 그 젊은이는 계속하여 자신의 믿음을 부인하라고 위협당했다. 그러나 그의 결심은 꺾이지 않았다. "나는 그리스도인이다."

어떤 것을 묻든지 간에 그는 계속 똑같이 대답했다. 고대 교회사가였던 유세비우스(Eusebius)에 따르면, 상투스는 "[자신을 고발하는 자들에게] 자신의 이름도, 자신의 국적이나 자신이 살던 도시도, 자신이 자유인인지 노예인지도 대답하지 않고, 모든 질문에 로마어로 '나는 그리스도인이다'라고 확고하고 짧게 대답했다."[2] 그가 다른 말을 할 가능성이 희박해지자, 그에게 심한 고문을 가한 후에 원형경기장에서 공개처형하라는 선고가 내려졌다. 그가 처형되던 날 그는 집중적인 비난을 받았고, 야수들에게 내맡겨졌으며, 뜨겁게 달궈진 쇠의자에 결박 당했다. 그를 고발한 자들은 그가 고문을 당하면 더 이상 저항하기 힘들 것이라고 확신하면서 그를 무너뜨리려고 노력했다. 그러나 유세비우스가 자세히 기록한 것처럼, "그들은 상투스가 처음부터 고백했던 짧은 신앙고백을 제외하고는 어떤 말도 듣지 못했다."[3] 그의 유언은 불멸의 헌신을 표현한 것이었다. 그가 재판을 받는 내내 그의 고백은 멈추지 않았다. "나는 그리스도인이다."

상투스의 이름과 시민권과 사회적 지위를 포함한 자신의 모든 정체성은 예수 그리스도 안에 있었다. 그러므로 그가 받은 질문에 그보다 더 나은 대답이 있을 수 없었다. 그는 그리스도인이었다. 그리고 그 칭호가 그의 모든 것을 규정했다.

초대 교회의 수많은 신자들이 상투스와 동일한 관점을 공유하고 있었다. 그들은 그 정체성으로 증인의 삶을 불태웠으며 자신의 결심을 강화했고, 상대적으로 대적들을 당황하게 만들었다. 이들 신자들은 체포당했을 때 상투스가 반응한 것처럼 그리스도를 향한 자신의 충성심을 간결한 주장에 담아 확신에 찬 고백을 했다. 어느 역사가가 초기 순교자들에 대해 다음과 같이 설명한 것처럼 말이다.

그들은 모든 질문에 대해 짧지만 포괄적인 대답 "나는 그리스도인이다"로 대답했다. 반복적으로 그들은 끈덕지게, 이 간단한 신앙고백에 천착함으로써 재판관들을 극도로 혼란시켰다. "너는 누구냐?"라는 질문에 그들은 "나는 그리스도인이고, 그렇게 고백하는 사람은 자신의 나라도, 가족도, 직업도 그외에 다른 모든 것도 그리스도인이라 부른다고 이미 대답했소"라고 반복했다.[4]

예수 그리스도를 따르는 것은 그들이 존재하는 이유였다.[5] 따라서 자신의 생명이 위태로울 때, 그들에게는 예수 그리스도와 연관시켜 자신을 규정하는 것 말고는 다른 어떤 것도 중요하지 않았다.

이들 신실한 신자들에게 '그리스도인'이라는 이름은 그냥 일반적인 종교적 칭호 이상이었다. 그 칭호는 자신과 주변 세상을 어떻게 인식하는지를 포함한, 자신의 모든 것을 규정했다. 그 칭호는 어떤 대가를 지불하더라도 예수님을 기꺼이 따르겠다는 헌신과 십자가에 못 박히신 메시아를 향한 사랑을 뒷받침했다. 그 칭호는 하나님께서 그들의 마음속에 대대적인 변화를 이루어 놓으셨다는 사실을 드러냈으며, 자신이 하나님 안에서 완전히 새롭게 태어났다는 사실을 증언했다. 그들은 예전의 삶의 방식을 버리고 하나님의 가족구성원으로 다시 태어났다. 그리스도인이란 것은 단순한 호칭이 아니라 '어떻게 살고, 궁극적으로 어떻게 죽을 것이냐'라는 중요한 함의를 가진 완전히 새로운 사고방식이었다.


## 그리스도인이 된다는 것

초기 순교자들에게 그리스도인이 된다는 의미는 아주 명료했다. 그러나 오늘날 사람들에게 그리스도인이 된다는 것이 무엇을 의미하는지 물어보라. 그러면 자신을 그리스도인이라고 말하는 사람들은 아주 다양하고 폭넓게 대답할 것이다.

어떤 사람들에게 '그리스도인'이 되는 것은 본래 이전 세대로부터 물려받은 문화적이고 전통적인 명목상의 칭호일 뿐이며, 그리스도인이 된다는 것은 특정한 행동들을 피하고, 이따금씩 교회에 출석하는 것을 말한다. 또 다른 어떤 사람들에게 그리스도인이 된다는 것은 주로 정치적인 의미로, 공적 영역에서 도덕적 가치들을 변호하거나 혹은 그 반대로 완전히 물러남으로써 도덕적 가치들을 보존하는 것이다. 과거의 종교적인 경험을 통해 본다면, 기독교 신앙이란 것은 일반적으로 예수를 믿는다는 확신 혹은 선한 사람이 되려는 욕망이다. 그러나 이런 모든 정의들은 성경적 관점에서 그리스도인이 된다는 진정한 의미에는 턱없이 미치지 못한다.

흥미롭게도 예수 그리스도를 따르는 자들은 교회가 시작된 이후 10-15년까지도 '그리스도인'이라고 불리지 않았다. 그 이전에 그들은 단순히 제자들, 형제들, 신자들, 성도들, 그 길을 뒤따르는 자들(요한복음 14장 6절, 예수님께서 자신에 대해 "길이요 진리요 생명"이라고 하신 말씀에서 나온 칭호)이라고 알려져 있었다. 사도행전 11장 26절에 따르면, 시리아 안디옥에서 제자들이 비로소 그리스도인이라 일컬음을 받게 되었다. 그리고 그후로 그리스도인이라는 이름이 붙었다.

그 이름은 애초에 불신자들이 십자가에 못박힌 그리스도를 따르는 자들을 비웃는 표현이었다.[6] 그러나 비웃음으로 시작된 그 칭호는 곧 존경의 상징이 되었다. '그리스도인'(헬라어로 Christianoi)이라고 불리는 것은 예수님의 제자들과 동일한 자들, 예수님의 충성스러운 추종자로 간주되는 것이었다. 비슷한 방식으로 가이사의 가족들도 로마 제국을 향한 그들의 깊은 충성을 드러내기 위해 그들을 스스로 '가이사의 사람들'(Kaisarianoi)이라고 불렀다. 그러나 가이사의 사람들과는 달리 그리스도인들은 자신의 궁극적인 충성을 로마나 이 땅의 권세에 표하지 않았다. 그들은 예수 그리스도께만 온전히 예배하고 헌신했다.

따라서 단어의 실제적인 뜻으로 볼 때, 그리스도인이 된다는 것은 예수 그리스도를 전심으로 따르는 자가 된다는 것이다. 주님께서 직접 요한복음 10장 27절에서 이렇게 말씀하셨다. "내 양은 내 음성을 들으며 나는 그들을 알며 그들은 **나를 따르느니라**"(저자가 강조). 그리스도인이라는 칭호는 그리스도와의 피상적인 연합 이상을 암시한다. 오히려 그리스도인이라는 칭호는 그리스도를 향한 깊은 애정과 충성, 그리스도의 말씀에 대한 복종을 요구한다. 예수님은 다락방에서 제자들에게 "너희는 내가 명하는 대로 행하면 곧 나의 친구라"(요 15:14)고 말씀하셨다. 이보다 먼저 예수님은 자신의 말씀을 듣기 위해 몰려든 무리에게 이렇게 말씀하셨다. "너희가 **내** 말에 거하면 참으로 **내** 제자가 되고"(요 8:31). 그리고 다른 곳에서는 이렇게 말씀하셨다. "아무든지 **나를** 따라오려거든 자기를 부인하고 날마다 제 십자가를 지고 **나를 따를** 것이니라"(눅 9:23; 요 12:26 참조).

우리가 우리 자신을 그리스도인이라고 부르는 것은, 예수 그리스도를 따르고 그분께 순종하기 위해 우리 자신을 부인했기 때문에 우리의 자아 정체성을 포함한 모든 것이 예수 그리스도 안에 있다는 사실을 세상을 향해 선포하는 것이다. 그분은 우리의 구세주이며 우리의 주권자이시며, 우리 삶은 그분을 기쁘시게 하는 일에 집중되어 있다. 그 칭호를 우리에게 적용하는 것은 바울 사도의 고백처럼 "내게 사는 것이 그리스도니 죽는 것도 유익함이라"(빌 1:21)는 뜻이다.

## 모든 것을 바꿔 놓는 단 한 단어

그리스도인이라는 단어가 안디옥에서 처음 등장한 이래, 이 칭호는 예수 그리스도를 따르는 자들의 보편적인 명칭이 되었다. 이 칭호가 합당한 이유는 예수 그리스도께 우리의 초점을 맞추고 있기 때문이다. 그러나 아이러니하게도 이 단어는 신약성경에 단 세 번만 등장한다. 두 번은 사도행전에서, 나머지 한 번은 베드로전서 4장 16절에 등장한다.

성경은 그리스도인이라는 이름과 더불어 예수님을 따르는 자들을 칭하는 다른 많은 용어들을 사용한다. 성경은 우리를 외국인과 나그네, 하늘의 시민, 세상의 빛으로 묘사한다. 우리는 하나님의 상속자들이며, 그리스도와 함께한 상속자들이며, 그리스도의 몸의 지체들이며, 그분의 양떼에 속한 양이며, 그분이 보낸 섬김의 대사들이며, 그분의 식탁에서 함께 교제하는 친구들이다. 우리는 운동선수들처럼 경주하도록, 군인들처럼 싸우도록, 포도나무의 가지들처럼 거하도록, 갓난아기들이 젖을 사모하듯 그분의 말씀에 갈급하도록 부름 받은 자들이다. 이런 모든 묘사들은 각각의 용어가 지닌 독특한 의미대로 그리스도인이 된다는 것을 이해하도록 도와준다.

그러나 이런 묘사들 중에 그 어떤 것보다 더 자주 사용되는 한 가지 은유가 있다. 그것은 당신이 전혀 생각지도 못했을 이미지이다. 그러나 예수님을 따른다는 것의 의미를 이해하는 데 정말로 결정적인 은유이다.

그것은 노예의 이미지이다.

성경 전체에 걸쳐 신자들은 하나님의 노예, 그리스도의 노예로 언급된다.[7] 사실 바깥세상이 그들을 '그리스도인들'이라고 불렀지만, 신약성경에서 초기의 신자들은 반복해서 스스로 주님의 노예라고 불렀다.[8] 그들에게 있어서 그 두 가지 표현은 동의어였다. 그리스도인이 되는 것은 그리스도의 노예가 되는 것이었다.[9]

순교자들이 자신을 핍박하는 자들을 향해 선포한 "나는 그리스도인이다"라는 외침은, 정확하게 '그리스도의 노예'를 의미하고 있었다. 예를 들어, 로마 당국에 의해 투옥되어 고문을 받았던 아피아누스(Apphianus)라는 젊은이는 재판 과정 내내 자신이 그리스도의 노예라는 대답만 했다.[10] 마침내 사형선고를 받고 바닷물에 수장되었지만 주님을 향한 그의 충절은 결코 흔들리지 않았다.

또 다른 초기 순교자들도 비슷하게 반응했다. "그들이 좀더 상세히 부연 설명을 하면, 치안 판사는 점점 혼란스러워지기만 했다. 자신이 이해할 수 없는 수수께끼 같은 말만 했기 때문이다. 그들은 이렇게 말했다. '나는 가이사의 노예다. 그러나 그리스도께 직접 그분의 자유를 부여 받은 그리스도인이다.' 혹은 반대로 '나는 자유인이다. 그러나 그리스도의 노예다'라고 말했다. 그래서 때때로, 그들의 시민권 유무를 담당 공무원에게 확인하는 경우가 생겼다."[11]

로마 관리들에게 혼란스러운 사실이 초대 교회의 순교자들에게는 완벽하게 이치에 맞는 사실이었다.[12] 그들의 자기 정체성은 복음에 의해 근본적으로 재정의되었다. 이 땅에서 노예이든 자유인이든 상관없이 그들은 모두 죄로부터 해방되었으며, 값을 치르고 산 존재가 되어 모두 그리스도의 노예가 되었다. 그것이 그리스도인이 된다는 것의 의미였다.[13]

신약성경은 신자들에게 그리스도께 온전히 복종하라고 명령하면서, 단순히 고용된 종이나 영적인 노동자가 아니라 온전히 그리스도의 소유가 된 사람들처럼 행하라고 권면하며 이 관점을 반영한다. 우리는 이의 없이 그리스도께 순종하고 불평 없이 그리스도를 따르도록 부름 받았다. 예수 그리스도는 우리의 주인이시다. 이 것은 우리가 그분을 '주님'이라고 부를 때마다 우리가 인정하는 사실이다. 우리는 그분을 겸손히, 온 맘 다해 순종하고 영광을 돌리기 위해 부름 받은 그분의 노예들이다.

오늘날 교회는 이 개념을 많이 다루지 않는다. 현시대의 기독교에서 다루는 용어는 노예가 아닌 다른 것,[14] 즉 성공, 건강, 부, 번영, 행복 추구에 대한 것이다. 우리는 종종 하나님이 무조건적으로 사람들을 사랑하시며, 그들이 모두 자신이 원하는 대로 살기를 바라신다고 듣는다. 그분은 그리스도인들의 모든 욕망, 소망, 꿈을 이루시길 원하신다. 개인적인 야망, 개인적인 성취, 개인적인 만족, 이런 단어들이 복음적인 기독교 용어가 되었고, "예수 그리스도와 개인적인 관계"를 맺는다는 의미의 일부분이 되었다.

죄인들이 그리스도께 복종하도록 부름을 받았다는 신약 복음의 가르침을 살펴보면, 현시대의 메시지는 정확하게 정반대의 내용을 담고 있다. 이러한 메시지는 예수님이 우리의 모든 소원을 이루시기 위해 이곳에 계신다는 것이다. 교회를 출석하는 교인들은 대부분 예수님을 개인적인 조력자나 훈련자에 비유하면서 자신들의 명령을 기꺼이 수행하며, 자기 만족이나 개인적 성취를 추구하는 자신을 도와주는 개인적인 구원자로 인식한다.

그러나 신자들과 그리스도와의 관계에 관해 신약성경은 정반대로 가르친다. 그분은 주인이요, 소유주이시다. 우리는 그분의 소유이다. 그분은 왕, 주, 하나님의 아들이시다. 우리는 그분의 백성이요, 그분의 부하이다.

한마디로, 우리는 그분의 노예들이다.


## 번역에서 빠지다

성경에 의하면 그리스도인들이 예수 그리스도와 맺고 있는 관계는 주종 관계이다.[15] 그러나 영어 성경을 가볍게 읽어 나가면 그 부분을 좀처럼 발견하기 힘들다.

그 이유는 충격적일 정도로 아주 간단하다. 킹제임스 번역본과 그보다 앞선 제네바 성경[16]을 포함한 거의 모든 영어 번역본들의 오역으로 '노예'라는 헬라어 단어가 사라졌기 때문이다. 노예(헬라어로 doulos)라는 단어는 헬라어 원문에 124회 등장하지만[17], 킹제임스 번역본에서 단 한 차례만 정확하게 번역되었다. 대부분의 현대 번역본은 조금 더 나아졌을 뿐이다.[18] 이 현상은 거의 음모처럼 보일 정도다.

'둘로스'를 '노예'(slave)로 번역하는 대신, 이들 번역본들은 하나같이 그 단어를 '종'(servant)으로 대체하고 있다. 그러나 헬라어에는 '종'을 의미하는 단어가 적어도 여섯 가지나 있다. 그리고 '둘로스'는 여기에 포함되지 않는다.[19] '둘로스'가 신약성경이나 세속적인 헬라 문학에서 사용될 때는 언제나 '노예'를 의미했다. 성경에서 사용된 헬라어 의미에 대해 가장 권위 있는 *Theological Dictionary of the New Testament*(신약 신학사전)에 따르면, 둘로스라는 단어는 "노예의 상태를 묘사하거나, 노예에 상응하는 태도를 묘사하기 위해"서만 사용되고 있다.[20] 사전의 설명은 다음과 같이 이어진다.

> 그 의미는 아주 명료하고 독립적이어서 개별적인 용어들의 용례를 제공하거나 그 역사를 추적하는 것은 불필요한 작업이다. …여기에서의 강조점은 항상 "노예로 섬기는 것"이다. 즉, 섬기는 사람의 선택과는 상관 없이, 노예로서 주인의 뜻에 따라야 하기 때문에 자신이 좋든 싫든 상관없이 주인을 섬겨야만 한다. [이 용어는] 자기 주인에 대한 노예의 종속을 [강조한다].

비록 노예와 종의 의무라는 것이 어느 정도 겹치는 부분이 있는 것이 사실이지만, 둘 사이의 핵심적인 차이는 종은 고용된 존재이고 노예는 소유된 존재라는 것이다.[21] 종들은 누구를 위해 일할 것인지, 무슨 일을 할 것인지를 선택할 자유가 있다. 종이라는 개념은 어느 정도의 자치권과 개인적인 권리를 내포한다. 반면, 노예에게는 어떤 자유나 자치권이나 권리도 없다. 그리스 로마 세계(the Greco-Roman world)에서, 노예들은 소유물로 간주되었다. 심지어 그들은 법적으로 사람이라기보다는 물건이었다.[22] 어떤 사람의 노예가 된다는 것은 주저함이나 논쟁 없이 그 사람의 뜻에 순종할 의무가 있는, 그 사람의 소유물이 되는 것이었다.[23]

둘로스라는 단어의 의미가 이렇게 분명한데, 왜 현대 영어 번역본들이 지속적으로 그 단어를 오역해 온 것일까? 이 질문에 대한 대답은 적어도 두 가지가 있다. 먼저, 서구 사회에는 노예제도와 맞물려 불명예스러운 사건이 있었다. 때문에, 번역자들은 당연히 성경적 가르침이 대영제국과 미국 식민지에서 자행된 노예무역을 상기시키는 일을 피하고자 했다.[24] 오늘날의 평균적인 독자라면 노예라는 단어는 그리스 로마 사회의 이미지보다는 오히려 영국에서 의사규칙(parliamentary rule, 議事規則)과 미국에서 남북전쟁으로 종식된 부정의한 압제 체제를 떠올리게 마련이다. 잠재적인 혼동이나 부정적인 이미지를 모두 피하기 위해 현대 번역자들은 노예라는 용어를 종이라는 용어로 대체했다.

두 번째로 역사적인 관점에서 볼 때, 중세 후기에서는 둘로스를 라틴어 '세르부스'(servus)로 번역하는 것이 일반적이었다. 라틴어 번역 성경의 영향을 받은 몇몇 초기 영어 번역본들은 둘로스를 '종'으로 번역했다. 왜냐하면 그것이 세르부스를 보다 자연스럽게 번역한 것이기 때문이다.[25] 이에 더해, 16세기 영국에서 노예라는 용어는 일반적으로 사슬에 매여 있거나 감옥에 갇혀 있는 사람을 연상시켰다. 이것은 그리스 로마의 노예 개념과 꽤나 달랐기 때문에 초기 영어 번역본(제네바 성경과 킹제임스 성경)의 번역자들은 그들의 문화에서 그리스 로마의 노예를 더 잘 표현해 주는 단어를 선택했다. 그 단어가 바로 종이었다. 그리고 이들 초기 번역본들은 지속적으로 현대 영어 번역본들에 중대한 영향을 미치고 있다.[26]

이유가 무엇이든지 간에, 둘로스가 '노예'로 번역되지 않고 '종'으로 번역되는 순간, 번역상 중요한 개념이 사라진다. 복음은 단순히 그리스도의 동료가 되라는 초대가 아니라 그분의 노예가 되라는 명령이라는 개념 말이다.

## 사라진 한 단어를 다시 찾으라

성경이 강조한 하나님의 노예라는 개념은 현대 영어 번역본들 사이에서 사라졌다. 하지만 이 노예의 개념은 사도들과 그 뒤를 이은 세대에게는 핵심적인 진리였다.

이그나티우스(Ignatius, 대략 주후 110년 경에 사망)를 비롯한 초대 교회 지도자들은 자신을 그리스도의 '동료 노예들'로 여겼다.[27] 폴리갑(Polycarp, 대략 69-155년)은 빌립보교회 성도들에게 이렇게 교훈했다. "느슨해진 옷을 동여매고, 존경과 두려움으로 진리 안에서 하나님의 노예로 섬기십시오."[28] (2세기에 기록된) *The Shepherd of Hermas*(헤르마스의 목자)는 "하나님의 노예들이 삼가야만 할 많은 [사악한 행위들]이 있다"고 독자들에게 경고한다.[29] 암브로시애스터(Ambrosiaster)로 알려진 4세기 작가는 "[모세 율법]에서 자유로워진 사람은 '죽어' 그리스도께서 값을 치르심으로 하나님의 노예가 되어 하나님을 위해 산다"[30]고 설명했다. 아우구스티누스(Augustine)는 자신이 섬기던 회중들에게 단도직입적으로 다음과 같은 수사적인 질문을 던졌다. "여러분이 섬기는 주님은 여러분을 자신의 신실한 노예로 받아들이실 만한 자격이 없는 분이십니까?"[31] 다른 곳에서 그는 어리석은 자만심을 드러내는 자들을 이렇게 꾸짖었다. "당신은 피조물일 뿐이오. 창조주를 기억하시오. 당신은 노예일 뿐이오. 주인을 경멸하지 마시오."[32] 고대 성경 주석가 크리소스토모스(John Chrysostom, 대략 347-407년)는 육체적인 결박 가운데 있던 자들을 다음과 같은 말로 위로했다. "그리스도와 관련된 문제에 있어서, [노예들과 주인들] 모두는 평등합니다. 여러분이 그리스도의 노예인 것처럼, 여러분이 섬기는 주인도 그리스도의 노예입니다."[33]

심지어 훨씬 최근에도, 영어 번역본들로 인한 혼란에도 불구하고 주요 학자들과 목회자들은 이 개념을 인식해 왔다.[34] 19세기 영국의 위대한 설교자 찰스 스펄전(Charles Spurgeon)의 말을 들어보자.

초대 교회 성도들은 기꺼이 자신을 그리스도께서 값을 주고 산, 그리스도께 속한, 온전히 그분의 재량에 맡겨진, 그리스도의 완전한 소유물로 간주하였습니다. 심지어 바울은 주인의 낙인이 자신에게 찍혀 있는 것을 즐거워하며 이렇게 외쳤습니다. "누구든지 나를 괴롭게 하지 말라 내가 내 몸에 예수의 흔적을 지니고 있노라." 그것이 모든 논쟁에 종지부를 찍었습니다. 바울은 주님의 것이었습니다. 채찍과 매질과 돌팔매질의 흔적들이, 바울의 몸이 예수 그리스도의 소유물이라는 것을 증명해 주는 하나님의 증표였습니다. 만약 과거의 성도들이 그리스도께 순종하는 것을 자랑으로 여겼다면, 저는 여러분과 제 삶의 최우선 목표가 우리 주님께 순종하는 것이라는 사실을 깨닫게 되기를 기도합니다.[35]

스펄전과 동시대에 사역했던 스코틀랜드의 목회자 알렉산더 맥클라렌(Alexander Maclaren)도 다음과 같이 똑같은 진리를 선포했다.

따라서, 인간에게 참된 지위는 하나님의 노예가 되는 것입니다. … 노예의 입장에서는 전적 복종, 무조건적 순종, 그리고 주인의 입장에서는 완전한 소유권, 생사여탈권, 모든 소유물과 노예들을 처분할 권리, …이유 없이 명령할 권리, 자신의 명령에 신속하게 우물쭈물하지 않고, 꼼꼼하고 완벽하게 수행하도록 기대할 권리 등이 하나님과 우리의 관계에 포함되어 있습니다. 자신이 해야 할 일을 아는 사람, 그 일을 최고의 영광과 가장 복된 삶의 보증으로 받아들인 사람은 복이 있습니다. 왜냐하면 형제 여러분, 하나님께 절대적이고 무조건적으로 복종하는 것과, 나 자신의 뜻을 하나님의 뜻 안에 통합하는 것은 인간을 영광스럽게 하고, 위대하고 행복하게 하는 비밀이기 때문입니다. …신약성경에서 노예와 주인이라는 용어는 그리스도인과 예수 그리스도에게 적용됩니다.[36]

교회사에 등장한 이런 외침들은 그리스도의 노예가 된 우리의 신분이, 우리의 생각과 행동에 엄청난 영향을 미친다는 사실을 아주 선명하게 드러내 준다. 우리는 그리스도께서 값을 치르고 사신 존재들이다. 우리는 그리스도의 소유이다. 우리는 그분이 소유하신 백성이다. 그리고 이 모든 것을 이해하게 되면 우리의 관점에서부터 우선순위에 이르기까지 우리의 모든 것이 변화된다.

참된 기독교 신앙은 예수님을 내 삶에 더하는 것이 아니다. 내가 그분의 뜻에 온전히 복종하고, 다른 무엇보다 그분을 기쁘시게 하는 삶을 추구하며 그분께 온전히 헌신하는 것이다. 기독교 신앙은 자신을 죽이고, 어떤 값을 치르더라도 주인을 뒤따르라고 요구한다. 다른 말로 하면, 그리스도인이 되는 것은 그리스도의 노예가 되는 것이다.

이어지는 2장에서는 이 사라진 한 단어가 갖고 있는 심오한 깊이를 연구해 볼 것이다. 그 과정에서 이 단어의 깊고 심오한 의미가 우리 삶을 얼마나 변화시키는지 발견하게 될 것이다.

## 2장

# 오래된 역사,
# 영원한 진리

신약성경에서 사용되는 노예라는 개념을 온전히 이해하기 위해, 우리는 그리스 로마 시대에 실행된 노예제도의 역사적 배경을 살펴볼 필요가 있다.

노예제도는 1세기 로마 제국에 널리 퍼져 있는 사회 구조였다. 사실, 그 당시 노예제도는 너무나 당연한 것이어서 아무도 노예제가 제도로 존재하는 것에 심각한 질문을 던지지 않았다.[1] 다양한 연령, 성(性), 민족들로 구성된 노예들은 고대 로마 사회에서 중요한 사회 경제적 계층을 구성했다. 로마제국 인구의 대략 5분의 1이 노예들이었다. 주후 2세기 초반에는 노예의 숫자가 총 1,200만 명에 달했다.[2] 당연히 로마 제국의 경제는, 숙련된 노동력과 비숙련 노동력을 모두 포함하는 꽤나 풍부한 이 인적 자원에 매우 의존하고 있었다.

초기 로마 제국의 노예들은 군사 정복을 통해 공급되었다. 제국이 경계를 확장해 감에 따라, 로마 제국은 엄청난 수의 사람들을 포로로 사로잡았고, 그들은 자연스럽게 노예 신분이 되어 팔려 갔다. 그러나 1세기쯤에는 노예들 대다수가 노예로 태어난 노예들이었다.[3] 따라서 대부분의 노예들은 자유가 뭔지 전혀 몰랐다.

많은 노예들은, 특히 광산이나 농장에서 일했던 노예들은 힘든 삶을 살았다. 이들 '시골' 노예들은 종종 도시에 살던 주인들로부터 아주 멀리 떨어진 곳에 살면서, 십장(什長)이나 감독들의 관리를 받았다. 반면, 도시에 살면서 주인의 가족구성원이 되어 주인 곁에서 일하던 노예들도 많이 있었다. 이들 '도시' 노예들의 삶은 상당히 수월했다.[4]

노예들은 자신이 훈련 받은 영역에 따라, 혹은 주인의 요구에 따라 가정 안팎에서 수많은 역할을 감당했다. 교사에서부터 요리사, 상인, 의사에 이르기까지, 노예들은 다양하고 광범위한 직업에 종사했다. 길거리에서 슬쩍 훑어보아서는 노예들과 자유민을 구분해 내기 어려웠다. 입고 다니는 옷에서도 근본적인 차이점을 발견할 수 없었고, 그들이 감당하는 책무에서도 중요한 차이점이 전혀 없었다. 어떤 계통의 일이든 자유민이 감당하는 일을 노예들도 감당할 수 있었다.

가정에서 섬기는 노예들은 주인과 좀더 가까이 있었기 때문에 다른 노예들에 비해서는 더 많이 존중받았다. 그들은 가족구성원으로서 주인의 자녀들을 돌보는 일에서부터 주인의 집을 관리하거나 주인이 운영하는 사업의 이익을 관리하는 것까지 가족들의 삶의 모든 부분에 밀접하게 관련되었다. 따라서 의롭지 못한 노예는 주인의 복지에 심각한 손해를 끼칠 수도 있어서 아주 큰 부담이 되기도 했다. 그러나 성실하게 열심히 일하는 노예는 주인의 훌륭한 자산이었다. 신실한 노예는 언젠가는 그 보상으로 자유를 얻게 될 수도 있었다. 자유를 준다는 것은 주인들이 종종 순종을 이끌어 내기 위해 동기를 부여하던 방편이었다.

친절하고 존경받는 주인을 둔 노예들은, 어느 정도 사회 경제적인 보호를 받기도 했다. 노예들은 다음 끼니를 위한 식사나 거처를 염려할 필요가 없었다. 그들의 유일한 관심은 주인의 명령을 수행하는 것이었다. 그에 대한 보답으로, 주인은 노예들의 필요를 돌보아 주었다. 또한 주인이 정부의 공무원과 같이 지역사회에서 명망 있거나 능력 있는 사람인 경우, 그의 노예들도 존중받았다.

그렇긴 하지만, 우리는 1세기 노예제도를 과도하게 비현실적으로 생각하지 않도록 조심해야만 한다. 노예가 된다는 것은 모든 면에서 주인에게 전적으로 예속된 소유물이 된다는 것을 의미했다. 그리스의 철학자 아리스토텔레스는 노예를 자산의 일부분, 즉 완전히 다른 사람의 소유물이 된 사람으로 정의했다.[5] 고대 로마도 노예들을 동일하게 취급했다. "원칙적으로 노예는 아무런 권리도, 어떤 법적 자격도 없었다. 노예는 주인이 소유한, 움직이는 재산이었다."[6] 결과적으로 노예는 "누군가가 소유하고, 자산의 일부분처럼 취급되었다. 노예는 아무런 권리가 없었고, [전적으로] 주인의 자비 아래 놓여 있었다."[7]

따라서 한 노예의 삶은 주인의 요구 조건이나 선량함의 수준에 따라 달라졌다. 신경질적이고 학대하는 주인이 소유한 노예들은 비참한 삶을 견뎌야 했다.[8] 반면, 합리적이고 자비로운 주인의 노예들은 전혀 다른 삶을 살았다.[9] 역사학 교수인 스코트 발트치(Scott Bartchy)는 이렇게 설명한다. "1세기 노예들의 유일한 공통점은, 각자 주인이 있었다는 점뿐이다. 한 노예가 경험하는 삶의 질은 대부분 전적으로 주인 가족의 관습과 주인이 운영하는 사업과 주인이 속해 있는 독특한 사회계층과 주인의 인격에 달려 있었다."[10]

로마 세계에서 노예의 삶은 노예들을 소유하고 있는 주인들의 숫자만큼이나 다양했다. 노예들이 들판에서 일하든 도시에서 일하든 간에, 노예들이 농부가 되든지 가정 총무가 되든지 다른 어떤 역할을 수행하든지 간에, 언젠가 자유를 얻게 되든지 얻지 못하든지 간에, 매일의 삶의 질이 긍정적이든 부정적이든 간에, 모든 것은 주인의 손에 달려 있었다. 모든 노예의 주인은 자기가 소유한 노예들의 삶을 규정했다. 노예들의 존재 목적은, 주인에게 충성스럽게 순종함으로써 모든 면에서 주인을 기쁘게 하는 것이었다.

# 출애굽

신약성경에서 사용한 노예제도의 은유(隱喩)를 완전하게 이해하기 위해서는 구약성경에 언급된 이스라엘의 노예제도를 간략하게 살펴볼 필요가 있다.

노예에 해당하는 히브리어 단어 '에베드'('ebed)는 구약성경에 명사의 형태로는 799회, 동사의 형태로는 290회 등장한다.[11] "에베드의 가장 기본적인 개념은 노예이지만,"[12] 그 단어의 근본적인 의미는 대부분의 영어 번역본에서 또다시 사라졌다. 예를 들어 킹 제임스 번역본은 에베드를 한번도 '노예'로 번역하지 않았다. 대신 그 시대에 다수를 차지했던 '종'(servant)이나 '남종'(manservant)으로 번역했다.[13] 대조적으로, 그리스도께서 오시기 이전에 번역된 헬라어 구약성경 번역본인 70인경(Septuagint)에서는 에베드를 400회 이상 둘로스 혹은 노예로 번역한다.[14] 70인경을 번역한 유대교 랍비 학자들은 에베드가 무엇을 의미하는지를 정확하게 이해하고 있었다. 바로 그것이 70인경 번역본에서 노예라는 용어가 그렇게도 두드러지는 이유이다. 히브리어 구약성경과 헬라어 70인경에 익숙했던 예수님 시대의 유대인들에게, 성경이 노예 이미지를 반복적으로 사용하고 있다는 것은 놓칠 수 없는 사실이었다.

노예제도는 이스라엘이 국가의 형태를 갖춘 초기부터 이스라엘 역사의 일부분이었다. 창세기 15장에서 이삭이 태어나기도 전부터, 하나님은 아브라함에게 그의 자손들이 언젠가 외국 땅에서 노예가 되어 큰 고통을 경험하게 될 것이라고 계시해 주셨다. 이 고통의 예고편은 단 3세대가 지난 후, 아브라함의 증손자 요셉이 형제들의 손에 의해 노예로 팔렸을 때 찾아왔다. 요셉의 형제들의 의도는 악했으나 하나님은 그것을 선으로 바꾸셨다. 노예였던 요셉을 정치적 권력을 가진 자리로 존귀하게 높이시고 그를 사용하셔서 수백만 명의 생명을 기근에서 건져 내신 것이다. 마침내 요셉은 형제들과 화해했고, 아버지 야곱과 재회했다. 요셉의 모든 가족들은 애굽으로 내려갔고 고센 땅에 정착했다.

야곱(혹은 창세기 35장에서 바뀐 이름인 이스라엘)의 후손들은 처음에는 환대와 존경을 받았지만, 결국에는 애굽 사람들의 노예가 되었다. 출애굽기 1장은 다음과 같이 설명한다.

> 요셉을 알지 못하는 새 왕이 일어나 애굽을 다스리더니… 감독들을 그들 위에 세우고 그들에게 무거운 짐을 지워 괴롭게 하여… 이스라엘 자손에게 일을 엄하게 시켜 어려운 노동으로 그들의 생활을 괴롭게 하니 곧 흙 이기기와 벽돌 굽기와 농사의 여러 가지 일이라 그 시키는 일이 모두 엄하였더라(출 1:8, 11, 13-14).

이스라엘 백성들이 하나님께 도움을 청하며 간구했을 때, 하나님은 초자연적인 방법으로 그들을 장엄하게 구원해 내셨다. 모세가 생명을 구한 이야기, 떨기나무 불꽃, 열 가지 재앙, 유월절, 홍해가 갈라지는 사건은 모두 주일학교 공과의 단골 주제들이다. 하지만 우리는 그 이야기들에 지나치게 친숙한 나머지 그 일의 경이롭고 기이한 가치를 떨어뜨려서는 안 된다. 하나님께서 영광스럽게 자신의 위엄을 드러내시고, 자기 백성을 자유롭게 하셨을 때, 그 당시 전 세계의 강대국이었던 애굽은 하나님의 깜짝 놀랄 만한 진노 아래 조직적으로 해체되었다.

그러나 출애굽 사건을 통해 이스라엘 백성들이 완벽한 자치권을 얻은 것은 아니다. 오히려 이스라엘 백성들은 또 다른 속박 아래 매이게 되었다. 한때 바로의 소유물이었던 이스라엘 백성들은 하나님의 소유가 되었다. 이스라엘 백성들이 시내산 자락에 유숙하고 있을 때 하나님은 "너희는 모든 민족 중에서 내 소유가 되겠고"(출 19:5)라고 말씀하셨다. 나중에 하나님은 모세에게 이렇게 말씀하셨다. "이스라엘 자손은 나의 종들이 됨이라 그들은 내가 애굽 땅에서 인도하여 낸 내 종이요 나는 너희의 하나님 여호와이니라"(레 25:55). 히브리 민족은 또 다른 주인을 섬기기 위해 한 주인으로부터 자유를 얻었다. 하나님께서 그들의 주권자가 되셨고, 그들은 하나님의 충성스러운 백성이 되었다. 출애굽은 이스라엘 백성들에게 완전한 자유를 주지 못했다. 바로의 노예 상태로부터 해방시켰을 뿐이다. 이제 그들은 하나님의 노예들이었다. "출애굽이란 이스라엘 백성들이 자신들을 하나님의 노예로 이해하게 된 역사적인 사건을 의미했다. 따라서 그들에게는 하나님께 충성스럽게 순종하며 다른 신들을 거부할 의무가 있었다. …자신을 이스라엘 백성이라고 부르는 것은 자신을 하나님의 노예라고 부르는 것과 같았다."[15]

슬프게도, 이스라엘 역사를 볼 때 유대인들은 그들의 주인이 하나님이라는 사실을 자주 잊어버렸다. 하나님께만 순종하고, 그분만을 경외하는 대신 그들은 반복적으로 우상숭배를 하고, 하나님을 대적했다. 하나님은 이에 대한 반응으로 주변 국가들이 이스라엘을 정복하고 압제하도록 허락하셨다. 만약 하나님의 백성이 하나님의 노예가 되기를 원하지 않을 경우, 그들은 또다시 그들의 대적들에게 노예가 되었다.[16]

사사기는 이와 관련하여 이스라엘 민족이 실패를 거듭하는 모습을 자세히 묘사하고 있다. 그러나 이스라엘 민족의 불성실한 태도에도 불구하고, 하나님은 끝까지 신실하셨다. 하나님은 항상 이스라엘 백성이 마음 깊이 회개하고 하나님께 도움을 간구하였을 때, 자기 백성을 속히 구원하셨다.

이스라엘 민족이 왕정을 확립한 이후에도, 백성들은 전심으로 하나님의 노예가 되기를 계속 거부했다. 우상숭배를 지속하던 이스라엘 민족은 약속의 땅에서 완전히 뽑혀, 결국 바벨론 포로가 되는 결과를 초래했다. 수 세기 전, 애굽의 노예 상태에서 구원을 받았던 하나님의 백성들은 또다시 대규모 포로가 되었다.[17] 그리고 또다시 하나님은 그들을 구원하실 것이다(스 9:9 참조).

하나님은 남은 유대인들을 약속의 땅으로 이끌어 오는 일에 느헤미야를 사용하셨고, 그는 바로 이 사실을 이해했다. 그는 백성들의 입장에서 하나님께 용서와 구원을 간구하면서 다음과 같은 말로 기도를 시작했다.

하늘의 하나님 여호와 크고 두려우신 하나님이여 주를 사랑하고 주의 계명을 지키는 자에게 언약을 지키시며 긍휼을 베푸시는 주여 간구하나이다 이제 종이 주의 종들[slaves, ʻebedi]인 이스라엘 자손을 위하여 주야로 기도하오며 우리 이스라엘 자손이 주께 범죄한 죄들을 자복하오니 주는 귀를 기울이시며 눈을 여시사 종[slaves, ʻebedi]의 기도를 들으시옵소서 나와 내 아버지의 집이 범죄하여(느 1:5-6).[18]

느헤미야는 모세의 말을 회상하고 하나님께 다시 한 번 "주께서 일찍이 큰 권능과 강한 손으로 구속하신"(10절) 백성들을 구원해 달라고 간구하며 자신의 기도를 마무리한다.

출애굽에서부터 포로기를 지나 그 이후까지, 이스라엘 백성들의 공동 정체성이었던 '하나님의 노예들'이라는 개념은 이스라엘 민족 역사의 필수적인 부분이었다. 아브라함, 모세, 여호수아, 다윗, 엘리야, 선지자들을 포함한 이스라엘의 영웅들 가운데 다수는 명확하게 하나님의 노예로 언급되었다.[19]

신약성경이 이해한 노예라는 개념이, 순전히 국가적인 정체성만은 아니었다. 노예는 고대 이스라엘에서 삶의 일부분으로도 존재했다. 비록 이스라엘 백성들은 재정적으로 파산하여 빚을 갚지 못해 동료 이스라엘 백성들에게 노예로 팔려갈 수 있었지만, 그들은 모세의 율법에 의해 존중받을 수 있었다(레 25:35-43 참조).[20]

반면, 비유대인 노예들은 "동산이나 움직이는 소유물로 간주되고 취급되었다"(레 25:44-46).[21] 이들 이방인 노예들은 포로로 잡혀 오거나, 노예시장에서 매매되거나, 노예인 부모에게서 태어난 자녀들이었다. 가정에서 일하는 노예들은 율법을 통해 일정한 보호를 보장받았고, 다른 고대 근동 아시아 사회의 노예들보다 더 나은 대우를 받았다.[22] 그럼에도 불구하고 로마의 노예들과 마찬가지로 그들은 우선적으로 "재정적인 투자의 대상으로 여겨졌으며 생산성이 떨어지거나 불순종하는 노예들은 징계를 예상해야 했다"(출 21:20-21).[23]

분명히 두 제도는 동일한 제도가 아니었지만, 구약 이스라엘의 노예제도는 1세기 로마의 노예제도와 일정 부분 유사하다. 특히 외국인 노예들은 돈으로 살 수 있었고, 따라서 자산으로 소유할 수 있었다. 그들은 주인의 의지에 완전히 지배당했다. 그들은 자신이 수행한 일의 결과에 따라 보상을 받거나 징계를 받았다. 그리고 노예의 신분이 무기한 지속될 수 있었다.[24] 고대 사회의 모든 노예들처럼, 그들의 삶은 "전적 의존, 자율권의 상실, 또 다른 사람에게 전적으로 소유된다는 의식"으로 특징지어졌다.[25]


## 주인의 사람들

사도들은 노예가 유대 역사와 로마 문화에서 어떤 의미를 지니고 있는지 온전히 인식하고, 설교를 하거나 성경을 기록할 때 노예 이미지를 사용했다.[26] 이스라엘 역사의 관점에서 보면, 하나님의 노예가 된다는 것은 자기 자신을 시내산에 서 있었던 사람으로, "여호와께서 말씀하신 모든 것을 우리가 준행하리이다"(출 24:3)라고 숭고하게 선포했던 사람으로 인식한다는 것이었다. 또한 하나님의 노예가 된다는 것은 유명한 믿음의 사람들, 즉 아브라함, 모세, 다윗, 선지자들과 같이 하나님의 뜻과 말씀에 온 마음으로 모범적으로 복종했던 영적 리더들과 같은 태도를 취하는 것이었다.

1세기 문화의 관점에서 보면, 노예제도는 신자와 그리스도와의 관계를 적절히 묘사하는 개념이다. 즉 그리스도인은 주인에게 완전히 복종하고 주인의 부속물이 된 사람이라는 의미를 설명하는 기능을 했다. 두 가지 경우 모두, 노예가 되는 것은 온전히 다른 어떤 사람의 권위 아래에 놓이는 것이었다. 그것은 개인적인 자율성을 거부하고, 다른 사람의 의지를 받아들이는 것을 의미했다. 그 개념을 훌륭하게 설명할 필요도 없었다. 왜냐하면 노예제도는 평범한 것이었고, 수세기에 걸쳐 시행되어 왔기 때문이다.

바울 사도가 자신을 가리켜 '그리스도의 노예', '하나님의 노예'[27]라고 언급했을 때, 그의 서신을 받아본 독자들은 그 의미를 정확하게 알고 있었다. 물론 그렇다고 해서 바울이 자신을 노예로 선포한 사실이 그들에게 덜 충격적인 것은 아니었다. 그리스 로마의 배경에서 바울이 편지를 써 보낸 도시에서는 개인적인 자유가 높이 평가되고 노예제도는 모욕당했다. 그리고 스스로 팔려 노예가 된 자는 비웃음과 경멸의 대상이었다.[28] 그러나 그리스도께 기쁨이 되는 것을 유일한 소망으로 여겼던 바울에게, 이보다 적절한 자기 칭호는 없었다.[29] 바울의 삶은 주인을 중심으로 움직였다. 자기 자신의 개인적인 문제를 포함해 그 어떤 것도 문제가 되지 않았다.

신약성경의 다른 저자들은 주님을 향해 진심으로 헌신했던 바울의 자세를 되풀이했다. 야고보는 자신이 예수님의 형제라는 사실을 자랑하지 않았다. 오히려 자신을 "하나님과 주 예수 그리스도의 종 야고보"(약 1:1)로 소개했다. 그는 야고보서의 뒷부분에서 다음과 같이 친숙한 표현으로 독자들을 교훈했다. "들으라 너희 중에 말하기를 오늘이나 내일이나 우리가 어떤 도시에 가서 거기서 일 년을 머물며 장사하여 이익을 보리라 하는 자들아… 너희가 도리어 말하기를 주의 뜻이면 우리가 살기도 하고 이것이나 저것을 하리라 할 것이거늘"(약 4:13, 15) 이런 표현들은 노예와 주인 관계를 전제하는 것이었다. 노예들은 자신이 원하는 것이 무엇이든 그것을 행할 수 없었다. 노예들은 주인의 뜻을 따라야만 했다.

베드로, 유다, 요한은 모두 똑같이 자신을 주님의 일에 매인 노예라고 불렀다.[30] 이들은 우리 구원자의 동료들이었고, 초대 교회의 지도자들이었다. 누구에게서든 그들은 공정하게 영적인 엘리트로 간주되었다. 그러나 그들은 기꺼이 자기 자신을 노예로 여겼다.

신약성경을 개관하다 보면 '그리스도의 노예'라는 용어가, 낮은 계급의 신자들이나 영적인 초심자를 지칭하는 말이 아니었다는 사실을 금방 발견하게 된다. 사도들은 적극적으로 그 호칭을 자신에게 적용했고, 다른 사역자들을 언급하는 데에도 사용했다.[31] 따라서 그리스도인의 삶을 다루는 서신서 전반에 걸쳐 노예 이미지가 자주 사용된 것을 발견하는 것은 놀라운 일이 아니다. 노예제도는 어느 역사학자가 다음과 같이 설명하는 것처럼 딱 맞아 떨어지는 은유였다.

> 노예가 된다는 것은 고대 청중들에게 있어서 완벽한 [예화 중 하나]였다. 노예와 마찬가지로 [그리스도인] 회심자 역시 개인적인 격변을 겪으며 자신의 가족과 전통적인 문화로부터 거부 당하는 사회적인 치욕을 당하고, 자신의 모든 과거의 정체성을 잃어버리고, 새로운 이름을 얻고, 새로운 언어와 세계관을 배우고, 새로운 친밀한 관계를 형성하는 격렬한 변화를 경험했다.[32]

'둘로스' 혹은 '노예'라는 단어는 요한계시록에서도 주님과 신자가 맺은 영원한 관계를 묘사하기 위해 전반적으로 사용된다. 요한계시록의 시작과 끝에서 우리는 하나님께서 "반드시 속히 일어날 일들을 그 종들에게 보이시려고"(계 1:1) 이 계시를 주셨다는 사실을 듣게 된다. 요한계시록 7장 3절에서 144,000명에 포함된 회심자들은 '하나님의 종들'로 불린다. 요한계시록 19장 2절에서 순교자들이 종으로 불리는 것처럼, 선지자들은 요한계시록 10장 7절에서 둘로스라는 단어로 불린다. 그리고 마침내 요한계시록의 마지막에 이르러서, 모든 성도들은 집합적인 의미에서 하나님의 노예들로 묘사된다. 영원한 상태의 영광스러움을 묘사하는 요한계시록

22장 3-4절은 이렇게 기록하고 있다. "다시 저주가 없으며 하나님과 그 어린 양의 보좌가 그 가운데에 있으리니 그의 종들[둘로이, 문자적으로는 노예들]이 그를 섬기며 그의 얼굴을 볼 터이요 그의 이름도 그들의 이마에 있으리라." 영광스러운 사실은 당신과 나와 인류 역사 가운데 모든 성도들이 그분의 노예로서 만왕의 왕이요 만주의 주이신 우리의 하늘 주인을 영원토록 기쁘게 예배하고 높이게 되는 것이다.

# 3장

# 착하고 충성스러운 노예

말씀의 진리는 항상 그 시대의 문화를 거스른다. 분명, 노예가 된다는 개념 또한 예외가 아니다. 사실 현대적인 감수성을 고려하면, 노예제도보다 더 혐오스러운 개념은 상상하기 어렵다. 특별히 현대사회는 개인의 자유와 선택의 권리를 높이 평가한다. 따라서 주종관계의 용어를 사용해 복음을 제시하는 것은 우리 문화가 가치 있게 여기는 모든 것들에 반하는 것이다. 그런 접근은 논쟁을 일으키며, 도전하는 것이며, 정치적으로 부적절한 것이다. 그러나 여전히 그런 접근은 정확하게 예수 그리스도를 따른다는 의미에 관해 성경이 말하는 방식과 일치한다.

## 예수님의 가르침과 노예제도

노예라는 개념을 통해 복음을 드러낼 때, 우리는 예수님께서 직접
보여 주신 예를 따른다. 우리 주님은 당시에 존재했던 노예제도를
변호하지도, 공공연히 비난하지도 않으셨다. 그러나 예수님은 노
예제도가 복음과 하나님 나라에 관한 진리와 유사성을 갖고 있어
서 노예제도를 통해 그 진리를 예시할 수 있다는 사실을 발견했다.
어떤 학자는 이렇게 설명한다.

> 예수님은 상투적으로 자신의 가르침 속에 노예를 등장시켰다. …
> 현대의 주석가들은 우선적으로 노예와 노예제도를 자주 은유적으
> 로 사용해 왔다. 예수님에게 있어서 노예와 노예제도는 일상생활
> 의 일부분이었다. 예수님은 철학적이고 수사학적인 목적으로 노예
> 라는 비유를 사용하신 것이 아니었다. 당시 노예는 음식을 조리하
> 고, 추수하고, 사고를 수습하는 등 도처에 존재하는 신분이었기 때
> 문에 자신의 가르침 속에 노예 신분의 인물을 등장시키신 것이다.[1]

예수님은 당시의 노예제도로부터 많은 예화나 비유를 끄집어 내
셨다.[2] 분명히 노예들은 들판에서 일했으며, 포도원의 소출을 거두
어들였고, 혼인잔치에 손님들을 초대했고, 가정 내의 일들을 감독
했으며, 특별한 경우에 주인의 가족들을 도왔다.[3] 구체적으로 어떻
게 묘사되든 간에 그리스도께서는 심오한 영적 실재들을 명확하게

제시하기 위한 가장 적합한 유추로 노예 이미지를 반복적으로 사용하셨다.

우리는 예수님의 가르침[4]을 통해 노예가 주인보다 더 위대하지도 않고, 주인의 계획에 내밀히 관여하는 존재도 아니라는 사실을 배운다. 노예는 주인의 자원을 사용할 때, 심지어는 주인의 부재(不在) 시에도 주인에게 책임을 져야 하는 존재이다. 또한 노예들은 동료 노예들을 대하는 태도에 책임을 져야 하며, 다른 사람들에게 무자비하게 대할 경우 그에 상응하는 처벌을 받아야만 한다. 신실한 노예들은 자신의 성실한 태도로 칭찬을 얻게 되겠지만, 반드시 주인에게 불평 없이 순종하고 주인을 존경해야만 했다. 나아가 노예의 지위는 자신의 주인이 다른 사람들에게 대접받는 정도에 따라 달라졌다. 주인이 치욕적인 대접을 받는다면, 노예들은 그보다 더 나은 대접을 받을 수 없었다.

또한 예수님은 자신을 따른다는 의미를 실제적으로 규정하기 위해 노예 언어를 사용하셨다. 제자도(discipleship) 역시 노예 신분과 마찬가지로, 전적으로 자기를 부인하고 매사에 주님의 명령에 순종하겠다는 자발성과 주님의 부재 시에도 그분을 섬기겠다는 열망을 갖추며, 주님이 만족하시는 것에 동기부여 되는 삶을 의미한다.[5] 비록 그리스도를 따르는 자들이 한때 죄의 노예였지만, 그들은 예수님께 구원받아 영적인 자유와 영혼의 안식을 얻었다.[6]

우리 주님께서 자신의 희생을 통해 우리를 부르시는 것은, 이러한 역사적인 배경과 대조되어 그만큼 더 생생하게 부각된다.[7] 노예의 삶은 전적인 항복과 복종과 주인을 향한 섬김의 삶이었다. 예수님 당시의 사람들은 즉각적으로 그 평행관계를 인지했을 것이다. 그리스도를 따르라는 그분의 초대는 바로 그런 종류의 삶을 살아가라는 의미였다.


## 그리스도인과 노예

신약 전반에 걸쳐 신자들은 자신이 그리스도께 속한 사람이라는 관점을 받아들여, 주인이신 그리스도를 기쁘게 섬기라는 부르심을 반복적으로 받았다. 그런 유의 관점은 신자로서 우리의 생각과 행동에 진지한 영향을 미쳤다. 예를 들어 이제 소개할 성경적인 기독교 신앙과 1세기 노예제도 사이의 다섯 가지 공통점을 살펴보라.

### 전적인 소유권

우리가 2장에서 살펴보았던 것처럼, 로마법은 노예를 "주인의 완전한 통제 속에 있는 소유물"로 간주했다.[8] 현대의 노동자들처럼, 고용된 종(servant)들은 자신의 주인을 선택할 수 있었고, 원하면 그만둘 수도 있었지만, 노예들은 그런 선택이 불가능했다.[9] 그들이 노예 신분으로 팔렸거나 태어났거나 간에 노예들은 주인의 전적인 소유물이었다.

신약성경은 신자들이 죄악에 속해 있던 과거와 그리스도와 맺은 현재의 관계를 모두 설명하기 위해 노예라는 주제를 사용한다. 비록 우리들은 아담으로부터 노예 상태를 물려받아 죄악의 노예로 태어났지만, 예수 그리스도는 십자가 죽음을 통해 값을 치르고 우리를 사셨다.[10] 그러므로 우리는 더 이상 죄의 권세 아래 놓여 있지 않다. 대신에 우리는 하나님의 전적인 소유권 아래에 놓여 있다.[11] 그리스도께서 우리의 새로운 주인이시다.[12] 바울은 로마서에서 이렇게 지적한다. "하나님께 감사하리로다 너희가 본래 죄의 종이더니 너희에게 전하여 준 바 교훈의 본을 마음으로 순종하여 죄로부터 해방되어 의에게 종이 되었느니라"(롬 6:17-18).

그리스도인으로서 우리는 "그리스도 예수의 사람들"(갈 5:24)이면서 예수 그리스도를 "하늘에 상전"(골 4:1)으로 예배하는 무리에 동참하게 되어 "자기 백성"(딛 2:14)의 일부분이 된 것이다. 1세기의 노예들이 이 땅의 주인으로부터 새 이름을 받았던 것처럼,[13] 우리 각자는 그리스도에게 새로운 이름을 받을 것이다. 예수님께서는 요한계시록 3장 12절에서 이기는 자들에게 "하나님의 이름과 하나님의 성 곧 하늘에서 내 하나님께로부터 내려오는 새 예루살렘의 이름과 나의 새 이름을 그이 위에 기록하리라"고 약속하셨다. 영생의 상태에 들어간 성도들은 주님의 종으로서 영원히 주님을 섬길 것이며 "그의 이름도 그들의 이마에" 있을 것이다(계 22:4). 그 이미지는 한 주석가가 설명하는 것처럼 자명하다. "히브리인들에게 있어서 어떤 것에 '이름을 새기는 것'은 전적인 소유권과 전적으로 어느 누구의 소유물로 삼는 것을 의미하는 일반적인 비유적 표현이다."[14] 우리는 그리스도의 이름을 받을 것이다. 왜냐하면 우리는 영원히 그분의 독점적인 소유물이 될 것이기 때문이다.

### 무조건적인 복종

노예가 되는 것은 어떤 사람의 소유가 된다는 의미일 뿐만 아니라, 그 사람에게 항상 복종할 준비가 되어 있다는 의미도 갖는다. 노예의 유일한 의무는 주인의 요청을 수행하는 것이었고, 신실한 노예들은 주저함이나 불평 없이 기꺼이 그렇게 하기를 원했다. 결국 "노예들은 주인의 말 외에는 그 어떤 법도 몰랐다. 그들은 아무런 권리가 없었고, 완전히 주인의 소유물이었다. 노예들에게 허락된 것은 주인을 향한 무조건적인 순종이었다."[15]

이 비유적인 표현에 기초하여, 신약성경은 성도들에게 반복적으로 주인에게 신실하게 복종하라고 요청한다. 어떤 저자는 다음과 같이 설명한다.

그리스도께서 주님이신 것처럼 그리스도인은 노예이다. 아니, 무조건적인 순종을 내어드려야 할 노예이다. 바울은 영적인 노예와 문자적인 노예를 명백하게 비교하고(예를 들어, 골 3:22-24), 노예의 표(marks)와 그리스도의 소유라는 봉인을 이야기하며, 주님께서 값을 주고 사셔서 주님의 소유가 된 그리스도인의 개념을 자세하게 논증한다. "너희는 너희 자신의 것이 아니라 값으로 산 것이 되었으니" 결국 육신으로 사는 이것이 우리 "일의 열매"를 의미한다.

노예는 오직 일하기 위해 존재한다(고전 6:19, 20, 빌 1:22). 그러므로 헌신은 그리스도의 절대적인 요구와 소유권에 온전히 도덕적으로 복종하는 것을 의미한다.[16)]

그리스도의 주재권에 대한 복종, 즉 그리스도께 복종함으로 표출되는 마음의 태도는 진정으로 회심한 사람들을 규정해 주는 표지다. 요한일서 2장 3절은 이 문제에 대해 다음과 같이 분명히 말한다. "우리가 그의 계명을 지키면 이로써 우리가 그를 아는 줄로 알 것이요."

주님의 노예들로서 우리에게는 "예수 그리스도께 순종함"(벧전 1:2), "[우리]가 드릴 영적 예배인 [우리] 몸을 하나님이 기뻐하시는 거룩한 산 제물로 드림"(롬 12:1), "그의 계명을 지키고 그 앞에서 기뻐하시는 것"(요일 3:22)이 요구된다. 바울은 고린도교회 성도들에게 이렇게 말했다. "값으로 산 것이 되었으니 그런즉 너희 몸으로 하나님께 영광을 돌리라"(고전 6:20). 그다음에는 이렇게 가르쳤다. "그런즉 너희가 먹든지 마시든지 무엇을 하든지 다 하나님의 영광을 위하여 하라"(고전 10:31).

그리스도의 소유가 되었다고 선포하면서 불순종하는 사람들은 자신이 노예 신분임을 부정하는 것이다. 사도 요한은 이렇게 설명했다. "만일 우리가 하나님과 사귐이 있다 하고 어둠에 행하면 거짓말을 하고 진리를 행하지 아니함이거니와"(요일 1:6). 특별히 그런 태도는 신약성경이 "멸망의 종"(벧후 2:19)이요 "우리 주 그리스도를 섬기지 아니하고 다만 자기들의 배만 섬기는 자들"(롬 16:18)로 묘사하는 거짓 교사들에게서 나타난다. 그들은 "경건하지 아니하여 우리 하나님의 은혜를 도리어 방탕한 것으로 바꾸고 홀로 하나이신 주재 곧 우리 주 예수 그리스도를 부인하는 자들"이다(유 1:4; 벧후 2:1 참조). 반면, 진짜 하나님의 사람은 자기 자신을 "모든 선한 일에 준비"하는 주님의 노예이다(딤후 2:24).

## 오직 헌신

신약성경 시대에 노예의 삶은 어려웠겠지만 비교적 단순했다. 노예들의 최고 관심사는 주인의 뜻을 수행하는 것뿐이었다. 그들은 직접적인 명령에 순종해야만 했다. 직접적인 명령이 떨어지지 않은 영역에서는 자신의 능력 한도 내에서 최선을 다해 주인을 기쁘시게 해 드릴 방도를 찾아야만 했다.

이러한 헌신은 1세기 노예들의 특징이며, 그것은 또한 성경적 기독교 신앙의 특징이기도 하다. 노예들처럼 우리는 우리 주님께만 철저하게 헌신한다. 우리의 가장 큰 관심은 다음과 같은 그리스도의 말씀에 잘 요약되어 있다. "네 마음을 다하고 목숨을 다하고 뜻을 다하고 힘을 다하여 주 너의 하나님을 사랑하라"(막 12:30). 그렇게 전적으로 헌신하기 위해서는 하나님 외에 다른 주인을 겸하여 섬길 수 없다. 우리는 하나님과 돈을 겸하여 섬길 수 없고, 하나님과 우상들을 함께 예배할 수 없고, 동시에 성령과 육신을 따라 살 수 없다.[17]

모든 일에서 우리는 "그 앞에 즐거운 것을"(히 13:21) 행해야만 한다. 그것이 바울이 고린도교회 성도들에게 "그런즉 우리는 몸으로 있든지 떠나든지 주를 기쁘시게 하는 자가 되기를 힘쓰노라"(고후 5:9)고 말한 동기였다. 신자들은 "범사에 기쁘시게 하고"(골 1:10), "행하며 하나님을 기쁘시게"(살전 4:1) 하고, "하나님을 기쁘시게"(롬 14:18) 할 만한 모든 것을 행한다. 우리는 하나님의 이름에 걸맞게 행동하기를 소망하며, 우리가 행하는 모든 일을 통해 하나님의 영광을 구하도록 부름 받았다.[18] 궁극적으로 중요한 단 한 가지는 주인의 인정과 보상이다. 신실한 노예에게는 그것이 충분한 동기가 되었다.

### 전적 의존

노예들은 주인의 가족구성원 일부가 되어 음식과 보금자리를 포함한 삶의 기초적인 수단들을 주인에게 전적으로 의존했다. 노예의 식사에는 때때로 곡류나 빵이 대용으로 제공되기도 했지만, 보통은 통옥수수로 구성되었다. "일반적으로, 옥수수나 빵과 함께 소금과 기름이 제공되었다. 일상적으로 고기나 채소는 제공되지 않았지만, 이따금씩 적은 양의 식초와 소금에 절인 생선이나 무화과 열매나 올리브 열매를 제공받았다."[19] 보금자리와 관련하여, 가정에서 일한 노예들은 별도의 노예 숙소에서, 가족구성원이 소규모인 경우에는 주거 공간이 허락하는 범위 내에서 보통 주인과 함께 살았다.[20] 현대적인 시각에서 보면 기초적인 수준이었지만, 그 정도의 공급이면 일반적으로 충분했다. 게다가 주인은 노예들에게 노예가 아닌 사람들은 누릴 수 없는 중요한 유익을 제공했다. 자유민과는 달리 노예들은 먹을 것이나 잠잘 곳을 찾느라 염려할 필요가 없었다. 그들의 필요가 충족되었기 때문에, 주인을 섬기는 데 온전히 집중할 수 있었다.

이 부분에 대해서도 노예와 그리스도인의 삶의 유사점은 두드러진다. 믿는 자로서 우리는 하나님께서 우리의 필요를 채워 주실 것을 신뢰하면서, 하나님께서 우리에게 명하신 그 모든 것을 준행하는 데 집중할 수 있다. 예수님은 자신을 따르는 자들에게 이렇게 말씀하셨다. "그러므로 염려하여 이르기를 무엇을 먹을까 무엇을 마실까 무엇을 입을까 하지 말라 이는 다 이방인들이 구하는 것이라 너희 하늘 아버지께서 이 모든 것이 너희에게 있어야 할 줄을 아시느니라 그런즉 너희는 먼저 그의 나라와 그의 의를 구하라 그리하면 이 모든 것을 너희에게 더하시리라"(마 6:31-33). 하나님을 기쁘시게 하는 것을 자신의 최우선순위로 삼은 사람들은 하나님께서 자신을 돌보실 것이라는 사실을 확신할 수 있다.[21]

바울 사도는 이 원칙을 가장 잘 이해한 사람이었다. 바울 사도는 '그리스도의 노예'로서 주인을 섬기기 위해 모든 것을 포기했다. 인간적으로 말해서 그가 감당한 사역은 쉬운 사역이 아니었다. 그는 여러 번 맞았고, 감옥에 갇혔으며, 위험에 처했고, 죽음의 위협을 받았다. 그럼에도 불구하고 하나님은 항상 바울에게 자신의 사역을 충실히 감당하는 데 필요한 모든 것을 공급해 주셨다.

바울은 빌립보교회 성도들에게 이렇게 편지했다. "아무것도 염려하지 말고 다만 모든 일에 기도와 간구로 너희 구할 것을 감사함으로 하나님께 아뢰라"(빌 4:6). 같은 장 뒷부분에서 바울은 자신이 처한 상황이 어떠하든지 간에 만족하는 비법을 배웠다고 설명했다. 결과적으로 그는 이렇게 외칠 수 있었다. "내게 능력 주시는 자 안에서 내가 모든 것을 할 수 있느니라"(빌 4:13). 바울은 그리스도께 전적으로 의지하고, 더불어 자신의 필요를 적절하게 판단함으로써 만족을 얻었다. 바울이 디모데에게 설명했던 것처럼 "우리가 먹을 것과 입을 것이 있은즉 족한 줄로 알 것이니라"(딤전 6:8).

바울은 일생 동안 자신이 받은 주님의 사랑에 힘입어, 빌립보교회 성도들에게 다음과 같이 확언할 수 있었다. "나의 하나님이 그리스도 예수 안에서 영광 가운데 그 풍성한 대로 너희 모든 쓸 것을 채우시리라"(빌 4:19). 그는 또한 같은 맥락으로 다음과 같이 말했다. "하나님이 능히 모든 은혜를 너희에게 넘치게 하시나니 이는 너희로 모든 일에 항상 모든 것이 넉넉하여 모든 착한 일을 넘치게 하게 하려 하심이라"(고후 9:8). 바울 자신은 "내 은혜가 네게 족하도다 이는 내 능력이 약한 데서 온전하여짐이라"(고후 12:9)는 하나님의 약속에 힘입어 매일 그리스도께 의존했다. 표면적으로는 비참한 상황 속에서도 바울은 확신에 차 있었고 감사했다.[22] 단순히 자신이 주인의 보살핌을 받고 있다는 사실만으로도 그 어떤 어려움에도 직면할 수 있었다. 로마에 있는 성도들에게 다음과 같이 기록했던 것처럼 말이다.

"누가 우리를 그리스도의 사랑에서 끊으리요 환난이나 곤고나 박
해나 기근이나 적신이나 위험이나 칼이랴 …내가 확신하노니 사망
이나 생명이나 천사들이나 권세자들이나 현재 일이나 장래 일이나
능력이나 높음이나 깊음이나 다른 어떤 피조물이라도 우리를 우
리 주 그리스도 예수 안에 있는 하나님의 사랑에서 끊을 수 없으리
라"(롬 8:35, 38-39).

바울은 자신의 개인적인 경험을 토대로, 신자들을 향한 모든 잠
재적인 위협들을 나열하고 있다.[23] 그는 어떤 위협들이라도 하나
님의 사랑에서 자신을 끊어 낼 수 없다는 사실을, 직접적인 경험을
통해 알고 있었다.

### 개인적인 책무

1세기 노예들은 소유주 앞에서 자신이 수행한 모든 일에 책임을
져야 했다. 궁극적으로 주인의 평가만이 중요했다. 만약 주인이 만
족한다면 노예는 그에 따른 유익을 얻기도 했다. 일생 동안 신실하
게 일한 노예는 보상으로 궁극적인 해방이나 자유를 얻을 수도 있
었다. 그러나 만약 주인이 만족하지 않는다면, 그 노예는 종종 매
질까지 당할 만큼 강한, 그에 합당한 훈련을 예상해야 했다. "십자
가형, 뼈를 부러뜨림, 신체 일부를 절단함, 뜨거운 타르(hot tar), 목
에 마구(馬具, restraining collars)를 대어 구속함, 그리고 고문"[24] 등의
극단적인 체벌은 드물었지만, 로마법에서는 허용되었다. 그런 무

게 있는 보상과 체벌 체계는 노예들이 일을 열심히, 잘하도록 만드는 강력한 자극이었다.

마찬가지로, 믿는 자들은 언젠가 그리스도 앞에 서게 된다는 사실에 동기부여가 된다. 주인을 기쁘시게 하려는 욕망은 "우리 각 사람이 자기 일을 하나님께 직고하리라"(롬 14:12), "이는 우리가 다 반드시 그리스도의 심판대 앞에 나타나게 되어 각각 선악간에 그 몸으로 행한 것을 따라 받으려 함이라"(고후 5:10)는 사실을 알게 될 때 더 강화된다. 우리는 각자 마태복음 25장이 묘사하는 성실한 노예처럼 "잘하였도다 착하고 충성된 종아… 네 주인의 즐거움에 참여할지어다"(마 25:21, 23)라는 칭찬을 듣기를 소원한다. 우리는 신실하게 인내하는 모든 자에게 "의의 면류관이 예비되었으므로 주 곧 의로우신 재판장이 그 날에 내게 주실 것이며 내게만 아니라 주의 나타나심을 사모하는 모든 자에게도니라"(딤후 4:8)는 말씀에 자신감을 얻게 된다.

초대 교회에서는 상당히 많은 성도들이 로마의 노예들이었다. 바울은 이들 그리스도인들에게 이 땅의 주인들을 섬기면서 궁극적으로 주님을 섬긴다는 사실을 생각하라고 그들을 격려했다. 그런 경우에 그들이 주인에게 순종하는 동기는 이 땅에서 얻을 수 있는 혜택이 아닌, 하늘의 보상이었다. 골로새에 있는 노예들에게 바울은 이렇게 썼다. "종들아 모든 일에 육신의 상전들에게 순종하되 사람을 기쁘게 하는 자와 같이 눈가림만 하지 말고 오직 주를 두려워하여 성실한 마음으로 하라 무슨 일을 하든지 마음을 다하여 주께 하듯 하고 사람에게 하듯 하지 말라 이는 기업의 상을 주께 받을 줄 아나니 너희는 주 그리스도를 섬기느니라"(골 3:22-24; 엡 6:5-8 참조).

그리스도인 주인들도 하늘의 주인을 모시고 있다는 사실을 기억할 필요가 있었다. 바울은 골로새의 노예주들에게 다음과 같이 계속 권면했다. "상전들아 의와 공평을 종들에게 베풀지니 너희에게도 하늘에 상전이 계심을 알지어다"(골 4:1; 엡 6:9 참조).

하늘에 계신 주인을 기억하는 것은 노예이든 자유인이든 상관없이 초대 교회 그리스도인들에게 강력한 힘이 되었다. 그것은 오늘날 우리에게도 동기부여가 되어야만 한다. 우리의 성실함을 이생에서 보상받느냐 받지 못하느냐는 정말 중요한 문제는 아니다. 언젠가 우리는 우리의 수고를 완전히 보상해 주실 그리스도 앞에 서게 될 것이다. 얼마나 영광스러운 날이겠는가! 찰스 스펄전은 이렇게 말했다.

[그날에] 주님께서는 자기 백성들이 행한 일에 풍성히 보상해 주실 겁니다. 그들이 보상을 받을 자격이 있어서가 아니라 하나님께서 먼저 그들에게 선한 일을 행할 은혜를 주셨고, 그런 다음 그들이 행한 선한 일을 새로워진 마음의 증거로 취하시고, 그들이 행한 일을 보상해 주셨습니다. "잘하였도다, 착하고 충성스러운 종아"라는 말씀을 듣게 될 때, 아무도 몰라줬지만 당신이 그리스도를 위해서 일했다는 사실이 드러날 때, 아무도 알아주지 않았지만 주님을

섬긴 것으로 인해 그리스도께서 그 모든 것을 쌓아 놓으셨다는 사실을 발견하게 될 때, 주 예수님께서 알곡에서 가라지를 골라 내셨다는 사실을 발견하고, 당신이 그분의 존귀한 자들 중에 하나라는 사실을 알게 될 때 오, 얼마나 행복할까요. 그러므로 그들을 위해 이렇게 말씀하실 겁니다. "네 주인의 즐거움에 참여할지어다." 아, 당신은 얼마나 행복할까요.[25]

# Slave

## 4장

# 주님, 그리고
# 주인이신 분⑴

지금까지 우리는 둘로스라는 단어와 그 단어가 그리스도인의 삶에
미치는 함의에 초점을 맞추어, 그리스도의 노예가 된다는 성경적
은유를 노예의 관점에서 살펴보았다. 이번 장에서 우리는 성경에
서 예수 그리스도를 우리 '주님'과 '주인'(혹은 헬라어 퀴리오스)으로
부르는 것이 무슨 의미인지 이해하기 위해 다른 측면에 관심을 기
울일 것이다. 우리는 예수님이 교회의 주님이요 주인이라는 진리
를 먼저 생각해 볼 것이다. 그런 다음, 이어지는 두 장에 걸쳐 우주
에 존재하는 모든 사람과 사물을 다스리시는 주인이신 그리스도의
합당한 위치를 살펴볼 것이다.

때는 1415년 7월 6일 아침이었다. 그 시대의 가장 위대했던 설교자요, 교회 역사상 가장 뛰어난 설교자들 가운데 한 사람이 재판정에 다시 섰다. 이번이 마지막 재판이었다.

그는 이미 7개월 이상의 힘든 투옥생활을 견뎌 내었다. 재판을 받는 동안 안전통행권(safe passage)을 보장 받았음에도 불구하고, 그가 도착하자 얼마 지나지 않아 곧 체포되어 감옥에 던져졌다. 처음에 그는 하수도 근처의 어둡고 음울한 지하 감옥에 들어갔다. 너무나 고약한 냄새가 나는 곳이어서 얼마 지나지 않아 심하게 앓았고, 감방을 옮기지 않았다면 죽었을지도 몰랐다. 옮긴 곳들도 그다지 더 나을 바 없는 상황이었다. 그는 곧 높은 성탑에 감금되었고, 발은 늘 차꼬에, 손은 벽과 연결된 쇠사슬에 묶인 채 지내야 했다.

몇 번 문초를 당했지만, 그는 공개적으로 자신을 변호하거나 자신의 관점을 명확하게 진술할 합당한 기회를 얻지 못했다. 6월 5일에 시작된 그에 대한 공식적인 소송 절차는 조롱 이상의 그 어떤 것도 없었다. 자신의 글에 대해 설명하라고 요청 받았을 때, 그의 목소리는 그의 책을 불살라 버려야 한다고 요구하는 고소자들의 화난 외침에 묻혀 버렸다. 그는 자기 양심과 하나님의 말씀을 변호할 기회를 요청했지만, 그 요청은 완전히 무시되고 묵살당했다. 마침내 그는 그가 말하는 것이 아무런 소용이 없다는 사실을 깨닫고 결국 침묵하게 되었다. 그런 그의 침묵에, 대적들은 그가 자신의 죄를 인정하고 있다고 곡해했다.

마침내 7월 6일 아침에 이 무고한 하나님의 사람은 마지막 선고

공판을 받기 위해 지역 대성당 안으로 걸어 들어갔다. 고소자들은 그를 조롱하기 위해 그에게 성직자 옷을 입혔고, 손에는 성찬 잔을 들려주었다. 곧 그들은 그에게서 예복을 벗겼다. 그의 최종적인 파면과 공개적인 수치를 상징적으로 시연하는 행위였다.

그는 법정에서 이단자라는 낙인이 찍히고, 탄핵되어 도시 외곽에 있는 사형 집행장으로 끌려갔다. 그가 마지막까지 자신의 신앙을 철회하지 않자 사형 집행자는 그의 목에 쇠사슬을 감고 젖은 밧줄로 그의 몸을 말뚝에 묶었다. 사형 집행자들의 조롱이 호기심어린 군중들의 숨죽인 목소리들과 뒤섞일 때, 나무와 건초와 불쏘시개가 그의 발 앞에 놓였다. 곧 불이 점화되었고, 연기가 하늘을 가득 메우기 시작했다. 불꽃이 그에게로 타올랐을 때, 이 믿음의 순교자는 절망의 비명 대신 찬송을 불렀다. "'살아 계신 하나님의 아들 그리스도는 우리에게 자비를 베푸셨네. 살아 계신 하나님의 아들 그리스도는 나에게 자비를 베푸셨네. 동정녀 마리아에게서 나신 그분. …' 그리고 그가 세 번째 노래를 부르기 시작했을 때, 바람이 불어와 그의 얼굴에 불꽃이 덮쳤다. 그는 마음속으로 기도하며 자신의 입술과 머리를 움직이며 주님 안에서 숨을 거두었다."[1]

1415년 여름날에 점화되었던 그 불꽃은 얀 후스의 삶으로 불타오른 개혁의 불꽃 앞에 무색해졌다.[2] 그의 영향력은 이미 보헤미아 지방 전체와 신성 로마 제국의 다른 지방에까지 퍼졌다. 결국 그 영향력은 독일의 호젓한 마을에까지 퍼져나가 마르틴 루터 (Martin Luther)라는 이름을 가진 수도사에게 닿았다. 후스의 저작을 발견하고 루터는 이렇게 외쳤다. "나는 놀라움에 압도되었다. 나는 왜 그들이 이렇게 진지하고 능숙하게 성경말씀을 설명해 주던 위대한 인물을 화형시켰는지 이해할 수 없었다."[3] 후스는 비록 한 세기 이전의 사람이었지만, 루터는 자신을 '작센의 후스'(Saxon Huss, 역주 : Saxon은 독일 연방 Saxony 주 사람을 가리킨다)라고 지칭할 정도로, 후스를 자신의 가장 위대한 멘토들 중에 한 사람으로 꼽았다.[4]

그러나 왜 로마 가톨릭 교회는 얀 후스를 사형에 처했는가? 그가 고귀한 학자요 능력 있는 성경 교사였다면 무엇 때문에 정죄를 받아 사형을 당했는가?

후스는 원래부터 교회와 불화하지는 않았다. 사실, 어린 시절에 그는 사제가 되기를 원했다. 그는 1370년에 보헤미아 지방 후시네츠(Husinec)의 소작농 가정에 태어났다.[5] 찢어지게 가난한 가정에 태어난 후스는 사제가 되기를 소원했다. 어머니의 격려도 일정 부분 영향을 미쳤지만, 우선적으로는 사제가 되면 남부럽지 않은 삶을 보장받았기 때문이었다. 마침내 그는 1402년에 사제로 안수 받았다.

청년 때에는 프라하 대학에서 공부했고, 문학 학사(1393년), 신학 학사(1394년), 신학 석사(1396년)와 같은 학위를 취득했다. 1398년에는 대학에서 교수 사역을 시작했다. 그는 빠르게 성공해 1401년에는 철학과 학장이 되었고, 1402년에는 대학 총장이 되었다. 이맘때쯤, 후스는 이전 세대의 위대한 영국 종교 개혁자였던 존 위클리프(John Wycliffe)의 저작에 크게 영향을 받고 있었다. 위클리프의 관점, 특별히 성경의 권위와 교황권의 부패를 바라보는 관점은 총명한 젊은이 후스에게 지워지지 않는 흔적을 남겼다.

안수 받은 지(그리고 추가적으로 학문적 교수 사역의 책임을 맡은 지) 얼마 후, 후스는 프라하에서 제일 중요한 교회이면서 3천 명의 회중을 수용할 수 있는 시설을 갖춘 베들레헴 채플(Bethlehem Chapel)의 설교자가 되었다.[6] 그는 라틴어가 아닌 보헤미아어로 설교했다. 이것이 그가 돋보이게 된 계기가 되었다. 그는 백성들 사이에서 아주 유명해졌으며, 성직자들 사이에서는 평판이 나빠졌다.

성경말씀을 가르치는 것은 그의 삶에 극적인 영향을 미쳤다. 예를 들어, 그는 로마 가톨릭 체제가 파탄에 이르렀음을 인식하기 시작했다. 그는 자신의 영적인 변화를 이렇게 기록했다. "내가 나이도 어리고, 이성적인 능력도 부족했을 때, 나도 [로마 가톨릭]이라는 어리석은 분파에 속해 있었다. 그러나 주님께서 말씀의 지식을 주셔서 나는 나의 어리석은 마음에서부터 그런 어리석음을 내버렸다."[7] 성경에 대한 이런 헌신이 그의 사역의 표지가 되었다. 또 다른 곳에서 그는 이렇게 말했다. "나는 살아 있는 한, 성경이 담아 내고 있는 것이라면 무엇이든 붙들고, 믿고, 주장하기를 소원하며, 겸손하게 믿음을 거룩한 성경말씀에 일치시킨다."[8]

로마 가톨릭 교회가 프라하에서 면죄부 판매를 승인했을 때, 후스는 그 행태를 공개적으로 비난했다. 이것이 그를 순교의 길로 이끌어 갔다. 그러나 로마 교황의 견책을 받은 이후에도 그는 베들레헴 채플에서 계속 설교했다. 그는 설교를 하면 할수록 그가 최종적인 권위로 명료하게 선포했던 성경에 더 강력히 의존했다. 어느 역사가는 이렇게 설명한다.

> 베들레헴 채플에 군중들이 밀려든 것은 놀라운 일이 아니다. 베들레헴 채플의 강단은 신학적이고 추상적인 개념들을 다루지 않았다. 하나님의 말씀은 성령의 검이 되어 숙련된 설교자의 손에 들려 죄악과 양심의 핑곗거리들을 드러냈다. 그 생명의 말씀은 구원의 은혜와 평안을 제공했다. 후스는 그가 살았던 시대와 그의 메시지를 듣기 원했던 청중들의 설교자였다. 그의 메시지는 순전한 종교에 대한 열정과 인간을 향한 연민으로 불타올랐다. 그는 진정한 설교자였다. 그가 프라하의 대주교를 깨우친 것처럼 그리스도의 최대 명령은 모든 피조물에게 복음을 전하는 것이었다. 그리고 대주교와 교황 때문에 강단에 더 이상 서지 못하게 되었을 때, 그는 보헤미아의 최고 관리들에게 편지를 보내어 그 명령은 "하나님과 하나님의 구원"을 그르치는 것이기 때문에 그 명령에 감히 순종하지 않겠노라고 엄숙하게 선포했다.[9]

그를 저지하기 위해 교회 당국은 칙령을 선포하여, 후스가 설교를 계속하는 한 어떤 시민도 성찬을 받거나 교회 묘지에 묻히지 못하도록 했다. 그래서 후스는 시민들이 그런 손실을 당하지 않도록 저항의 강도를 누그러뜨렸다. 그는 1412년에 은퇴해 시골로 갔고, 그곳에서 열정적으로 연구하고 집필했다.

후스는 자신의 역작 *De Ecclesia*(교회)에서 당시 로마 가톨릭 조직 체계를 비판했다. 그 책은 1413년에 프라하에서 공개적으로 읽혔고, 급진적인 관점을 견지하고 있었다. 예를 들어, 후스는 교회란 모든 세대의 모든 예정된 성도들로 구성되어 있다고 가르쳤다. 이것은 "교황이 머리이고 추기경들이 교회의 몸이다"[10]라고 가르쳤던 로마 가톨릭 교회의 공식적인 입장과 대조되는 것이었다. 일반적인 성도는 실질적인 구성원이 아니라 주님의 성찬을 통해 참 교회와 교감할 뿐이었다(성도들은 성찬을 할 때도 빵만 받았다).

후스는 자신의 책에서 성경의 권위가 교회의 권위보다 더 크다고 말했다. 이 주장 역시 그 시대에는 급진적인 것이었으며 존 리프를 통해 소개받은 개념이었다. 백여 년 후에, 마르틴 루터는 동일한 확신을 되풀이하여 선포했다.

얀 후스가 사형을 선고받은 주된 이유는 그가 예수 그리스도만이 교회의 머리라고 가르쳤기 때문이다. 후스는 참된 권위는 그리스도와 그분의 말씀에 속해 있다고 주장하면서 그 시대의 부패한 사제들, 추기경들, 교황은 영적 리더십으로 합당하지 않다고 공공연히 비난했다. 따라서 그는 이렇게 선포했다. "로마 교황의 발언이 그리스도의 법과 일치하면 순종해야 한다. 만약 로마 교황의 발언이 그리스도의 법과 일치하지 않으면, 그리스도의 제자들은 교황의 주장이 무엇이든지 간에 그것에 대항하여 그리스도와 함께 충성스럽고 단호하게 일어서야만 한다. 필요하다면 저주와 죽음을 견뎌 낼 준비를 해야 한다. 교황이 성경에 입각하지 않은 방식으로

자신의 권력을 사용할 때 교황에게 저항하는 것은 죄가 아니다. 그
것은 명령이다."[11] 후스의 가르침을 요약하면서 역사가 매튜 스핀
카(Matthew Spinka)는 이렇게 기록했다.

> 베드로에 관한 설교에서 후스는, 교회는 베드로가 아닌 "그리스도
> 예수라는 확실한 기초" 위에 세워졌다고 주장한다. 자신의 주장을
> 뒷받침하면서 그는 바울이 선포한 말씀을 인용한다. "이 닦아 둔
> 것 외에 능히 다른 터를 닦아 둘 자가 없으니 이 터는 곧 예수 그
> 리스도라"(고전 3:11). …후스의 권리를 빼앗았던 교황은 그리스도
> 께서 베드로에게 열쇠를 수여하기 전에 그가 예수님을 사랑하는지
> 아닌지 세 번 물었다는 사실을 듣고 싶어하지 않았다. 베드로가 그
> 리스도께 자신의 사랑을 선포한 후에야 예수님께서는 베드로에게
> "내 양을 먹이라"고 명령하셨다. 지금 교황과 많은 사제들은 하나
> 님을 사랑하지 않고 양을 먹이지 않는다. 그들은 세상의 권력을 소
> 유하기 위해 열쇠들을 강탈한다.[12]

이런 "교회 권위의 뿌리에 일격을 가한 진술들"[13]에 대한 반응
으로 로마 교황청은 그를 말뚝에 묶어 화형시켰다.

당연히 교회의 저명한 특징은 "교회의 유일한 머리 되시는 그리
스도라는 주제이다. 평범한 인간은 그 누구도 동일한 의미에서 그
직책을 감당할 수 없다. …사도들은 그 누구도 자신을 교회의 머
리라고 주장하지 않았다. 그저 머리 되신 예수 그리스도의 종이라

고만 주장했다."[14] 로마 가톨릭의 리더십을 비난하면서 후스는 이렇게 외쳤다. "그리스도와는 반대되는 삶을 살아가면서도 자기 자신을 가리켜 하나님의 거룩한 교회에서 가장 위대하고 가장 자랑할 만한 자라고 말하는 적그리스도의 제자들을 부끄럽게 하라. 세상의 탐욕과 오만으로 더러워진 그들은 거룩한 교회의 머리들이요 몸이라고 공공연하게 불린다. 그러나 그리스도의 복음에 따르면, 그들은 가장 작은 자들이라고 불린다."[15] 책의 끝부분에서 얀 후스는 예수 그리스도께서 교회의 참 주님과 주인이시기 때문에, 참된 교회는 교회의 생명을 교황에게 의존하지 않는다는 사실을 하나님께 감사하면서 마무리를 짓는다.[16]

가톨릭 교회는 얀 후스가 교황의 권위에 도전했기 때문에 그를 죽였다. 그리고 그는 예수 그리스도만이 교회의 머리라는 사실을 가르침으로써 교황의 권위에 도전했다. 교황과 추기경들이 자신들의 지위를 주장했지만, 후스는 설득당하지 않았고 꺾이지 않았다. 그는 설교를 통해 그들이 강탈자들이라고 폭로했다. 어느 역사학자는 이렇게 말했다. "후스의 이력은 교황과 로마 가톨릭 교회의 절대적인 권위에 저항하는 운동을 일으켰다."[17] 후스는 절대 권력을 가진 그리스도의 주 되심과 그리스도의 말씀이 절대 우위에 있다는 헌신에 생명을 걸었다. 그리고 하나님은 그의 저항이 교회 역사 가운데 영원히 영향력을 미치도록 사용하셨다.

## 예수 그리스도: 교회의 주

얀 후스를 따른 종교개혁자들은 그리스도의 주 되심에 헌신한 후스의 정신을 본받았다. 이 정신은 아마도 '오직 그리스도'(solus Christus, 'Christ alone'), '오직 성경'(sola Scriptura, 'Scripture alone')이라는 개혁 원칙에서 가장 명백히 나타나는 것 같다. 개혁자들은 교황이 아니라 예수 그리스도께서 교회의 머리라고 주장했다. 따라서 교도권(教導權, magisterium)이 아니라 그리스도의 말씀이 믿음과 행위의 최종 권위이다.

이 확신이 마르틴 루터가 로마와의 교제를 끊을 수 있었던 주된 동기였다. *Table Talk*(탁상담화)에서 루터는 이렇게 설명했다.

> 내가 교황과 거리가 멀어진 주된 이유는 이것이다. 교황은 자신이 교회의 머리라고 내세우고, 자신의 권력과 권위에 복종하지 않는 것을 비난했다. …나아가 교황은 아무도 감히 성경말씀을 해석해서는 안 되며, 오직 자신의 어리석은 자부심에 따라 교황만이 해석해야 한다고 [주장하면서] 기독교 교회와 거룩한 말씀, 즉 하나님의 말씀에 대한 권력과 규칙과 권위를 떠맡았다. 그래서 교황은 자신을 교회의 주인으로 삼았다.[18]

교황 체제에 내재된 오만함[19]은 루터가 다음과 같이 지적한 것과 같다. "만약 지금 성 베드로가 직접 거룩한 성경의 모든 조항들을 설교하고, 교황의 권위와 능력과 지상권(至上權, primacy)을 부인하고, 교황이 기독교 전체의 머리가 아니라고 말한다면, 나는 그들이 베드로를 교수형에 처할 것이라고 확신한다. 그뿐 아니라, 그리스도께서 직접 다시 이 땅에 오셔서 설교하신다면, 의심의 여지없이 교황은 예수님을 다시 십자가에 못 박을 것이다."[20]

장 칼뱅도 사제들이 그리스도나 그분의 말씀을 존중하는 일보다 교황의 권위를 세우는 일을 더 중시한다는 사실을 발견하고는 비슷한 반론을 제기했다. 그들은 "하나님의 영광이 공개적 신성모독으로 더럽혀지더라도, 로마 가톨릭 교회의 교황직과 거룩한 가톨릭 교회에 대항하는 사람이 없으면" 아무런 신경을 쓰지 않았다.[21] 이와는 대조적으로 칼뱅은 "몇몇 지체들에게 그들이 가진 모든 것을 제공해 주시는 머리 되신 주님이 아무런 방해 없이 탁월한 위치를 차지한다면 몸[교회]은 정상 상태가 유지될 것이다"[22]라고 주장하며 "그리스도께서 교회의 머리"[23] 되심을 확언했다. 결국 "하나님의 뜻은 아들의 중재를 통해 자기 교회를 다스리고 보호하시는 것이다. 이것은 바울이 에베소교회 성도들에게 설명한 것이다. '하늘에서 자기의 오른편에 앉히사 …그를 만물 위에 교회의 머리로 삼으셨느니라' …같은 이유로 성경은 종종 예수님을 주인(Lord)으로 부른다. 왜냐하면 아버지께서 예수님에게 우리를 다스리는 권세를 주셨기 때문이다."[24] 교황이나 교회 회의도 그리스도에게서 그 권세를 빼앗을 수 없다. "그분이 교회의 머리이시기 때문에 교회를 다스리도록 안수 받은 모든 사람은 그분의 지배를 받는다."[25]

후스, 루터, 칼뱅과 더불어, 우리는 개신교 종교개혁자 존 낙스(John Knox), 스코틀랜드 청교도 새뮤얼 러더퍼드(Samuel Rutherford), 미국 신학자 조나단 에드워즈(Jonathan Edwards) 같은 많은 기독교 지도자들을 기억한다. 이들 신실한 성도들은 교회의 주인의 자리를 강탈하려는 자가 교황이든 왕이든 상관하지 않고, 예수 그리스도 외에 그 어떤 사람도 교회의 주인으로 인정하기를 거부했다.[26] 유명한 설교자 찰스 스펄전은 개신교의 관점을 자신만의 독특한 방식으로 요약하면서 다음과 같이 선포했다.

사람들을 미혹시켰던 모든 꿈 중에서, 그리고 아마도 그동안 저질러진 모든 신성모독 중에서, 로마의 교황이 예수 그리스도의 교회의 머리가 된다는 주장보다 더 우스꽝스럽고 강력한 해악은 없었습니다. 아니, 이들 교황들이 죽어 나가는데, 교회의 머리가 죽는다면 어떻게 교회가 살아 있을 수 있겠습니까? 참된 머리 되신 주님만이 사시며, 교회만이 그분 안에서 삽니다.[27]

"예수 우리 주"라는 제목이 붙은 설교에서 스펄전은 그 문제를 아주 명확하게 다루었다.

하나님의 교회는 아주 특별한 방식으로 예수님을 "우리 주"라고 부릅니다. 왜냐하면 주 예수 그리스도를 제외하고는 그 어떤 것도 교회의 머리가 아니고, 머리일 수도 없기 때문입니다. 이 땅에 있는 사람이 자기 자신을 그리스도의 대리자요 교회의 머리라고 칭하면 엄청난 신성모독죄를 저지르는 것이며, 어떤 왕이나 여왕이라도 교회의 머리라고 불린다면 왕이신 예수님의 왕권을 찬탈하는 것입니다. 왜냐하면 참된 예수 그리스도의 교회는 예수 그리스도를 제외하고는 그 어떤 사람도 가질 수 없기 때문입니다. 저는 제가 한 지체로 참여하고 있는 교회에 예수 그리스도 외에 다른 머리가 없다는 사실과, 제가 예수 그리스도 외에 다른 권위에 동의하지 않는 교회에 속해 있다는 사실을 감사합니다.[28]

찰스 스펄전처럼 기독교 역사 가운데 신실한 사람들은 성령을 통해 늘 참된 머리이신 예수 그리스도에게 전심을 다하여 헌신해 왔다. 그분만이 교회의 주인이시다. 다른 어떤 사람도 그 자리를 차지할 수 없다. 얀 후스와 그 후에 등장한 개혁자들은 이 사실을 이해했다. 바로 그 점이 그들이 부패한 로마 가톨릭 체계로부터 독립해 나온 이유이다. 그 역사적인 결과는 종교개혁으로 나타났다.

그렇다면 오늘날 교회에 속한 우리에게 그리스도가 주인이시라는 사실이 갖는 실제적인 함의는 무엇인가? 그리고 그분의 머리 되심은 신약성경에 나타나는 노예와 주인의 관계와 어떻게 연결되는가? 우리는 다음에 이어질 두 장에서 이런 내용들을 살펴볼 것이다. 그 과정을 통해 우리는 조직 교회를 이해하고, 이 진리가 그리스도인으로서 우리 개인의 정체성을 바라보는 시각에 얼마나 중심이 되는지를 발견하게 될 것이다.

# Slave

# 5장

# 주님, 그리고
# 주인이신 분(2)

교회사의 인물들이 '그리스도가 머리가 되신다'는 진리를 변호한 이유는, 그것이 독단적 의견이나 개인적 야망이 아니라 성경 말씀에 명백하게 계시되어 있다는 사실을 발견했기 때문이다. 에베소서 5장 23절은 이렇게 기록하고 있다. "그리스도께서 교회의 머리됨과 같음이니." 그리고 골로새서 1장 18절에서도 되풀이하여 이렇게 기록한다. "그는 몸인 교회의 머리시라 그가 근본이시요 죽은 자들 가운데서 먼저 나신 이시니 이는 친히 만물의 으뜸이 되려 하심이요." 에베소서 1장에서 바울은 하나님 아버지께서 "만물을 그[그리스도]의 발 아래에 복종하게 하시고 그를 만물 위에 교회의 머리로 삼으셨느니라 교회는 그의 몸이니 만물 안에서 만물을 충만하게 하시는 이의 충만함이니라"(22-23절)고 설명했다. 다른 신약성경 본문도 "범사에 그에게까지 자랄지라 그는 머리니 곧 그리스도라"(엡 4:15) "머리를 붙들지 아니하는지라 온 몸이 머리로 말미암아 …연합하여 하나님이 자라게 하시므로 자라느니라"(골 2:19)와 같은 동일한 내용을 반복한다.

그러면 신약성경에 나오는 그리스도가 '교회의 머리'라는 표현은 무슨 의미인가? 헬라어로 '머리'를 뜻하는 '케팔레'(kephalē)는 '1등 혹은 최상급'[1] 혹은 '최상, 최고 [혹은] 탁월한 어떤 것'[2]을 의미한다. 이 단어가 가진 의미는 '퀴리오스'(kyrios, 'Lord')[3]와 부분적으로 겹친다. 즉, "그리스도의 뛰어난 지위나 신분을 지적해 준다."[4] 그리스도께서 교회의 머리라는 것은 그리스도께서 교회의 주님이면서 주인(the Lord and Master)이라는 뜻이다.

로마 시대에 '한 집안의 머리'는 "한 집안 구성원들에 대해 거의 전적인 권위를 가졌다. 특별히 자녀들(성인이 된 자녀들까지 포함해)과 노예들에 대해서는 더 그랬다."[5] "믿음의 가족" "하나님의 가족"[6]의 일원인 사람들인 우리는 우리의 주인(our Master)께, 다시 말하자면 "가족의 머리"(마 10:24-25 참조)이시며 "하늘과 땅의 모든 권세를"(마 28:18) 받으신 분께 충성해야 한다.

신약성경은 하나님 아버지께서 이 최고의 권위를 "죽은 자들 가운데서 다시 살리시고 하늘에서 자기의 오른편에 앉히사 모든 통치와 권세와 능력과 주권과 이 세상뿐 아니라 오는 세상에 일컫는 모든 이름 위에 뛰어나게 하신"(엡 1:20-21) 자기 아들에게 주셨다고 말씀한다.[7] 그리스도께서 수치를 당하고 죽으신 이후에 "하나님이 그를 지극히 높여 모든 이름 위에 뛰어난 이름을 주사 하늘에 있는 자들과 땅에 있는 자들과 땅 아래에 있는 자들로 모든 무릎을 예수의 이름에 꿇게 하시고 모든 입으로 예수 그리스도를 주라 시인하여 하나님 아버지께 영광을 돌리게 하셨"다(빌 2:9-11). 그분은 왕 중의 왕이요 만주의 주이시다. 그분의 승리는 영원할 것이고 그분의 권위도 언제까지나 영원할 것이다.[8] 선지자 다니엘이 설명한 것처럼 "그에게 권세와 영광과 나라를 주고 모든 백성과 나라들과 다른 언어를 말하는 모든 자들이 그를 섬기게 하였으니 그의 권세는 소멸되지 아니하는 영원한 권세요 그의 나라는 멸망하지 아니할 것이"다(단 7:14).

성경에서 압도적으로 차지하고 있는 내용은 예수 그리스도께서 "모든 사람의 주"(롬 10:12)이시며 그의 몸 된 교회를 포함한 "만물 위에 …머리"(엡 1:22)라는 증언이다.[9] 따라서 참된 교회는 "각처에서 우리의 주 …되신 예수 그리스도의 이름을 부르는"(고전 1:2) 모든 자들로 구성된다. 거짓 교사들이 그분의 주 되심을 부인하지만, 적어도 실제적으로 신실한 사역자들은 자신을 목자장(the Chief Shepherd) 되신 분의 사역에 매인 노예로 간주하면서 기꺼이 자신을 그리스도와 그분의 말씀의 권위에 복종시킨다.[10]

놀랍게도 성경이 이 사실을 명확하게 가르치고 있고, 개신교 역사를 통해 이러한 진리가 신실하게 증거되어 왔음에도 불구하고, 사실 현대 복음주의 교회는 대부분 그리스도가 자기 교회의 주되심을 부인한다. 이런 공격들 가운데 어떤 것은 뻔뻔스럽고 신학적이다. 예를 들어, 소위 '값없는 은혜 운동'(Free Grace Movement)이라고 불리는 운동은 그 어떤 것에도 주 되심의 지위를 부여하지 않는다. 그 운동은 특별히 몇 년 전에 유명했었다. 그래서 내가 『존 맥아더의 참된 무릎 꿇음』(The Gospel According to Jesus, 1988, 살림 역간)과 『구원이란 무엇인가』(The Gospel According to the Apostles, 1993, 부흥과개혁사 역간)를 쓰게 된 것이다. 값없는 은혜 운동의 관점은 죄를 회개하거나 그리스도께 복종하는 것은 '구원을 얻는 믿음'(saving faith)에 아무런 도움이 되지 않는다고 주장하면서 복음 메시지를 왜곡한다. 값없는 은혜를 지지하는 사람들은 '쉬운 믿음'(easy believism)을 확산시키면서, 죄를 회개하거나 성경적인 관점에서 주인 되신 예수님께 전적인 복종을 고백할 필요가 없다고 공개적으로 선포한다. 그렇게 함으로써 그들은 "또 다른 복음의 진리"가 아니라 "그리스도의 복음을 변하게 하려"는 아주 다른 복음을 가르치려고 명백하게 시도하는 것이다(갈 1:7).

그러나 오늘날 이러한 위협은 보다 더 교활하고 근본적으로 다가오고 있다. 왜냐하면 현대의 복음주의 운동은 교리에 관심이 없기 때문이다. 주류 복음주의의 관심사는 신학적인 영역이 아니라 실용적인 영역에 모이고 있다. 교회 성장의 권위자들은 성경 말씀이 아니라, 사람들을 끌어모으는 데 집중한다. 교회 성장학은 구속 받지 못한 사람들을 매료시킨다. 번영을 설교하는 사람들은 그리스도를 램프 속에 갇힌 지니(genie)처럼 소개하며 많은 돈을 헌

금하는 사람에게 건강과 부와 행복을 제공해 주는 분으로 전락시키고 인간을 주인으로 만든다. 심지어 보수적인 계열에 속해 있는 몇몇 그룹들조차 눈에 띄는 결과를 얻기 위해 세속적 수단들(아둔한 유머와 조악한 이야기를 포함한)과 세속적인 음악 가운데 최악의 음악을 거의 무제한으로 개작하여 사용하는 것을 과감하게 옹호한다. 슬픈 사실은, 그리스도와 그분의 말씀에 신실한지의 여부가 아니라 인기의 유무가 복음주의의 새로운 측정 기준이 되었고, 그리스도가 주인이심을 인정하지 않는 것이 복음주의의 현주소가 되어 버렸다는 점이다.

그 결과, 그들은 조직적으로 자신들의 관심사와 관련 있거나 구미가 당기는 것으로 성경의 자리를 대체시켰다. 독립교회운동(the independent church movement)의 기업가 정신으로 인해 '그리스도'가 되기를 원하는 수많은 사람들(would-be 'christs')이 자신을 목회자로, 그들의 조직을 교회라고 이름 붙이며 자기만의 미디어 방송 제국을 건설하는 경향이 유행했다. 그러나 이런 사역을 펼치는 주요 인물들은 참된 교회를 세우는 데는 관심이 없다. 이것은 그들이 이미 제시된 진리에 무관심하고, 하나님의 말씀과 그리스도의 주 되심을 모두 최소화시킴으로써 대중적 인기를 얻으려는 열망을 통해 증명된다. 그들은 복음을 희석시키고, 이미 얕아진 설교들을 짧게 만들며, 사역에 시장주도적인 전략을 수용한다. 그렇게 함으로써, 그리스도를 대적한다!

성경이 선포되고 설명되고 적용되고 순종되는 한, 주님은 자신의 교회 안에서 자신의 통치를 드러내신다. 교회에서 성경의 주도적인 역할을 축소하는 것은, 교회를 향한 그분의 계시를 부속물로 전락시키는 것이다. 그것은 명백한 반란이다. 그런 심각한 반역은 결코 용납될 수 없다. 성경적이지 않은 사역, 비(非)강해설교, 비(非)교리적인 가르침은 그리스도의 양떼들에게 그리스도의 음성을 차단함으로써 그리스도의 머리 되심을 찬탈한다. 그러한 일은 그리스도의 몸으로부터 그리스도의 마음을 빼앗아 버리고, 말씀에 대한 무관심을 조성하고, 성령의 사역을 소멸시킨다. 교회는 잘못과 죄악의 위험에 노출되고, 초월성과 명확성이 사라지고, 예배의 능력을 빼앗기고, 타협의 씨앗이 뿌려진다. 그런 접근은 교회의 참된 머리라는 그리스도의 영광을 변형시킨다. 그리고 주님은 자기 영광을 훔치는 사람들에게 관대하지 않으시다.[11]

## 개인의 구세주, 개인의 주님

예수 그리스도께서 교회의 주인이라는 성경의 주장은 부인할 수 없다. 비록 복음주의 주류에 속한 많은 사람들이 자신의 사역에 그 사실을 반영해 내는 데 실패하고 있지만 말이다. 그러나 그리스도의 주 되심은 단순히 교회라는 집단에만 적용되지 않는다. 그것은 아주 개인적인 개념이기도 하다. 그리스도께서는 집합적으로 자기 교회의 주님이신 것과 같이, 성도 개개인의 주님과 주인이시기도

하다. 우리가 그분이 전 교회의 머리가 되심을 주장할 때, 우리는 동시에 그리고 필연적으로, 그분이 우리 자신과 그분의 몸의 지체인 다른 모든 구성원들의 주인 되심을 인정하는 것이다.[12]

로마 시대에 수십 명의 노예 혹은 심지어 수백 명의 노예들이 한 주인을 섬기는 것은 흔한 일이었다.[13] 노예는 주인의 확대된 가족의 일원이 되어 단체로, 동시에 개인적으로 주인에게 책임을 져야 했다. 이 사실은 그리스도께서 교회 전체의 머리이실 뿐 아니라 교회 각 지체의 머리이시기도 한 것과 일맥상통한다. 주의 이름을 부르는 모든 자에게는 그분이 구주시요 주님이시다(행 2:21).

우리가 예수님을 '주님'이라고 부른다면, 우리는 그분을 유일한 주인으로 명확히 인정하는 것이다. '주님'에 해당하는 헬라어 단어는 '퀴리오스'(kyrios)이며, 신약성경에서 거의 750회 등장한다. 이 단어의 근본적인 의미는 '주인' 혹은 '소유주'이며, 따라서 이 단어는 노예(둘로스)라는 단어와 대응관계에 있다.[14] 머레이 해리스는 이렇게 설명한다.

> 신자들이 '예수는 주'라는 고백을 노래하거나 암송하는 것은, 물질적이고 도덕적인 우주(마 28:18; 벧전 3:22)와 인간 역사(롬 9:5)와 전 인류(행 10:36; 롬 10:12)와 살아 있는 자이든 죽은 자이든(롬 14:9) 모든 사람과 교회뿐만 아니라(엡 1:22), 그분께 자원하는 노예들인 우리의 삶에, 그분이 절대적인 주권을 가지고 있음을 인정하는 것이다. 단순하지만 결정적인 사실은 '주님'과 '노예' 즉, 퀴

리오스와 둘로스라는 두 단어는 서로 연관이 있다는 것이다.[15]

퀴리오스와 둘로스는 동일한 관계를 이루는 두 측면이다. 둘로스가 되는 것은 주인을 갖게 된다는 것이었다. 그리고 단어의 정의에 따라 퀴리오스는 노예의 주인이었다. 따라서 예수님을 '주님'으로 고백하는 것은 그분을 주님으로, 동시에 우리 자신을 그분의 노예로 고백하는 것이다.

신약성경 시대에 퀴리오스는, 들판에서 일하는 노예든 주인의 집에서 일하는 노예든 상관 없이 노예의 생명에 전적인 권위를 가지고 있었다.[16] 주인은 심부름을 보내거나 주인 부재 시에 재산을 위임하는 것과 같이 자기 노예들에게 어떤 과제라도 부여할 수 있었다. 그들이 자기 역할을 잘 수행할 경우, 주인은 보상을 하기도 했지만 그것이 그들의 당연한 역할이었기 때문에 아무런 보상을 하지 않을 수도 있었다. 만약 그들이 과업을 잘 수행해 내지 못하면, 주인은 그들을 호되게 때리거나, 원한다면 다른 사람에게 팔아 넘기는 등 그에 합당한 체벌을 가할 수 있었다. 노예에 대한 주인의 전적인 주권은 문화적으로 깊이 뿌리 내리고 있어서 예수님도 이 부분을 자명한 이치로 활용하여 종(노예)이 그 상전보다 높지 못하다고 말씀하실 수 있었다.[17]

의미심장하게도, 퀴리오스라는 단어는 헬라어 '케팔레'의 의미와 부분적으로 겹칠 뿐만 아니라, 전제군주(despot)라는 영어 단어의 기원인 '데스포테스'(despotes)와도 동의어이다.[18] 신약성경은 데스포테스라는 단어를 인간 주인들과 신적 주인들 모두를 의미하는 데 사용한다.[19] 그 용어 자체는 "'가정의 주인'이라는 뜻의 오이코-데스포테스(oiko-despotes)라는 합성어를 통해 그 의미를 명확하게 파악할 수 있다. 이 단어는 원래 가정 내에 있는 사람들과 물건의 '소유주' 혹은 '주인'을 의미했다. 그 용어가 하나님이나 예수님께 적용될 때, 소유권이나 권위 그리고 힘의 절대성을 강조한다."[20]

퀴리오스와 그 동의어의 의미를 이해하는 것은 중요하다. 그리스도의 노예가 된다는 것이 무엇을 의미하는지 강조해 주기 때문이다. 고대 로마 제국의 사회적 배경으로부터 2천 년이나 떨어져 있는 현대의 독자들은 '주님', '주인', '노예'와 같은 과거의 용어들을 접할 때, 그 용어가 전달해 주는 진리를 온전히 인식하지 못한 채 스쳐 지나가기 쉽다.[21] 그러나 1세기에 살았던 사람들은 자신을 스스로 노예라 부르고, 또 다른 사람을 주님과 주인으로 부르는 것이 무엇을 의미하는지 명확하게 이해했다.

바울 서신을 읽는 독자들은, 바울이 그들을 가리켜 "값으로 사신 것"(고전 7:23)이며, 본래 "죄의 종"이었지만 이제는 "의에게 종"이 되었다고 말한 의미를 정확하게 알고 있었다. 로마서 14장에서 바울이 선포하는 내용이 핵심을 정확하게 강조해 준다. "우리 중에 누구든지 자기를 위하여 사는 자가 없고 자기를 위하여 죽는 자도 없도다 우리가 살아도 주를 위하여 살고 죽어도 주를 위하여 죽나니 그러므로 사나 죽으나 우리가 주의 것이로다"(롬 14:7-8). 머레이 해리스는 이 구절을 다음과 같이 주석했다.

8절에서 퀴리오스가 세 겹으로 반복되는 것은 주목할 만하다. 노예의 관심의 초점은 주인이다. 모든 것은 주인의 기쁨과 유익이라는 기준에서 평가된다. 절대성은 현세적인 용어로 표현된다. 노예가 생명을 지속하든 죽음을 맞이하든, 노예에게 가장 중요한 것은 주인의 선하신 통치. 신자들은 주인의 유익을 위해, 주인의 재량에 따라 투자된 하나님의 재산이다.[22]

노예는 "절대적인 복종의 삶"을 살아가면서 전적으로 주인을 추종했다. "노예의 정체성은, 자신에게 이름을 붙인 주인에 의해 결정된다."[23]

"입으로 예수를 주로 시인"(롬 10:9)하는 것은, 그분께 전적으로 복종해야만 하는 자신의 의무를 인식하는 것이다. 그분의 뜻이 절대적으로 탁월하며, 그분의 노예들은 그 어떤 희생을 치르더라도 순종해야 하는 것이다. 그런 문맥에서 볼 때, 누가복음 9장 23절에서 예수님께서 "또 무리에게 이르시되 아무든지 나를 따라오려거든 자기를 부인하고 날마다 제 십자가를 지고 나를 따를 것이니라"고 하신 말씀의 의미가 온전하게 이해된다. 주인을 따르는 것은 자기 의지를 내려놓고 주인의 의지에 전적으로 복종하는 것이다. 그분의 제자가 되기를 원하는 사람은 누구든지, 그분의 노예가 되어야만 한다. 그분을 따르기 위해 모든 것을 기꺼이 포기하기를 원치 않는 자들은 그분께 합당하지 않은 존재들이다. 예수님께서 직접 이렇게 말씀하셨다. "아버지나 어머니를 나보다 더 사랑하는 자는 내게 합당하지 아니하고 아들이나 딸을 나보다 더 사랑하는 자도 내게 합당하지 아니하며 또 자기 십자가를 지고 나를 따르지 않는 자도 내게 합당하지 아니하니라 자기 목숨을 얻는 자는 잃을 것이요 나를 위하여 자기 목숨을 잃는 자는 얻으리라"(마 10:37-39).

신약성경의 저자들이 자신을 '그리스도의 노예들'이라고 언급하는 것은, 곧 그들이 주인이신 예수 그리스도께 전적으로 복종하겠다는 의미였다. 사도 바울에게 있어서 주인이신 예수 그리스도께 전적으로 복종하는 것은 그야말로 매 순간 자기희생의 삶, 전적으로 주인의 유익을 위해 사는 삶을 포함했다. 어떤 학자는 이 문제에 대해 다음과 같이 설명했다.

> 노예는 법적으로 사람이 아니었기 때문에 자신의 재산을 소유할 수 없었고, 자기 자신에 대한 권리도 가질 수 없었다. 노예는 지시받은 것을 행할 뿐이었다. 이것은 주인을 향한 바울의 자기복종 정도를 잘 나타내 준다. '그리스도의 노예'인 바울에게 있어서 자신의 모든 재산, 시간, 야망, 목적은 그리스도의 결정에 지배를 받았다. 바울은 자기 주인의 처분에 달려 있는 평범한 노예와 다를 바 없었다. 한 사람이 오직 한 주인을 섬길 수 있는 것처럼(마 6:24; 눅 16:13), 바울도 자기 주인에게만 책임이 있었다(롬 14:4). 이것은 다른 사람들의 의견에 목매는 사람들을 자유롭게 하는 생각이었다.[24]

그러므로 바울은 로마교회의 신자들에게 "남의 하인을 비판하는 너는 누구냐 그가 서 있는 것이나 넘어지는 것이 자기 주인에게 있으매 그가 세움을 받으리니 이는 그를 세우시는 권능이 주께 있음이라"(롬 14:4)고 요구할 수 있었다. 바울은 빌립보교회 성도들에게 "사는 것이 그리스도니"(빌 1:21) "무엇이든지 내게 유익하던 것을 내가 그리스도를 위하여 다 해로 여길뿐더러"(빌 3:7)라고 말할 수 있었다. 갈라디아교회 성도들에게 바울은 이렇게 선포할 수 있었다. "이제는 내가 사는 것이 아니요 오직 내 안에 그리스도께서 사시는 것이라"(갈 2:20). 그리고 고린도교회 성도들에게, 복음으로 변화 받은 사람은 "다시는 그들 자신을 위하여 살지 않고 오직 그들을 대신하여 죽었다가 다시 살아나신 이를 위하여 살게 하려 함이라"(고후 5:15)고 선포할 수 있었다. 또 다른 곳에서 바울은 다음과 같이 권면했다. "…알지 못하느냐 너희는 너희 자신의 것이 아니라 값으로 산 것이 되었으니 그런즉 너희 몸으로 하나님께 영광을 돌리라"(고전 6:19-20).

마찬가지로 골로새교회 성도들에게, 바울은 그리스도가 주 되셔서 모든 것을 아우르는 주권이 있음을 강조한다. "무엇을 하든지 말에나 일에나 다 주 예수의 이름으로 하고"(골 3:17). 심지어 그 공동체에 속해 있던 노예들에게 "무슨 일을 하든지 마음을 다하여 주께 하듯 하고"(23절)라고 말했다. 바울의 편지들을 살펴보면, 그리스도께 추종하는 신자의 관계, 다시 말하면 예수님이 그의 주인이시요 그는 노예일 뿐이라는 사실을 다른 주제보다 더 많이 되풀이하여 증거하고 있다.

## 6장

# 우리 주
# 우리 하나님

그리스도의 주 되심에 대한 바울의 관점은 분명, 그만의 독특한 주장은 아니었다. 우리가 2장에서 살펴본 바와 같이, 신약성경 저자들은 반복적으로 자신과 동료 신자들을 가리켜 그리스도의 노예라고 말했다. 구원을 얻어 "예수는 주"라고 고백하는 순간부터, 그들의 주인은 예수님이며 그들은 모든 영역에서 예수님께 복종하게 되어 있다는 사실에 결코 의문을 제기하지 않았다.

그러나 사도들은 육신을 입으신 하나님이신 예수 그리스도를 지상의 다른 어떤 퀴리오스보다 더 존귀한 분으로 이해했다. 그분은 만주의 주이시며 만왕의 왕이시다.[1] 간단하게 말해서, 예수님은 모든 신적인 권위를 가지신 "만유의 주"(행 10:36)이시다. 왜냐하면

"그 안에는 신성의 모든 충만이 육체로 거하시고 …그는 모든 통치자와 권세의 머리"이시기 때문이다(골 2:9-10). 예수님은 "하나님의 권능의 우편에" 앉으셨고(눅 22:69), 만물이 "그의 발 아래에 복종하게" 되었다(엡 1:22). 히브리서의 저자는 예수님에 대해 이렇게 기록했다. "이는 하나님의 영광의 광채시요 그 본체의 형상이시라 그의 능력의 말씀으로 만물을 붙드시며 죄를 정결하게 하는 일을 하시고 높은 곳에 계신 지극히 크신 이의 우편에 앉으셨느니라"(히 1:3). 예수 그리스도는 "우리의 크신 하나님 구주"(딛 2:13), 육신을 입고 오신 하나님의 말씀[2], "그의 이름은 기묘자라, 모사라, 전능하신 하나님이라, 영존하시는 아버지라, 평강의 왕이라 할 것임이라"(사 9:6)고 예언된 약속된 메시아이시다.

따라서 나면서부터 맹인이었던 사람이 "주여 내가 믿나이다"(요 9:38)라고 외친 후 예수님께 절하고, 도마가 예수님을 "나의 주님이시요 나의 하나님이시니이다"(요 20:28)라고 외친 것은 잘못된 일이 아니다. 예수님은 위대하시며 스스로 존재하시는 분(I AM)이시며[3], 그분의 보좌는 "영영"(히 1:8)하다. 왜냐하면 "그 나라가 무궁"할 것이기 때문이다(눅 1:33). 따라서 신약성경 저자들이 그리스도를 퀴리오스라고 언급할 때, 그들은 주인으로서 그분의 권위를 강조할 뿐 아니라 하나님으로서 영광스런 신성을 확증하는 것이다.

신약성경이 기록될 때, 퀴리오스라는 이름은 이미 하나님의 호칭으로 잘 알려져 있었다. 70인경은 퀴리오스를 하나님에 대한 두 가지 히브리어 이름-아도나이(Adonai)와 여호와(Yahweh)-을 번역하는 데 사용했다. (adon이라는 어근에서 파생된) 아도나이라는 칭호는 문자적으로 '주인'을 의미하며, 헬라어 '노예'('ebed)에 상대되는 히브리어이다. 그 칭호는 "하나님의 주권적인 능력을 나타낸다."[4] 그리고 주인으로서의 하나님과 노예로서의 자기 백성의 관계를 강조한다(말 1:6 참조). 70인경에서 아도나이를 퀴리오스로 번역할 때, "그 단어는 애굽에서 자신의 백성을 해방시키신 구원자 혹은 창조주로서, 하나님이 자기 백성과 우주를 통제할 수 있는 정당한 권리를 가지고 계신다는 사실을 강조해 준다. 하나님은 절대적인 의미에서 주권자이시다."[5]

그런데 70인경은 언약의 하나님을 부르는 호칭인 여호와를 퀴리오스로 번역하기도 했다. 제 3계명(출 20:7)을 존중하기 위해, 유대인들은 어떤 형태로든 하나님의 이름을 남용하지 않으려고 여호와의 이름을 부르는 것조차 거부했다. 유대인들은 기도를 드리고 설교를 할 때 여호와라는 이름 대신 아도나이를 사용했다. 이런 이유로 70인경의 번역자들도 여호와라는 단어를 아도나이에 대응하는 단어로 번역하려 했다.[6] 설명이 어떠하든지 간에, 한 가지 분명한 사실은 아도나이와 여호와가 퀴리오스로 번역되어 70인경 전반에 걸쳐서 지속적으로 사용되었다는 것이다.[7]

신약성경의 저자들은 구약성경을 인용할 때 자주 70인경을 인용하고 70인경에 크게 의존했다. 결과적으로, 그들은 퀴리오스가 하나님의 두 가지 의미 즉, '주인'(아도나이와 같은 뜻)이라는 의미뿐 아니라 거룩한 이름 여호와라는 의미를 지니고 있었다는 사실에 정

통해 있었다.[8] 따라서 사도들은 이 단어의 두 가지 기능을 익히 알고 있었기에, 퀴리오스라는 호칭을 그들이 아도나이와 여호와로 인정했던 분, 곧 예수 그리스도께 기꺼이 사용했다. 이 용어의 쓰임새는 광범위해서 '예수님의 포괄적인 주 되심을 표현하기에' 충분했다. 그래서 신약성경에서 "퀴리오스를 언급하고 있는 본문들[70인경]은 예수님을 언급하고 있다고 주장할 수 있다. 예수님 안에서 하나님은 소위 구약의 퀴리오스로 행하신다."[9]

신약성경의 저자들은 퀴리오스라는 이름을 예수님께 사용함으로써 그리스도의 신적 권위가 하나님과 동등함을 반복해서 강조했다.[10] 초대 교회의 신자들에게 있어서 퀴리오스라는 호칭은 그리스도가 절대적인 주인일 뿐 아니라 하나님이라는 사실을 의미했다. 이와 유사하게, 우리가 예수님을 주님으로 고백하는 것은 곧 왕이신 예수님께 순종해야 하고 신이신 예수님께 예배해야 하는 우리의 의무를 인정하는 것이다.

신약성경의 성도들이 자신을 여호와의 노예들로 보았던 것과 마찬가지로 우리는 자신을 예수 그리스도의 노예로 보아야만 한다. 머레이 해리스는 다음과 같이 주장한다.

예수님 안에 있는 신자들에 대해 그리스도께서 절대적이고 배타적인 소유권을 지니고 있다는 것은, 곧 그분께 전적이고 독점적인 헌신이 필요하다는 것이다. 이사야 44장 5절은 포로귀환 이후에 어떤 신실한 유대인들이 "나는 여호와께 속하였다"고 부끄럼 없이 고백했고, 또 다른 사람은 자신이 누구의 노예인지를 나타내기 위해 "여호와의 것"이라고 실제로 그의 손에 기록했다는 사실을 드러낸다. 대부분의 그리스도인들은 바울이 지닌 "예수의 흔적"(갈 6:17)을 지니고 있지 않다. 그러나 "나는 그리스도에게 속한 자라"(고전 1:12 참조)고 올바로 고백할 것이다. 그리고 비유적으로 말해서, 그리스도인들은 자신이 누구의 노예인지 나타내기 위해 자신의 손에 "그리스도의 것"이라고 기록할 것이다.[11]

바울 사도는 고린도전서 12장 3절에서 깜짝 놀랄 만한 주장을 펼친다. "성령으로 아니하고는 누구든지 예수를 주시라 할 수 없느니라." 분명 그리스도의 주 되심에 대해 립 서비스를 하지만, 생명을 주시는 성령의 사역은 한번도 경험해 보지 못한 사람들이 많이 있다(마 7:21-23 참조). 그러나 진심으로 예수님의 주 되심을 인정하는 것은 예수님을 주인으로 기꺼이 섬기겠다는 것과 예수님이 곧 하나님이며 열정을 다해 예배하겠다는 것을 포함한다. 그리고 그것은 오직 하나님의 영으로 변화를 받은 심령에서만 일어난다. 그리고 그것이, 왜 참된 회심에는 항상 예수는 주라는 진심의 고백이 따라오는지를 설명하는 이유이다.[12]

왜 나더러 "주여, 주여"라고 하느냐?

신자들은 그리스도의 주 되심을 고백한 사람으로서 모든 일에 그리스도께 순종해야만 하는 의무를 갖게 된다. 같은 의미로, *Theological Dictionary of the New Testament*는 이렇게 설명한다. "그리스도께서는 자신의 구속 사역을 통해 신자들을 자신의 소유로 삼으셨고, 지금은 그들의 삶을 형성할 목표를 제시하신다. 의(롬 6:19)와 거룩(살전 3:13)과 새 생명(롬 6:4)을 향한 이 새로운 헌신은 그리스도의 둘로이라는, 그리스도인을 묘사하는 표현 속에서 발견할 수 있다"(고전 7:22; 엡 6:6).[13] 그리스도의 노예들은 "항상 주의 일에 더욱 힘쓰는 자들"(고전 15:58)이 되며 "주를 기쁘시게 할 것이 무엇인가 시험하여" 보며(엡 5:10) "주의 뜻이 무엇인가 이해"(엡 5:17)하려고 끊임없이 노력하게 된다.[14] 그들은 자신을 "선한 일을 열심히 하는 자기 백성"(딛 2:14)으로 합당하게 여기며, 하나님의 말씀을 열심히 순종한다.[15] 그들은 "주의 눈은 의인을 향하시고 그의 귀는 의인의 간구에 기울이시되 주의 얼굴은 악행하는 자들을 대하시느니라"(벧전 3:12)는 말씀을 이해하며, 그리스도의 노예가 된다는 것의 윤리적인 함의를 이해하고 받아들인다. 결과적으로, 그들은 주인을 섬기는 일에 합당한 자가 되기를 열망하며 거룩한 삶을 추구한다.[16]

바울 사도는 디모데에게 이렇게 설명했다.

하나님의 견고한 터는 섰으니 인침이 있어 일렀으되 주께서 자기 백성을 아신다 하며 또 주의 이름을 부르는 자마다 불의에서 떠날지어다 하였느니라 큰 집에는 금 그릇과 은 그릇뿐 아니라 나무 그

롯과 질그릇도 있어 귀하게 쓰는 것도 있고 천하게 쓰는 것도 있나
니 그러므로 누구든지 이런 것에서 자기를 깨끗하게 하면 귀히 쓰
는 그릇이 되어 거룩하고 주인의 쓰심에 합당하며 모든 선한 일에
준비함이 되리라 또한 너는 청년의 정욕을 피하고 주를 깨끗한 마
음으로 부르는 자들과 함께 의와 믿음과 사랑과 화평을 따르라(딤
후 2:19-22).

신자들은 의의 노예된 자들로서 자신의 삶을 통해 하나님을 영
화롭게 해야 할 "빚진 자"(롬 8:12; 6:18 참조)이다. 그러나 그리스
도의 소유가 된 자들에게 있어서 순종의 동기는 단순한 의무감보
다 훨씬 더 심오하다. 예수님은 자기 제자들에게 "너희가 나를 사
랑하면 나의 계명을 지키리라"(요 14:15)고 말씀하셨다. 그리고 또
"사람이 나를 사랑하면 내 말을 지키리니"(요 14:23)라고도 말씀하
셨다. 사도 요한은 그의 서신서에서 그리스도의 말씀을 그대로 되
풀이했다. "하나님을 사랑하는 것은 이것이니 우리가 그의 계명들
을 지키는 것이라 그의 계명들은 무거운 것이 아니로다"(요일 5:3).
"사랑은 이것이니 우리가 그 계명을 따라 행하는 것이요"(요이
1:6). 진짜배기 신자들의 특징은 그리스도를 향한 깊은 사랑이 있
다는 것이다. 그리고 그 사랑은 순종을 통해 확실히 증명된다.[17] 반
면, 주님을 사랑하지 않는 사람들은 말로나 삶으로나 예수님께 속
하지 않았다는 사실을 증명한다.[18]

그리스도의 주 되심에 대한 단 하나의 옳은 반응은 전심을 다한

복종, 사랑 담긴 순종, 열정적인 예배이다. 말로만 그분의 신성을 인정하는 사람들은 여전히 회개하지 않은 불순종의 패턴을 따라 살아가며, 그들의 고백이 위선적임을 드러낸다. 그들에게는 "너희는 나를 불러 주여 주여 하면서도 어찌하여 내가 말하는 것을 행하지 아니하느냐"(눅 6:46)라는 그리스도의 무시무시하고 묵직한 질문이 직접적으로 적용된다. 예수님께서는 산상수훈의 마지막 부분에 위선의 위험성을 설명하신 후 무리들에게 이렇게 경고하셨다.

> 나더러 주여 주여 하는 자마다 다 천국에 들어갈 것이 아니요 다만 하늘에 계신 내 아버지의 뜻대로 행하는 자라야 들어가리라 그 날에 많은 사람이 나더러 이르되 주여 주여 우리가 주의 이름으로 선지자 노릇 하며 주의 이름으로 귀신을 쫓아 내며 주의 이름으로 많은 권능을 행하지 아니하였나이까 하리니 그 때에 내가 그들에게 밝히 말하되 내가 너희를 도무지 알지 못하니 불법을 행하는 자들아 내게서 떠나가라 하리라(마 7:21-23).

분명, 주님을 안다고 주장하는 모든 이들이 실제로 그대로 행하지는 않는다. 참으로 "그리스도 예수의 사람들은 육체와 함께 그 정욕과 탐심을 십자가에 못 박았다"(갈 5:24). 그들은 하나님의 말씀을 순종하고자 하는 욕망이 점점 더 커지며 육체를 따라 행하지 않고 "성령으로 행한다"(갈 5:25). 예수님께서 요한복음 8장 31절에서 무리들에게 가르치신 것처럼 "너희가 내 말에 거하면 참으로 내 제자가" 된다.[19] 결국, "나무는 각각 그 열매로 안다"(눅 6:44).
진짜 회심은 항상 회개의 열매와 성령의 열매를 맺는다.[20] 사랑이
담긴 순종이야말로 구원의 명백한 증거이다. 그래서 순종과 구원,
이 양자는 히브리서 기자가 "자기에게 순종하는 모든 자에게 영원
한 구원의 근원이 되셨다"(히 5:9)라고 설명하는 것과 같이 떼려야
뗄 수 없이 연결되어 있다.[21]

　신약성경의 나머지 부분은 회개하지 않고 죄악 가운데서 살아가
면서 그리스도께 속한 자라고 주장하는 사람들을 향하여 유사한
경고를 주고 있다.[22] 요한일서는 특별히 이 부분과 관련해서 명확
하다. 요한은 이렇게 기록했다. "만일 우리가 하나님과 사귐이 있
다 하고 어둠에 행하면 거짓말을 하고 진리를 행하지 아니함이거
니와"(요일 1:6). 또 요한일서의 뒷부분에서는 이렇게 기록했다. "자
녀들아 아무도 너희를 미혹하지 못하게 하라 의를 행하는 자는 그
의 의로우심과 같이 의롭고 죄를 짓는 자는 마귀에게 속하나니 …
하나님께로부터 난 자마다 죄를 짓지 아니하나니 …이러므로 하나
님의 자녀들과 마귀의 자녀들이 드러나나니 무릇 의를 행하지 아
니하는 자나 또는 그 형제를 사랑하지 아니하는 자는 하나님께 속
하지 아니하니라"(요일 3:7-10).

　비록 많은 사람들이 자신을 '그리스도인'이라고 말하지만, 어느
한 사람의 진짜 마음의 상태는 궁극적으로 그가 어떤 삶을 사느냐
를 통해 나타난다. 속담에도 있듯이, 행동은 말보다 더 큰 소리로
말한다. 선한 행동으로 증명되지 않는 믿음의 고백은 귀신들의 고

백보다 더 나을 바 없는(약 2:19) "죽은" 믿음이다(약 2:17). 이 말은 참된 신자들은 절대로 넘어지지 않는다는 말이 아니다. 분명 참된 신자들도 넘어진다. 그러나 참된 신자들의 삶의 양식은 그리스도를 닮아가는 과정에서 끊임없이 회개하고 점점 더 경건해진다.

## 왕과의 사귐 안에

예수 그리스도의 노예가 되는 것은 우리가 상상할 수 있는 가장 큰 복이다. 예수님은 친절하고 은혜로운 주인이실 뿐 아니라 우주의 하나님이시다. 그분의 인격은 완전하고, 그분의 사랑은 무한하며, 그분의 능력은 비견할 데가 없으며, 그분의 지혜는 헤아릴 수 없고, 그분의 선하심은 비할 데가 없다.[23] 따라서 예수님께서 우리의 주인이 되는 것은 우리에게 큰 유익이요 영광이 된다.

　로마 시대 때, 노예의 경험은 거의 전적으로 그 주인의 성품에 달려 있었다. 선하고 호의적인 주인의 노예는 제대로 된 보살핌을 받으며 안전하고 평화로운 삶을 즐길 수 있었다. 어느 역사학자는 이렇게 설명한다.

　　로마 세계 이후의 노예 사회에서처럼, 로마 세계에서 노예의 물질
　　적인 삶은 [대체적으로] …책무의 정도에 따라 결정되었다. 주인은
　　자신이 노예에게 제공해야 할 물질적인 책무를 노예가 감당해 주

는 책무에 따라 결정했다. …따라서 가난한 자유민과 비교해 볼 때, 노예들은 종종 일정 부분 물질적인 유익을 누릴 수 있었다. 그들에게 일정 수준의 물질이 제공되었기 때문에, 많은 경우 그들은 가난한 자유민들이 결코 알 수 없었던 안전한 삶을 누릴 수 있었다.[24]

사악한 주인들이 종종 노예의 삶을 견딜 수 없게 만들었던 것과 마찬가지로, 자비로운 주인은 자기 가정에 속한 사람들에게 만족스러운 상황, 심지어는 가치 있는 상황을 조성할 수 있었다.[25] 그런 주인은 자신의 노예들로부터 충성과 사랑을 받았다. 노예들은 단순한 의무감이 아닌 헌신하는 마음으로 주인을 섬겼다. 더욱이, "선한 주인은 노예들이 은퇴할 때까지 그들의 삶 전반에 걸쳐서 그들을 돌보고 보살폈다. 나이가 들거나 병약해졌다는 이유로 더이상 '유용'하지 않은 노예들을 떨쳐 버리려고 하지 않았다. 하나님은 자기 '노예들'에게 선한 '주인'이시라는 사실은 자명한 이치이며, 그 사실은 마음에 위안을 준다."[26]

주님이 우리의 주인이시기 때문에, 우리는 주님이 우리 삶의 모든 상황과 단계에서 우리를 돌보실 것임을 신뢰할 수 있다. 가장 어려운 상황에서조차, 그분은 우리가 그분께 신실할 수 있도록 우리에게 필요한 모든 것을 제공해 주실 것이다.[27] 우리는 "아무것도 염려하지 않을"(빌 4:6) 수 있다. 왜냐하면 "하나님을 사랑하는 자곧 그의 뜻대로 부르심을 입은 자들에게는 모든 것이 합력하여 선을"(롬 8:28) 이루는 것을 알기 때문이다. 그분을 전적으로 신뢰하는 것이 옳다. 왜냐하면 그분은 우리의 삶뿐만 아니라 존재하는 모든 것을 다스리는 주권자이시기 때문이다.[28] "그가 친히 말씀하시기를 내가 결코 너희를 버리지 아니하고 너희를 떠나지 아니하리라 하셨느니라 그러므로 우리가 담대히 말하되 주는 나를 돕는 이시니 내가 무서워하지 아니하겠노라 사람이 내게 어찌하리요"(히 13:5-6).

그런 약속들은 모든 세대의 하나님의 백성들에게 평안과 소망의 기초가 되었다. 그래서 다윗은 자신의 가장 유명한 시편에서 이렇게 선포했다. "여호와는 나의 목자시니 내게 부족함이 없으리로다 그가 나를 푸른 풀밭에 누이시며 쉴 만한 물 가로 인도하시는도다 내 영혼을 소생시키시고 자기 이름을 위하여 의의 길로 인도하시는도다 내가 사망의 음침한 골짜기로 다닐지라도 해를 두려워하지 않을 것은 주께서 나와 함께 하심이라 주의 지팡이와 막대기가 나를 안위하시나이다"(시 23:1-4). 몇 구절 뒤에 다윗은 다음과 같은 널리 알려진 소망으로 시의 결론을 맺는다. "내 평생에 선하심과 인자하심이 반드시 나를 따르리니 내가 여호와의 집에 영원히 살리로다"(시 23:6). 오직 믿는 자만이 그런 확실한 소망을 가질 수 있다. 그것은 주인의 자비로운 성품에 기초한 평온한 확신이다.

주님의 주권적인 보호와 돌보심 아래에서 우리는 측량할 수 없는 평안과 희락과 "모든 지각에 뛰어난 하나님의 평강"(빌 4:7)을 누린다. 그러나 그분의 노예가 되는 것은 단순한 공급의 차원을 넘어서는 복이다. 그리스도의 노예가 되는 것은 대단한 특권이기 때문이다. 다름 아닌 우주의 왕이신 분과 교제하는 자리에 들어서기 때문이다. 분명 우리는 다른 어떤 존재보다 더 위대하신 분과 교제할 수 있다.

이와 관련하여 고대 로마의 노예들과의 유사점이 또다시 도출될 수 있다. 신약 시대의 노예들은 자신이 섬기던 주인의 사회적 신분에 따라 자신의 지위가 결정되었다. 그래서 "중요한 사람의 노예가 되면 그 노예 역시 일정 부분의 특권과 권세를 누릴 수 있었다. 이것은 누구와 관련되어 있느냐에 따라 달라지는 신분이었다."[29] 영향력 있고 존경받는 주인의 노예는 그 자체로 존경받는 위치였다. 간단하게 말해, 노예들은 종종 자신의 주인의 이름을 묘비에 새겨 넣었다. 데일 마틴(Dale Martin)은 이렇게 설명한다.

[묘비] 비문에 주인의 정보를 언급했다는 것은, 노예들이 자신의 영향력이 주인의 영향력에 기인한다는 사실을 인식했다는 증거다. 때때로 어느 노예는 원로원 구성원이나 집정관 수준의 주인을 언급하거나 주인의 칭호를 기록했다(예를 들어, 프리미피루스[primipilus], 군단의 선임 백부장). (아마도) 프래그머튜테스(Pragmateutes)라는 어떤 노예는 서기 247-248년에 자신의 가족 묘비에 자기 주인은 "3선 아시아 의회원"이라고 기록했다. 또 다른 묘비에는 노예 상인이었던 아가토푸스(Agathopous)가 자기 아내와 자녀들의 이름은 기록하지 않고(아마도 아내나 자녀가 없었을 수도 있다) 자기 주인의 로마 이름은 주의 깊게 기록했다. 이들은 각

각 자기 주인의 신분을 드러내는 상징들을 기록했다. 그리고 그들은 그로 인해 혜택을 받았다.[30]

로마의 노예들은 자기가 모시는 주인의 명성이 자신의 사회적 위치를 결정한다는 사실을 인식했기 때문에, 자신을 자기가 모시는 주인과 관련시키기를 좋아했다. 심지어 묘비명에 새길 정도까지 말이다! 결국 "자신을 중요한 사람의 노예라고 부르는 것은 자신의 지위를 드러내는 방식이었다. …노예들과 노예였다가 자유민이 된 자들은 스스로 그렇게 부르기를 주저하지 않았다. 그들은 노예라는 용어를 호칭으로 사용했으며, 더불어 자신을 더 권세 있는 자와 연결시키는 기회로 사용했다. 그들은 주인의 지위를 통해 자신에게 부여된 신분을 누릴 수 있는 한 자신의 노예 신분을 부끄러워하지 않는 듯했다."[31]

세속적인 로마의 관점에서 볼 때, 황제보다 더 높은 주인은 존재할 수 없었다. 그로 인해 가이사의 노예들은 특별히 대단한 존경을 받았다. "제화공의 노예는 십중팔구 지위가 낮았다. 그러나 지역의 권력자나 존경을 받는 귀족의 노예는 결과적으로 그에 따르는 상당한 권세와 존경을 얻을 수 있었다. 가이사의 노예는 한층 더했다. 그들은 잠재적으로 지방 촌뜨기 자유민들에게 뒤지지 않는 권세를 가지고 있었고, 그들은 그러한 비공식적인 지위를 즐겼다."[32] 가이사의 개인적인 노예가 되는 것은 유일무이하게 영향력이 있고 존경받는 위치에 오르는 것이었다. "황제라는 유일한 지위는 그를 섬기는 노예들과 노예에서 해방된 자들에게 특별한 지위를 부여했다. 그런 노예들은 여성 시민권자와 결혼하는 것이 허락되었고, 그들의 신분 때문에 사람들은 자원하여 그들의 가족구성원이 되고자 했다. 문학작품과 비문들을 통해 이들 노예들과 노예에서 해방된 특별한 가속들과 그들이 맡은 행정적인 업무들에 대한 정보를 얻을 수 있다."[33]

여러 가이사 중에 한 명의 노예가 되는 것이 영광이었다면, 만왕의 왕이시요 만주의 주 되시는 그리스도의 노예가 되는 것은 더 말할 나위가 없다. 신약성경의 저자들이 '그리스도의 노예'라는 호칭을 자기 자신과 다른 성도들에게 기꺼이 사용하는 것에 조금의 의문이라도 있는가? 그렇게 부르는 것은 주인 되시는 예수님을 향한 전적인 복종을 확증하는 것일 뿐만 아니라, 주님과 관련된 존재가 됨으로써 모든 그리스도인이 누리게 되는 특권과 지위를 선포하는 것이기도 하다. 그 어떤 연합도 그리스도와의 연합보다 더 위대할 수 없다.

신자들은 노예라는 사실 자체로는 아무런 영광을 누릴 수 없다. 그러나 우리는 주님의 가족구성원으로서 그분과 관련되어 있다는 단순한 사실로 구별되었다. 그분의 노예가 되는 것은 비교할 수 없는 영광이다.[34] 따라서 사도 바울은 자신의 서신을 받아 보는 독자들에게, 자랑하려는 자는 주 안에서만 자랑해야 한다고 가르칠 수 있었다.[35]

영원하신 왕의 노예가 되는 것은 얼마나 큰 기쁨이요 특권인가!

우리는 그분의 영광의 광채를 받아 경외함과 사랑으로 가득 찬 마음으로 그분을 예배하며 영원히 그분을 찬양할 것이다. 그분의 이름은 다른 어떤 이름보다 뛰어나며, 그분의 이름은 영원히 우리 이마에 새겨질 것이다.[36] 모든 세대의 성도들과 함께 우리는 우리의 허물과 약함에도 불구하고 주님께서 우리를 주님의 소유로 택해 주신 사실에 영원히 감탄하게 될 것이다.[37] 왕과 교제한다는 것보다 더 큰 영광은 없다.

따라서, 우리는 시편 기자와 함께 기쁨에 가득 차 이렇게 외친다.

> 오라 우리가 여호와께 노래하며
> 우리의 구원의 반석을 향하여 즐거이 외치자
> 우리가 감사함으로 그 앞에 나아가며
> 시를 지어 즐거이 그를 노래하자
> 여호와는 크신 하나님이시요
> 모든 신들보다 크신 왕이시기 때문이로다
> …오라 우리가 굽혀 경배하며
> 우리를 지으신 여호와 앞에 무릎을 꿇자
> 그는 우리의 하나님이시요
> 우리는 그가 기르시는 백성이며
> 그의 손이 돌보시는 양이기 때문이라(시 95:1-3, 6-7).

# 7장

# 죄라는
# 노예 시장

그리스도의 노예가 되는 것이 무엇을 의미하는지 온전히 이해하기 위해, 우리는 우리가 이전에 죄의 노예였다는 사실을 이해해야 한다. 죄의 노예가 된 것은 인간이라면 누구에게나 해당되는 보편적인 실재이다. 이를 위해 가장 유명한 영어 찬송가 '어메이징 그레이스'를 지은 존 뉴턴(John Newton)을 기억하는 것은 좋은 출발점이 된다. 이 찬양의 가사는 이전에 길을 잃고, 눈멀고, 초라했던 한 죄인이 자신의 노력이나 공로 없이 구원을 얻었음을 노래한다. 그 찬양의 가사는 개인적이면서도 심오하다. 가사 한 구절 한 구절이 죄악의 참혹함과 구원의 기쁨을 모두 그려 낸다. 이 짧은 몇 구절들은 작사가의 영적 경험을 표현함으로써 하나님의 은혜를 놀랍게 증언하고 있다.

뉴턴은 1725년에 태어났다. 그의 전기는 교회 역사상 가장 유명한 이야기들 중의 하나이다. 그 이야기는 불경스러운 선원이요, 노예 상인이었던 자를 하나님께서 거룩한 목회자요, 영향력 있는 노예폐지론자로 변화시키는 과정을 그린 내용이다. 그러나 많은 사람들이 모르는 사실이 있다. 존 뉴턴이 18세기 노예무역과 관련하여 노예주와 노예의 처지를 모두 경험했다는 것이다. 그는 영국 노예선의 선장(자신이 나중에 깊이 후회했던 직업)이기도 했지만, 아프리카에서 거주하던 15개월 동안 잔인한 주인 밑에서 학대받는 노예로 살기도 했다. 노예로서 그리고 노예 상인으로서, 뉴턴은 직접 노예와 관련된 삶을 경험함으로써 노예 세계를 독특하게 통찰할 수 있었다. 그 통찰력으로 그는 사회 개혁가로서 그리고 신학자로서 심오한 영향력을 미칠 수 있었다.

이야기는 1744년에 시작된다. 뉴턴이 자신의 의사와는 상관없이 대영제국의 해군에 징집되어 영국 군함 하리치(HMS Harwich)의 선원으로서 인도를 향해 항해하고 있었다. 그의 아버지가 상선의 선장이었기 때문에 그는 배에 익숙해 있었다. 그럼에도 그는 해군 군함에서 보내는 시간을 참아 내지 못했다. 자신의 불순종과 훈련 부족 때문이었다. 해군을 떠날 기회가 찾아왔을 때 뉴턴은 주저하지 않았다. 전기 작가인 이안 머레이(Iain Murray)는 그 사건을 다음과 같이 자세히 기록한다.

함대가 대서양을 가로질러 남쪽으로 항해해 마데이라(Madeira) 군도에 도달했을 때였다. 어느 날 아침 뉴턴은 해먹에 누워 있었는데 장교 후보생이 들어와 해먹을 잘라 버렸다. 기분이 상하여 갑판에 올라온 뉴턴은, 동료 수병 한 명이 막 하리치 군함에서 상선으로 갈아타려는 것을 발견했다. 해군 호송대가 두 명의 훈련된 선원을 상선(商船)에서 데려오는 대신 하리치 군함에서는 선원 두 명을 보내 주어야 했는데, 뉴턴이 그 상황을 목격했을 때는 선원 한 명만이 선택된 상태였다. 뉴턴은 당장 지금 떠나려는 선원과 함께 갈 수 있도록 허락해 달라고 간청하면서, 자신이 사라지는 것이 여러 모로 좋을 것이라는 사실을 주장했다. 선장은 허락했다. 그가 자기 해먹에서 일어난 순간부터 옷가지 몇 벌과 책 한 권을 챙겨 긴급하게 떠난 순간까지는 불과 수 분밖에 걸리지 않았다.[1]

이런 식으로, 젊은 존 뉴턴은 영국 해병과 인도로 가는 긴 여행에서 하차해 상선의 선원이 되었다. 그는 자기 아버지와 함께 항해할 때부터 배워 잘 알고 있는 영역을 담당했다. 그러나 이번 경험은 적어도 한 가지 중요한 면에서 이전의 경험과 달랐다. 왜냐하면 "그가 승선한 배는 노예선이었던 기니 호(Guinea ship)였기 때문이다. 그는 당시 19세였고, 앞으로 자신이 노예무역에 연계되어 9년이란 긴 시간을 보내게 될 것과 그 기간에 자신의 삶을 형성하고 영원히 변화시킬 일들을 경험하게 되리라는 사실은 전혀 알지 못했다."[2]

이어지는 몇 달 동안 노예선은 영국으로 돌아가기 전 서인도 제도와 아메리카 대륙에 노예를 수송할 목적으로 아프리카의 서해안을 따라가며 노예들을 구매했다. 그러나 뉴턴은 아메리카 대륙으로 함께 가지 않았다. 배에서 아프리카 대륙의 해안 관련 사업으로 부자가 된 사람을 만난 뉴턴은 아프리카에 남아 그에게 고용되어 일하기로 결정했다. 그는 자신이 아프리카에 남기만 한다면 자신을 고용한 그 사람처럼 곧 부자가 될 것이라고 확신했다.

뉴턴의 진술에 따르면, 그 이후에 이어진 날들은 자기 삶에서 가장 어둡고, 가장 비참한 기간이었다. 심각한 질병과 몇 가지 사건들로 인해 그는 자기를 고용한 고용주와 그 아내의 총애를 잃어버렸다. 그 결과, 그는 노예처럼 경멸당했다. "음식과 의복이 부족했고, 일반적으로 불쌍한 정도를 넘어선 수준이었다."[3] 심지어 원주민들조차 "나에게 말을 거는 것이 굉장한 친절을 베푸는 것이라고 생각할"[4] 정도였다. 뉴턴은 나중에 다음과 같이 회상한다. "나는 그렇게 불리지는 않았지만 실제로는 포로였고, 노예였으며, 가장 가엾은 인간으로 전락했다."[5]

여러 해 후에 뉴턴은 이 시기를 회고한 내용을 편지에 담았다.

나는 때때로 고열로 아파할 때 찬물 한 모금을 구하는 데도 적지 않은 어려움을 겪었다. 내 침대는 널빤지나 큰 상자 위에 펼쳐진 매트 한 장이었고, 내 베개는 통나무였다. 열이 떨어지고, 식욕이 회복되어 뭔가 먹고 싶었지만 음식을 주는 사람이 없었다. …내가

[질병으로부터] 아주 천천히 회복되고 있을 때, 이 여자[내 주인의 아내]는 나를 불쌍히 여기거나 위로해 주기는커녕 나를 저주했다. 그녀는 나를 가치 없는 놈, 나태한 놈이라고 불렀으며, 억지로 걷게 했다. 그리고 내가 아주 힘들게 걸으면 자기를 시중드는 자들에게 내 동작을 흉내 내고 석회를 뿌리며 손뼉을 치고 웃게 했다. 심지어 그들이 돌을 던져도(내 기억에 한두 차례 그런 적이 있다) 그들은 꾸지람을 듣지 않았다. 일반적으로 그녀의 호의를 얻어야 했던 모든 사람들은 그 행동에 동참해야만 했지만, 그녀가 자리를 비우면 노예들 가운데 [가장 낮은 자들]은 나를 조롱하는 대신 나를 불쌍히 여겼다.[6]

자기 주인과 함께 배를 타고 여행하는 동안 뉴턴은 이와 비슷한 부당한 대접을 계속 받았다.

그(나의 주인)가 내게 매일 쌀이 담겨 있는 1파인트(약 0.55 리터) 그릇을 던져 줄 때마다 나는 갑판에 묶여 있었다. 그가 다시 돌아올 때까지 나에겐 먹을 것이라고는 하나도 없었다. 때때로 물고기를 잡을 기회가 없었더라면, 정말로 나는 굶어죽었을 것이다. …내가 가진 옷이라고는 셔츠 한 벌과 바지, 모자 대신 면 손수건, 약 2야드(약 1.8미터) 길이의 면 소재 천이 전부였다. 그랬기에 주인이 해안에 상륙해 있을 때에는 최소한의 바람막이도 없이, 그런 차림새로 20시간, 30시간, 아마도 거의 40시간 동안 강풍과 함께 지속적으로 쏟아붓는 비를 맞았다. 오늘날까지 나는 그 당시 시작된 격렬한 고통으로 기절할 것 같은 느낌을 받을 때가 있다. 오랜 병에서 회복된 후 곧바로 이어진 긴 항해에서 내가 견뎌 내었던 극심한 추위와 축축한 습기는 내 체질과 영혼을 꽤나 망쳐 놓았다. 영혼은 곧 회복되었으나 망가진 체질은 죄의 노예 상태와 내 죄의 삶을 기억하는 데 없어서는 안 될 경고로 남아 여전히 나를 괴롭힌다.[7]

그가 "배고픔과 타는 목마름과 헐벗음과 모든 것들이 부족한 상황"[8]에 처해 있었기 때문에 뉴턴은 종종 방문자들이 찾아오면 자신을 숨겼다. 그의 설명에 따르면 "상륙 보트가 섬에 도착하면, 초라한 내 외모가 너무나 부끄러워 낯선 사람들의 눈에 띄지 않도록 숲 속에 몸을 숨겼다."[9] 약 1년여의 시간이 흐른 후, 마침내 뉴턴의 주인이 뉴턴에게 새로운 주인에게 가도록 허락해 주었을 때, 그의 상황은 한결 나아졌다. 새로운 주인을 섬긴 기간은 단 몇 달이었다. 뉴턴은 곧 구조되었기 때문이다. "뉴턴의 아버지 친구들 중에는 선장이 많았다. 따라서 그의 아버지는 아프리카 연안에서 무역을 하는 선장들에게 자기 아들에 대한 정보를 구해 달라고 요청했다. 결국, 1747년 2월, 그레이하운드(Greyhound)의 선장이 뉴턴을 발견해 구출했다."[10] 뉴턴은 자신의 편지에서 이렇게 기록한다. "그렇게 해서 나는 약 15개월 간의 노예생활에서 갑자기 해방되었다."[11]

이때만 해도 뉴턴은 아직 그리스도인이 아니었다. 사실 그는 동료 선원들 사이에서, 신성모독이 지나치며 짖궂다는 평판이 자자했다! 그러나 하나님께서 뉴턴을 눈여겨보고 계셨다. 몇 달 후, 그 레이하운드 호가 아일랜드로 가는 중에, 강력한 폭풍이 이 회개하지 않는 완고한 반역자를 제정신으로 돌려 놓았다. 뉴턴은 공황 상태에서 하나님께 자비를 베풀어 달라고 부르짖었다. 배는 기적적으로 난파를 면하게 되었고, 선원들은 결국 살아서 돌아왔다. 뉴턴은 그 시절을 회상하며 그때의 영적인 경험을 이렇게 기록했다.

> [나는] 수많은 위험들을 통과해 안전하게 귀환했다는 사실로 인해, 넘치도록 충분한 자비를 받았다는 사실을 깨닫고 진정으로 감동했다. 나는 내가 허비해 버린 지난 세월이 후회스러워서 즉각적인 개혁을 단행하려 했다. …나는 지난 과거에 대해 용서를 구하며 하나님의 자비를 바랐다. 하지만, 다가오는 미래에 대해서는 더 잘해 보려는 나 자신의 결단에 주로 의지했다. 내 주변에는 내 능력을 의지하는 것이 자기 의를 드러내는 것에 지나지 않는다고 조언해 줄 그리스도인 친구나 신실한 목회자가 없었다. …그래서 나는 이 사건을 내가 하나님께로 돌아오기 시작한 사건으로, 혹은 하나님께서 내게로 돌아오기 시작하신 사건으로 여긴다. 그러나 나는 그 때로부터 상당한 시간이 흐르기까지 나 자신을 신자(이 단어가 갖고 있는 진정한 의미에서)로 여길 수 없다.[12]

뉴턴이 영국으로 돌아왔을 때, 그는 노예무역을 계속했다. 사실,

얼마 지나지 않아 그는 노예선의 선장이 되었다. 뉴턴이 경험했던 일들을 생각해 본다면, 그가 노예선의 선장이 되기로 결정했다는 사실을 납득하기 힘들다. 그 젊은 선원의 양심은 여전히 성장이 크게 더딘 상태였던 것이다.[13] (뉴턴의 설명에 따르면, 그는 여전히 진정한 신자가 아니었다.) 그가 아프리카에서 보낸 시간은 자신이 노예선 선장이라는 직책에 합당할 만큼 항해 경험을 쌓은 기간이기도 했다. 더구나 선장이라는 안정된 직업을 얻게 되었기에 자기가 사랑하는 여인 폴리(Polly)와 결혼할 수 있게 되었다. 그러나 당시 자신의 직업을 합리화했음에도 불구하고, 뉴턴은 세월이 흐른 뒤 노예무역에 종사했던 사실을 깊이 슬퍼하고 부끄러워했다.

그후 몇 년 간, 그는 도합 네 차례에 걸쳐 노예무역 원정을 이끌었다. 첫 번째 원정은 1등 항해사로, 그리고 나머지 세 번의 원정은 노예선의 선장으로 원정을 이어갔다. 비록 그가 "노예들을 관대하게 보살피고, 그들의 편안함과 편의를 고려하려고"[14] 최선을 다했지만, 뉴턴은 "사슬과 빗장과 족쇄를 끊임없이 사용해야 한다는 사실에 충격"[15]을 받았다고 인정했다. 심지어 이 기간에 그는 "기도하는 가운데 주님의 때에 보다 인도적인 직업을 갖게 해 달라는 간구를 종종 드렸다."[16] 예기치 않은 건강 문제 때문에 더 이상 항해를 하기 힘들어졌을 때, 뉴턴은 리버풀(Liverpool) 항의 세관에 일자리를 얻었다. 9년 후 그는 목사로 안수 받았고, 82세가 될 때까지 그 소명을 신실하게 감당했다.

1788년, 노예무역에서 손을 뗀 지 34년이 지난 후, 뉴턴은 '노예무역에 대한 생각들'(Thoughts upon the Slave Trade)이라는 제목의 팸플릿에서 노예무역을 공개적으로 비난했다. (그리고 자신이 노예무역에 가담했던 것을 사과했다.) 그 팸플릿은 수많은 사람들에게 폭넓게 읽혔고, 1700년대 말 영국의 노예폐지 운동에 크게 기여했다. 그 팸플릿에서 뉴턴은 이렇게 썼다. "나는 양심에 비추어 기꺼이 부끄러움을 무릅쓰고 공개적으로 고백하겠다. 이 고백은 진심이지만, 이전에 경험했던 불행과 해악을 예방하거나 고치기에는 너무 늦은 고백이다. 나는 지금 이 몸서리치는 사업에 한때 내가 적극적인 도구로 쓰였다는 사실을 생각하며 항상 내가 겸손해지기를 소망한다."[17]

또한 뉴턴은 노예제도를 반대하는 설교를 했고, 노예제도를 폐지하려고 시도했다. 자신이 살던 시대의 사회적인 죄악을 주제로 다룬 1794년의 어느 설교에서, 그는 자신이 섬기던 성도들을 향해 이렇게 선포했다.

만약 이 기회에 내가 아프리카 노예무역을 언급하지 않는다면, 내가 이전에 그 불행했던 사업에 종사했던 경험을 용서받을 수 없습니다. 나는 우리나라의 죄악 목록에 노예무역이라는 항목이 몇 위에 올라 있는지 순위를 매기지 않겠습니다. 나는 이 나라의 대다수의 사람들이 진지하게 노예제도의 폐지를 바라고 있다고 믿습니다. 그러나 지금까지는 정의와 인간애와 진리의 목소리보다는 노예무역에 대한 사소하고 부분적인 관심들만이 표출되고 있습니다.

그리고 노예무역의 극악무도함이 충분히 이해되지 않고 있습니다. 만약 여러분이 프랑스에서 발생한 잔혹한 행위들에 대해 전해 듣고 충격을 받았다면, 제가 실제로 파악한 사악하고 비참한 노예무역의 실상을 여러분들이 만약 온전히 이해하게 된다면 아마도 훨씬 더 큰 충격을 받을 것입니다. 제가 직접 관찰한 바로는 노예무역의 사악함과 비참함은, 프랑스 혁명이 시작된 이래 프랑스에서 이루어진 가장 악한 행위들과 비교해 볼 때, 동일하게 잔학하거나 혹은 한 해 동안 행해진 잔혹 행위의 숫자를 따져 보면 그 이상일 것입니다.[18]

몇 해가 지난 후, 1797년에 그는 또다시 자신이 섬기는 회중을 향해 이렇게 선포했다. "저는 한 차례 이상 이 강단 위에서, 아프리카 노예무역 사업에 지나치게 오랫동안 종사했던 부끄러운 사실을 고백한 적이 있습니다."[19]

뉴턴은 윌리엄 윌버포스(William Wilberforce)와 우정을 나누면서, 영국의 노예폐지론자들에게 긍정적인 영향을 끼쳤다. 1805년에 윌버포스에게 보낸 어느 편지에서, 노년의 목회자는 자신이 윌버포스를 후원한 점에 대해서 이렇게 기록했다.

나는 주님께 감사를, 그리고 윌버포스 형제에게는 축하를 드려야만 합니다. 하나님께서 지금까지 형제가 지치지 않고 노예무역 폐지를 위해 분투하도록 허락하셨기 때문입니다. …이제 저는 여든까지 두 달이 채 남지 않았습니다. 노예폐지가 이루어지는 것을 보기까지 살아 있느냐 마느냐는 오직 하나님께서만 아십니다. 그분의 손에 우리의 인생과 걸음걸음이 모두 달려 있습니다. 그러나 나는 쇠약해 가는 내 육체가 남아 있는 동안 노예제도가 폐지될 것이라는 소망으로 매일 만족할 수 있습니다.[20]

뉴턴이 죽기 정확히 10개월 전인 1807년 2월에, 영국 의회는 대영제국에서 그 무서운 노예무역을 불법화하는 노예무역법령(Slave Trade Act)을 최종 통과시켰다. 뉴턴이 이 주목할 만한 승리를 목도했다는 사실은 그가 남긴 유산에 어울리는 클라이맥스이다. 그가 죽기 전에 기록한 자신의 묘비명에는 놀라운 하나님의 은혜에 자신이 모든 것을 빚지고 있다는 사실을 감사하는 내용이 담겨 있다.

존 뉴턴, 성직자
한때 불신자요, 방탕한 자요
아프리카에서 노예상으로 살았으나
우리의 주와 구원자이신
**예수 그리스도의**
풍성하신 긍휼로 말미암아
보호받고, 회복되고, 죄 사함 얻어
자신이 파괴하려 그렇게 오랫동안 노력했던
믿음을 설교하도록 임명받았다.

## 죄에 노예 됨

뉴턴은 18세기 노예무역의 잔혹함과 폐해를 가장 정확하게 이해한 사람이었다. 그는 아프리카에서 노예로 살았고, 집으로 돌아온 후에는 노예무역에 종사했기 때문에, 다방면으로 노예제도를 경험했던 사람이다. 목회자로서 그는 노예제도의 폐해에 대해 글을 썼고, 마침내 대영제국의 노예무역을 종식시키는 도구로 쓰임 받았다. 하나님께서는 존 뉴턴을 사악했던 과거로부터 구원하셨을 뿐만 아니라, (윌리엄 윌버포스와 다른 동역자들과 함께) 현대사의 가장 큰 불의를 종식시키는 데 사용하신 것을 기뻐할 수 있다.

뉴턴이 깨달았던 것처럼, 그 시대 영국과 미국의 노예무역은 아주 불의하고 비성경적이었다. 노예무역의 전체 체제의 기반이었던 납치 혹은 유괴는 구약과 신약성경 모두가 명확하게 금지하고 있다(출 21:16; 딤전 1:10). 더구나 노예무역 때문에 발생하는 인종적 편견은 모든 신자들이 함께 그리스도의 몸을 이루고 있는 교회 안에서는 용납될 수 없었다(고전 12:13; 갈 3:28). 따라서 사역의 연수가 더해 감에 따라, 존 뉴턴이 점점 더 그 사악한 제도와 자신이 한때 그 제도에 연루되었다는 사실을 혐오했다는 것은 놀랍지 않다.

그럼에도 불구하고 뉴턴은 자신의 독특한 이력으로 인해, 하나님께서 자신의 삶에 베푼 구원의 은혜를 깊이 감사할 수 있었다. 그는 사악한 주인에게 절망적으로 억압당하고, 착취당하는 과거의 경험을 통해 죄의 노예가 된다는 것이 무엇인지 이해할 수 있었다.

죽을 때가 더 가까워진 일흔 다섯의 나이에도 뉴턴은 자신이 "아프리카에서 경험한 불쾌하고 비참한 상태"를 기록하면서 "종종 아침에 눈을 떠서 깨어날 때부터 그 생각으로부터 빠져나오는 데 종종 두 시간이 걸렸다."[21] 그는 종종 죄의 속박이라는 영적인 현실과 자신의 경험을 병행시켜 노예 상태의 가혹한 현실을 묵상했다. 아마 적어도 최근 수세기 동안, 죄의 노예가 된 가혹한 억압 상태를 영국과 미국의 노예무역의 잔혹함에 비유하는 것보다 더 충격적인 표현은 없을 것이다.

그가 기록한 편지들과 찬송 전반에 걸쳐 뉴턴은 반복적으로 죄의 노예가 된 상태와 예수 그리스도를 통해 얻게 된 구속을 대조했다. 그는 자신이 속해 있었던 이전 신분을, 만약 그리스도께서 자신을 구속하지 않으셨다면 "여전히 사로잡혀 있을"[22] "모든 악의 자발적인 노예"[23], "맹목적인 사단의 노예"[24]라고 묘사했다. 뉴턴이 지은 거의 300편에 이르는 찬송가들은 자신의 사악함으로부터 구원받았다는 영광스러운 주제를 반복적으로 찬양한다.[25] 그는 비록 한때 "광기와 독주와 죽음"의 노예였지만, 하나님의 은혜로 자유를 얻었다.

뉴턴은 "죄의식과 죄의 사슬"에 매여 "사단이 말하는 대로 행동하는" 사람들 가운데 하나로 회심하지 않은 채 살아가는 것이 어떤 상태인지 기억하며 노래했다. 그는 불신자들이 다음과 같다는 사실을 알고 있었다.

본래 얼마나 타락했는지,

얼마나 모든 악을 저지르기 쉬운지,

[그들의] 삶이 사단에게 얼마나 속박되어 있는지,

[그들의] 의지가 얼마나 완고한지.

그들의 불쌍한 현실은 "사단의 권세에 노예가 되어 잠시 죄에 거하는 조심성 없는" 상태이다. 왜냐하면 "[믿지 않는] 인간의 마음이라는 성"에서

[사단은] 다스리며,

자기 소유물을 평화롭게 유지한다.

영혼은 사단의 사슬에 매여 있기를 기뻐하며,

풀려나기를 원하지 않는다.

그러나 뉴턴은 다음과 같은 사실도 알았다.

예수님은 사단보다 더 강하셔서,

주님의 시간에,

자기 백성들을 자유롭게 하기 위해 나타나시네,

찬탈자의 권세로부터 자유롭게 하기 위해.

뉴턴은 "예수님께서 사단의 노예들을 구원하신다"는 사실로 인

해 기뻐했다. 왜냐하면

> 그분은 우리들을, 자발적인 노예들을 보시네,
> 죄와 사단의 권세에 노예 된 자들을,
> 그러나 넓게 펼친 팔로 구원하시네, 주님의 시간에.

예수님께서 "우리가 매여 있을 때 구원하셨기 때문에" 우리는 "죄와 어둠으로부터 자유해졌다." 비록 우리는 우리가 지은 죄 때문에 죽었지만, 하나님은 우리를 살리셔서 "우리가 우리 죄와 속박으로부터 자유로워질 때, 정말로 살기 시작한다."

동시에 뉴턴은 그리스도 안에서 자신이 누리는 자유를 통해 윤리적인 결과가 나타나야 한다는 사실 또한 이해했다. 비록 그가 죄악의 사악한 압제로부터 구원을 얻었지만, 그는 이제 새로운 주인이신 주 예수 그리스도를 섬기게 되었다. 모든 압제자들 중에서 가장 사악하고 잔인한 죄와는 달리, 그리스도는 바르고 정의롭고, 은혜롭고 선하신, 완벽한 주인이시다. 그분의 뜻에 복종하는 것은 진정으로 기쁜 일이다. 따라서 뉴턴은 이렇게 외칠 수 있었다.

> 세상과 작별하라, 세상이 주는 부는 쓸데없는 것.
> 이제 나는 보혈의 십자가를 보네.
> 예수님은 날 자유롭게 하려 죽으셨네,
> 율법과 죄와 나 자신으로부터 자유롭게 하려고.

그분은 값비싼 대가로 내 영혼을 사셨네,
주님은 전부를 요구하시고 받아들이시네.
당신의 뜻에 내 모든 뜻을 내려놓네,
이제 내 뜻은 없어지고, 당신의 뜻만이 존재하네.

또 다른 곳에서 그는 이렇게 기록했다.

주님 이제 저는 당신만의 것입니다.
오셔서 당신의 것을 취하소서.
당신께서 나를 자유롭게 하셨기 때문입니다.
사단의 강력한 통제로부터 자유롭게 하셨습니다.
보소서, 내 모든 능력이 여기 있습니다.
당신께 쓰임받기 위해 기다리고 있습니다.

따라서

한때 그분을 거역했던 반역한 영혼이
구원자의 가장 친절한 부르심을 얻었네.
이제 은혜를 얻어 넘치는 기쁨으로
온 영혼을 다해 그분을 섬기리.

죄악의 고된 속박에서 구속받은 후에, 뉴턴은 온 맘을 다해 그리스도께 복종하기 원했다. "우리는 바로의 노예들이었다"라는 찬양에서, 뉴턴은 그리스도인이 죄에서 구원 얻은 것을 이스라엘이 애굽에서 구원 얻은 것과 비교했다. 바로처럼, 죄는 가장 가혹한 감독자이다. 그러나 그리스도인들은 이스라엘 백성들처럼 하나님의 은혜로 구원 얻었음을 기뻐할 수 있다.

압제자 사단의 멍에 아래에서
우리 영혼은 오래 압제를 받았네.
은혜가 우리를 괴롭히는 속박을 깨뜨릴 때까지.
그리고 휴식을 주셨네.
예수님께서, 바로 그 중요한 시간에,
그분의 강력한 팔을 알게 하셨네.
예수님은 값으로, 능력으로 우리를 대속하셨네.
우리를 자신의 소유로 주장하셨네.
이제 속박과 죄와 죽음에서 자유해져
우리는 지혜의 길을 걷네.
우리의 모든 호흡을 다 쓰길 원하네,
놀라움과 사랑과 찬양 안에서.
머지않아, 우리는 그분과 함께 거하게 될 것을 소망하네,
하늘 위, 저 세상에서.
이제 우리는 증언하기 위해서 살아가네,
그분의 사랑의 부요함을 증언하기 위해.

# Slave

## 8장

# 매이고 눈멀고
# 죽은

우리는 이미 1700년대 영국 제국주의 시대의 노예제도와 1세기 로마 세계의 노예제도 사이의 중요한 차이점을 몇 가지 살펴보았다. 로마의 노예제도에서 가장 중요한 특징은, 노예는 특정 인종으로 규정되지 않았다는 점이다. 다시 말해, 일반적으로 1세기 노예들은 신체적인 외모나 옷차림으로는 자유민과 구별되지 않았다. 더구나 로마의 노예들은 종종 자유를 얻을 기회를 가졌고, 그 결과 로마의 시민이 되고 심지어 노예를 소유한 주인이 되기도 했다. 게다가 선한 주인을 섬기는 노예들은 안정되고 비교적 안락한 삶을 누렸으며, 명망 있는 사람의 노예들은 일정한 특권이나 영향력을 소유하고 있었다. 1세기 노예들은 자유민과 동일한 역량을 발휘할 수도 있었기에, 자기 분야에서 고등 교육을 받거나 전문가로 훈련 받기도 했다. 사실, 어떤 노예들은 주인의 의사, 교사 혹은 철학자로 고용되어 일하기까지 했다. 로마 사회가 노예제도를 이상적인 것으로 여기지는 않았지만, 로마 사회의 노예제도에는 일반적으로 18세기 노예무역이 받고 있던 오명은 없었다.[1]

그럼에도 불구하고, 로마의 문학을 통해 잔혹하고 불의한 주인이 노예들을 학대한 사례들을 살펴볼 수 있다. 존 뉴턴의 경험이 자신의 신학적 관점에 영향을 미쳤던 것처럼,[2] 이런 사례들은 1세기 그리스도인들이 사악한 폭군의 노예가 될 때 겪게 되는 고통과 비참함을 생생하게 이해할 수 있도록 도와준다. 역사학 교수인 스코트 발트치가 그 실례를 하나 들어 준다.

세네카(Seneca)는 분노가 무익하다는 점을 논하면서, 이전에 노예였다가 자유민이 된 아주 부유한 베디우스 폴리오(Vedius Pollio)라는 사람의 예를 들고 있다. 그는 노예들을 식인 물고기들의 먹이가 되게 한 사람이다. 어느 날 아우구스투스 황제(Augustus Caesar)를 포함한 몇몇 손님들이 있는 자리에서 한 노예가 부주의하게 크리스털 꽃병을 깨뜨렸다. 베디우스는 식인 물고기가 사는 연못에 그 노예를 빠뜨리라고 명령했다. 그 노예가 살려 달라고 부르짖자, 아우구스투스는 베디우스가 소유한 모든 크리스털을 가져오라고 명령했고, 그 크리스털들을 모두 깨뜨려 그 노예 대신 섬뜩한 연못 속으로 던져 넣었다.[3]

비록 이 이야기가 일반적인 경우가 아니라 예외이긴 하지만, 사악한 주인들이 노예들에게 가할 수 있는 극단적인 잔인함을 생생하게 전달해 준다.

시간이 흐르면서 로마의 법은 그러한 상황으로부터 노예들을 보호하기 시작했다. 주후 61년 경, 페트로니아 법률(Lex Petronia)은

> 관할 치안판사의 허락 없이 노예들이 야생 맹수들과 싸우게 하지 말라고 주인들에게 지시했다(그 노예의 심각한 악행이 증명될 때에만 치안판사의 허락이 내려졌다). 안토니우스 피우스(Antonius Pius) 황제는 주후 2세기 중반 동안 노예가 황제의 조각상으로 도피하여 숨으면 그 지방 관리가 그 사건을 직접 조사하도록 법령을 공포했다. 만약 노예가 도피한 원인이 주인의 잔인함에 있었다면, 그 주인은 자신이 소유한 모든 노예들을 강제로 팔아야만 했다.[4]

그러나 이런 법률이 필요했다는 것 자체는 로마에서 노예들을 잔인하게 대하는 경우가 있었다는 사실을 드러낸다.[5]

초대 교회의 그리스도인들은 불의한 주인의 손아귀에서 노예가 고난당하는 노예제도의 폐해를 잘 인식하고 있었다. 많은 1세기 신자들은 노예였으며,[6] 그들 중 일부분은 가혹하고 불공정한 대접을 받고 있었다. 이런 배경에서, 베드로는 다음과 같이 그들에게 교훈했다. "범사에 두려워함으로 주인들에게 순종하되 선하고 관용하는 자들에게만 아니라 또한 까다로운 자들에게도 그리하라 부

당하게 고난을 받아도 하나님을 생각함으로 슬픔을 참으면 이는 아름다우나"(벧전 2:18-19).

신약성경은 이런 상황을 배경으로, 죄의 노예가 된 상태와 인간의 마음을 다스리는 죄에 대해 이야기한다. 죄는 가장 야비하고, 가장 무서운 주인이다(창 4:7 참조). 죄가 그런 주인이라는 현실은 1세기 신자들에게는 생생히 다가오는 비유였다.[7] 노예제도는 곧 필연적으로 전적인 예속 상태임을 이해하고 있었기 때문에, 그들은 문화 속에 존재하던 노예제도와 관련된 최악의 폐해와 죄의 노예라는 개념을 자연스럽게 연결시킬 수 있었을 것이다.

우리가 2장에서 살펴보았던 것처럼, 그들은 그런 압제의 예들을 구약에서도 찾아볼 수 있었다. 그중 가장 대표적인 것은 출애굽기에 등장하는 바로 왕이었다. 1세기에는 구속이라는 개념을 출애굽 사건과 연관짓는 것이 일반적이었다.[8] 죄로부터 구속을 얻는 그리스도인의 경험도 마찬가지다. 바로 왕이 자신을 섬기던 이스라엘 백성을 매일 괴롭혔던 잔인한 폭군이었던 것과 마찬가지로 "죄 또한 [죄의 노예들을] 무자비하게 이용하면서도 실제적인 보상은 전혀 제공해 주지 않는 가혹한 감독관이다."[9] 따라서 그들이 자신 주변에 존재하는 노예들이 학대당하는 모습을 생각했든, 고대 이집트에서 노예로 살아가던 이스라엘 백성의 곤궁한 상태를 생각했든 간에, 1세기 신자들은 죄의 노예가 되었다는 비유적 표현을 쉽게 이해했다.

죄는 잔인한 폭군이다. 죄는 지금까지 인류를 괴롭힌 가장 파괴적이고 타락한 힘이기 때문에, 모든 피조물이 "이제까지 함께 탄식하며 함께 고통을 겪고 있다"(롬 8:22). 죄는 전인(全人)을 부패시킨다. 영혼을 오염시키고, 마음을 더럽히고, 양심을 더럽히고, 감정을 더럽히며, 의지를 더럽힌다.[10] 삶을 파괴하고 영혼을 정죄하는 타락의 근원이며, 치료 불가능한 암이 모든 구속받지 못한 인간의 마음속에 곪아 터지며 자라나고 있다.

그러나 불신자들은 죄에 오염되는 것에 그치지 않고, 죄의 노예가 된다. 예수님은 요한복음 8장 34절에서 청중을 향해 이렇게 말씀하셨다. "진실로 진실로 너희에게 이르노니 죄를 범하는 자마다 죄의 종이라." 마찬가지로 사도 베드로는 거짓 교사들이 "멸망의 종들이니 누구든지 진 자는 이긴 자의 종이 됨이라"(벧후 2:19)고 가르쳤다. 동일한 이미지를 사용해서 바울은 로마의 성도들이 구원 얻기 전에 "죄의 종"(롬 6:17)이었다고 말했다. 구원의 때까지 모든 인간은 어둠의 영역과 죄의 지배 아래 놓여 있다. 불신자는 타락 상태에 매여 전적으로 부패해 있고, 그 속박으로부터 스스로 자유를 찾기란 거의 불가능하다.

바로 그 전적인 예속 개념(일반적으로 '전적 타락' 혹은 '전적 무능력' 교리로 알려져 있는 교리)[11]은 당연히 타락한 인간의 마음으로 볼 때는 비위에 거슬리는 것이다. 사실, 이 교리보다 불신자들에게 더 미움을 받아 온 교리는 없다. 심지어 그리스도인들도 이 교리를 혐오스럽게 여기고 열성적으로 공격한다.[12] 비록 전적 타락 교리가 은혜의 교리들 중에서 가장 빈번하게 공격받는 교리요, 가장 과소 평가되는 교리이지만, 복음을 올바로 이해하는 데 기초가 되는 가장 명확한 기독교 교리이다(하나님은 전적 타락 교리 안에서 모든 것을 시작하시고, 모든 영광을 받으신다).

미국 복음주의 안에서 이 교리를 부정하는 것은 희석된 복음과 교회 성장 운동의 구도자 중심 실용주의를 포함한 모든 종류의 오류를 초래했다. 그러나 성경은 명확하다. 하나님의 성령이 영적인 생명을 허락하시지 않는다면, 모든 죄인은 결코 자신의 타락한 본성을 변화시킬 수 없다. 그리고 죄와 거룩한 심판으로부터 결코 자신을 구원해 낼 수 없다. 그들은 자신의 구속과 관련하여 어떤 것도 시작하거나 성취할 수 없다. 불신자들이 '선한 일'이라고 여기고 행하는 일조차도 거룩하신 하나님 앞에서는 더러운 옷과 같다(사 64:6). 그 교리를 다른 모든 종교 체계와 비교해 보라. 다른 종교에서는 사람들이 자신의 노력으로 어느 정도 의를 성취할 수 있고, 그래서 그 의로움이 자신의 구원에 영향을 미친다고 말한다. 그러나 그것은 전혀 사실이 아니다.

인간이 전 우주적으로 타락했다는 사실을 나타내는 현저한 특징 중 하나는 자신의 진짜 처지를 부정하는 것이다. 타락한 마음은 자존심으로 동기부여되어 자신의 모습을 실제보다 훨씬 더 좋게 생각한다. 그러나 하나님의 말씀은 그 거짓을 간파하여 죄악으로 가득 찬 인간을 치료 불가능한 병이 든 존재로, 반역하는 본성을 지닌 존재로, 영적으로 선한 일을 행할 수 없는 존재로 날카롭게 진단한다.

죄의 노예 된 자로서 모든 불신자는 하나님께 적대적이고, 어떤 측면에서도 하나님을 기쁘시게 할 수 없다.[13] 그들은 단순히 죄에 매여 있을 뿐 아니라 죄로 인해 눈멀고, 죄 안에서 죽었기 때문에 전적으로 무능력하다. 그들은 "총명이 어두워지고"(엡 4:18) 영적인 진리를 이해할 수 없다. 왜냐하면 "이 세상의 신[사단]이 믿지 아니하는 자들의 마음을 혼미하게 하여 그리스도의 영광의 복음의 광채가 비치지 못하게"(고후 4:4) 막고 있기 때문이다.[14] 더구나 불신자들은 "허물과 죄로 죽은"(엡 2:1) 자들이요, "범죄로 죽었던"(골 2:13) 자들이며, "살았으나 죽은"(딤전 5:6) 자들이다. 눈먼 자는 스스로 시력을 회복할 수 없고, 죽은 자는 스스로 다시 살아날 수 없는 것과 마찬가지로 죄인이 스스로 영적인 깨달음이나 영원한 생명을 얻는 것은 전적으로 불가능하다.

무덤에 누워 있는 나사로처럼, 구속받지 못한 영혼은 하나님께서 그 영혼을 향해 "나오라"고 외치실 때까지 죽은 채로 머물러 있는 것이다. 찰스 스펄전은 나사로를 살리신 기적과 구원의 기적 사이의 병행관계를 주목하며 다음과 같이 말했다.

> 나사로를 살리신 것은 우리 주님께서 백성들을 놀라게 하고, 그들을 가르치시기 위해 사용하신 여러 가지 기적 시리즈의 정점에 위치해 있습니다. 그러나 저는 지금도 예수님께서 마음과 영혼의 영역에서 그러한 역사를 일으키고 계신다고 생각합니다. 그분이 육체적으로 죽은 자를 살리셨습니까? 그분은 영적으로 죽은 자도 살

려 내십니다! 그분이 육체가 썩지 않도록 살려 내셨습니까? 그분은 역겨운 죄악으로부터도 사람들을 구원해 내십니다![15]

나사로의 이야기는 죽음(영적, 육체적 죽음 모두)에 대한 그리스도의 신적 능력을 증명할 뿐만 아니라, 그 반대의 신학적인 진리, 다시 말하자면 죽은 자는 스스로 살아날 수 없다는 진리도 설명한다. 그리스도의 기적적인 간섭이 없었다면, 나사로의 몸은 생명을 잃은 채로 무덤에 누워 있었을 것이다. 모든 인류는 나사로와 같은 상태에 처해 있다.[16] 하나님께서 기적적으로 간섭하지 않으신다면 그들은 영적으로 죽은 상태로, 죄의 권세와 부패에 무기력하게 노예가 된 채로 "세상에서 소망이 없고 하나님도 없는 자"(엡 2:12)로 남아 있다. 혹은 스펄전이 언급한 것과 같이 "타락과 우리 자신의 범죄를 통해 인간의 본성은 아주 타락했고, 아주 부패하였으며 더럽혀졌다. 그래서 하나님의 거룩한 성령의 도움 없이는 그리스도께 나오는 것이 불가능하다. …[인간의] 본성은 너무나 타락하여 성령의 이끄심이 없으면 그리스도께로 나아갈 의지도, 힘도 없다."[17]

설상가상으로, 성경은 불신자들이 전심으로 자신의 죄를 사랑한다고 가르친다. 그들은 자기 자신을 죄악의 부패로부터 구원할 수 없을 뿐 아니라, 그렇게 하기를 완강하게 거부하고 있다. 예수님께서 당시의 종교 지도자들에게 말씀하신 것처럼 "너희가 성경에서 영생을 얻는 줄 생각하고 성경을 연구하거니와 이 성경이 곧 내게 대하여 증언하는 것이니라 그러나 너희가 영생을 얻기 위하여 내게 오기를 원하지 아니하는도다"(요 5:39-40, 저자가 강조). 악한 인간은 아브라함으로부터 타락한 본성을 물려받아 굳은 마음, 부패한 마음, 오염된 양심, 하나님을 향한 적대적인 자만심으로 가득찬 "본질상 진노의 자녀"(엡 2:3)들이다.[18] 주님께서 자신을 따르는 자들에게 설명하신 것처럼 "사람에게서 나오는 그것이 사람을 더럽게 하느니라 속에서 곧 사람의 마음에서 나오는 것은 악한 생각 곧 음란과 도둑질과 살인과 간음과 탐욕과 악독과 속임과 음탕과 질투와 비방과 교만과 우매함이니 이 모든 악한 것이 다 속에서 나와서 사람을 더럽게 하느니라"(막 7:20-23).

사도 바울은 로마서 3장 10-12절에서 불신자의 상태를 비슷하게 묘사했다. 특히 바울은 죄인들이 하나님께 나오기를 원하지 않는다는 사실을 강조했다.

의인은 없나니 하나도 없으며
깨닫는 자도 없고
하나님을 찾는 자도 없고
다 치우쳐
함께 무익하게 되고
선을 행하는 자는 없나니 하나도 없도다

구속받지 못한 죄인들은 하나님과 하나님의 의를 추구하기보다 "자신을 방탕에 방임하여 모든 더러운 것을 욕심으로 행"(엡 4:19)

하면서 "하나님의 진리를 거짓 것으로"(롬 1:25) 기꺼이 바꾼다. 그들은 자신의 욕망을 만족시키려고 부단히 추구하면서 "자기를 사랑하며 돈을 사랑하며 쾌락을 사랑하기를 하나님 사랑하는 것보다 더하는"(딤후 3:2, 4) 자들이다. 또한 그들은 마르틴 루터가 「노예의 지론」이라는 논문에서 설명한 것처럼, 사단의 통제와 지배 아래에 있다.

> 사단은 이 세상의 군주다. 그리고 그리스도와 바울의 가르침에 따르면, 사단은 자기가 사로잡은 자들과 자신의 종들의 의지와 마음을 지배한다. …성경은 사단이 단연 이 세상의 가장 강력하고 간교한 군주라는 사실을 모호하거나 추상적이지 않게 명백히 증명한다. (내가 이전에 말했던 것처럼) 사단의 통치 권력 아래에서 더 이상 자유롭지도, 자기 자신의 능력을 가지지도 못하고, 죄의 종 되고 사단의 종 되어 버린 인간은 아무것도 선택할 수 없다. 인간을 사로잡은 군주의 의지만 따를 뿐이다. 비록 사단이 인간을 다스리지는 않았지만, 인간이 속박되어 있는 죄 그 자체가 인간이 선한 일 행하기를 원하지 않도록 인간의 마음을 강퍅하게 이끌기 때문에, 그 군주는 인간이 선한 일을 행하게 내버려 두지 않을 것이다.[19]

물론 사단의 지배 아래에 있는 자들은 동일하게 영원히 멸망하게 될 것이다. 비록 죄가 자기 노예들에게 만족과 생명을 약속하지만, 실제로 죄가 주는 보상은 정확히 그 반대이다. 이 생에서는 비

참함, 내세에서는 정죄함이 기다리고 있을 뿐이다.[20]

놀라울 만한 사실은 죄인이 자신의 마음을 변화시킬 수 있다고 하더라도 - 성경은 그것이 불가능하다고 가르친다(렘 13:23) - 모든 불신자는 그러길 원하지 않아 왔다는 것이다. 자기 자신의 자연적인 이성과 의지의 한계 안에서는, 구속받지 못한 죄인은 언제나 하나님께 순종하기보다는 죄의 노예가 되는 것을 선택할 것이다. 주님이 개입하시기까지, 죄인은 자신의 죄를 끊거나 의로움 안에서 하나님을 섬길 수 없고 섬기려 하지도 않는다. 자신의 의지와 자신의 이성이 모두 완전히 부패해 있기 때문이다. 루터는 일련의 수사학적인 질문들을 통해서 이 요점을 주장한다.

이렇게 눈이 멀고 무지한 [죄인의] 이성이 과연 옳은 것을 제시할 수 있겠는가? 이렇게 악하고 무능한 의지가 선한 것을 고를 수 있겠는가? 결코 그럴 수 없다. 이성이 고작해야 이성 자신의 눈멂과 무지에서 연유한 어둠이나 제시할 수 있는데, 그런 상황에서 의지가 무엇을 추구할 수 있겠는가? 또 이성은 이렇게 오류투성이요, 의지는 [선(善)을] 거스르는데, [믿음이 없는] 사람이 과연 선한 일을 할 수 있겠으며 선한 일을 하려고 시도나 할 수 있겠는가?[21]

물론 해답은 아무것도 없다는 것이다. 회심하지 않은 심령의 오염된 마음과 부패한 의지는 오직 죄악을 선택할 뿐이다. 따라서 구속받지 못한 영혼은 "강제로 죄에 매여 죄를 섬기며, 선한 것은 아무엇도 할 수 없다."[22] 하나님의 간섭하심이 없으면 죄의 노예는 전적으로 무능하고 소망 없는 상황에 머문다. 그는 스스로 자유로 워지기에는 무력할 뿐 아니라, 자발적인 열망으로 자기 쇠사슬에 매인다.

## 9장

# 죄에서 풀려나
# 새로운 주인에게

하나님은 자신이 택한 백성을 흑암의 권세에서 건져내셔서, 하나님의 노예들로 만들어, 하나님의 아들의 나라로 옮기심으로써, 그들을 죄에서 구원하신다(골 1:13). 우리는 우리 자신과 우리의 죄를 제외하고는 아무것도 사랑하지 않았지만, 하나님께서 먼저 우리를 사랑하셨고, 그 결과 우리는 하나님께 믿음으로 반응할 수 있게 되었다.[1] 사도 요한이 설명한 것처럼 "사랑은 여기 있으니 우리가 하나님을 사랑한 것이 아니요 하나님이 우리를 사랑하사 우리 죄를 속하기 위하여 화목 제물로 그 아들을 보내셨음이라 …우리가 사랑함은 그가 먼저 우리를 사랑하셨음이라"(요일 4:10, 19). 죄에서 우리를 구원해 내는 문제와 관련해, 하나님께서 모든 것을 시작하셨고 성취하셨다. 그분의 목적 있는 간섭하심이 없었다면, 우리는 여전히 죄의 속박 아래에서 무기력하게 살고 있을 것이다.

로마 시대에서는 노예가 주인을 선택한 것이 아니라 주인이 노예들을 선택했다. 이 사실은 고대 로마의 노예시장에 대한 기록들을 통해 명확하게 알 수 있다. 노예시장에서 노예들은 잠재적인 구매자들의 의견과 결정에 전적으로 지배를 받았다.[2] 프랜시스 리올 (Francis Lyall)은 다음과 같이 설명한다.

> 노예들은 단순히 상업적 자산이요 물건이었기 때문에, 당사자의 한마디 의견 없이도 돈으로 사고팔거나, 소유권을 이전할 수 있었다. 법률상 노예를 양도할 수도 있지만, 종종 구매행위를 통해 양도하는 경우도 많았다. 따라서 주요 노예시장이 있었던 도시인 고린도의 교회를 대상으로 기록된 고린도전서에서, 그런 이미지를 두 차례 사용하고 있는 것은 흥미롭다. 고린도전서 6장 20절과 7장 23절에서 우리는 "값으로 산 것이 되었다"는 사실을 배운다. …[의미심장하게] 노예와 구매의 문제에서, 노예의 의지는 전혀 중요하지 않았다.[3]

로마의 노예시장에서 노예의 미래를 결정하는 권한은 오롯이 구매자의 손에 달려 있었다. 마찬가지로 성경은 하나님께서 주권적이고 독자적으로 자신의 노예들을 선택하셨다고 가르친다. 사실 하나님은 하나님의 노예들이 태어나기도 전에, 심지어는 세상이

창조되기도 전에 그들을 하나님의 노예로 선택하셨다.[4]

하나님의 선택을 받은 자로서 신자들은 "[그리스도] 그분의 핏 값으로 사신바" 되었으며(행 20:28),[5] 죄의 노예에서 해방되어 하나 님의 가족구성원이 되기로 예정되었다.[6] 하나님은 우리가 그분을 찾지 않았음에도 불구하고 우리를 하나님께로 이끄시고, 우리를 죄의 발톱과 정죄에서 구해 내셨다. 바울처럼 우리는 그분에게 자 원하여 포로가 되었고, 기쁨이 충만한 죄수가 되어 하나님이 소유 하시는 백성에 속하게 됨으로써 "그리스도 예수께 잡힌바 되었다" (빌 3:12).[7] 우리가 그분을 선택한 것이 아니라 그분이 우리를 선택 했기 때문에 우리는 하나님께 속한 자들이 되었다.

힘이나 건강이나 외모와 같이 노예의 자질이 선택의 기준이 되 는 로마의 노예시장과는 달리, 하나님은 그들의 연약함과 실패를 너무나 잘 알고 계시면서도 그들을 노예로 선택하셨다. 우리는 "육 체를 따라 지혜로운 자가 많지 아니하며 능한 자가 많지 아니하며 문벌 좋은 자가 많지 아니하도다 그러나 하나님께서 세상의 미련 한 것들을 택하사 지혜 있는 자들을 부끄럽게 하려 하시고 세상의 약한 것들을 택하사 강한 것들을 부끄럽게 하려" 하셨다(고전 1:26-27). 참으로 하나님은 우리의 연약함에도 불구하고 우리를 구원하 시기 위해 은혜롭게 우리를 선택하셨다. 우리 안에 선천적으로 내 재되어 있는 선 때문이 아니라 자신의 영원한 목적에 따라 자신의 영광을 위하여 그렇게 하셨다.

신약성경에는 하나님의 선택적인 구원과 주도적인 사역의 예로 가득 차 있다. 요한복음 15장 16절에서 예수님은 제자들에게 이렇게 말씀하셨다. "너희가 나를 택한 것이 아니요 내가 너희를 택하여 세웠나니 이는 너희로 가서 열매를 맺게 하고 또 너희 열매가 항상 있게 하여 내 이름으로 아버지께 무엇을 구하든지 다 받게 하려 함이라." 사도행전 2장 39절에서 베드로는 "주 우리 하나님이 얼마든지 부르시는 자들"에게까지 구원의 약속이 확장된다고 강조했다. 사도행전 13장 48절은 이방인들 사이에서 바울이 선교사로 사역한 결과 "영생을 주시기로 작정된 자는 다 믿더라"고 기록한다. 몇 장 더 뒤에 우리는 "주께서 그 마음을 열어 바울의 말을 따르게"(행 16:14) 하신 후에야 루디아가 믿었다는 사실을 알게 된다. 각각의 경우, 선택하시고, 부르시고, 지명하시고, 마음을 여시는 분은 하나님이셨다. 한 영혼이 구원을 얻을 때마다 새생명의 탄생은 항상 "혈통으로나 육정으로나 사람의 뜻으로 나지 아니하고 오직 하나님께로부터" 난다(요 1:13).

구원에서 하나님의 뜻은 단수이다. 오직 아무런 영향력을 받지 않는 하나님의 자유로운 선택에 달려 있다는 의미다. 따라서 거룩한 성령은 자신이 원하는 곳에서 사역하시고, 하나님의 아들은 자신이 원하는 자들에게 생명을 주신다. 그리고 아버지 하나님께서 이끄시지 않으면 불신자들은 그리스도께로 올 수 없다.[8] 우리가 죄악에 매여 있을 때, 하나님의 아들이 우리를 자유롭게 했다(요 8:36). 우리가 불신으로 눈멀어 있을 때, 하나님은 "예수 그리스도의 얼굴에 있는 하나님의 영광을 아는 빛을 우리 마음에 비추"셨다(고후 4:6). 우리가 우리의 허물과 죄악 가운데서 죽었을 때, 하나님은 "우리를 그리스도와 함께 살리셨다"(엡 2:5). 그분은 우리 마음 안에서 구원의 역사를 시작하신 분이다. 그래서 우리는 우리가 얻은 구원에 대해 아무것도 자랑할 수 없다.[9] 모든 영광은 하나님께로 돌아간다.

구원에 있어서 삼위일체 하나님은 죽은 마음에 생명을, 어두워진 마음에 시력을 부여하며, 하나님께서 구원하기를 원하시는 사람들에게 주권적으로 행동하신다. 따라서 구원은 "원하는 자로 말미암음도 아니요 달음박질하는 자로 말미암음도 아니요 오직 긍휼히 여기시는 하나님으로 말미암"는다(롬 9:16). 우리 육체가 우리의 의지로 태어난 것이 아닌 것처럼, 우리의 영도 우리의 의지로 거듭난 것이 아니다(요 3:3-8). 여러분과 나는 복음을 믿었다. 우리가 다른 사람들보다 더 지혜롭거나 더 의로워서가 아니라, 하나님께서 우리 마음을 여셔서 그분의 말씀에 주의를 기울이고 믿도록 은혜롭게 간섭하셨기 때문이다. 우리는 미묘한 자부심을 가질 아무런 근거도 없다. 오직 은혜 때문이다. 하나님께서 독점적으로 죄인들을 구원하셨기 때문에 그분이 모든 찬송을 받으셔야 한다.

물론, 주권적인 선택 교리는 죄에서 돌아서서 그리스도를 구원자와 주님으로 믿어야 하는 죄인의 책임을 부정하거나 그것과 충돌하지 않는다.[10] 복음은 모든 사람이 믿음을 갖고 회개하도록 초대한다. 그러나 우리가 보아 온 것처럼 죄로 가득 찬 마음은 하나님을 미워하며, 선택권이 주어진다 해도 늘 죄악을 선택할 것이다.

감사하게도 하나님의 주권적인 은혜는 구원의 선물뿐만 아니라 그 선물을 받아들이는 데 필요한, 회개하는 믿음에도 적용된다.[11] 따라서 죄인들이 복음을 거부한 것에 전적인 책임이 있는 반면, 구원을 시작하시고, 이루시고, 신자들이 복음에 반응할 수 있도록 모든 수단을 제공하시는 하나님만이 신자들의 구원에 대한 찬양을 받기에 합당하다. 리처드 백스터(Richard Baxter)는 이러한 내용을 다음과 같이 아주 생생하게 표현했다. "지옥의 마룻바닥에 기록될 만한 자가 '값없는 선물'인 하늘과 생명의 문에 기록되게 하라."[12]

바울 사도는 자신이 기록한 서신서에서 하나님의 선택과 하나님의 유효한 부르심을 모두 주목하며, 하나님의 예정의 실재를 반복해서 강조한다.[13] 예를 들어, 바울은 데살로니가 성도들을 다음과 같이 격려했다. "우리가 항상 너희에 관하여 마땅히 하나님께 감사할 것은 하나님이 처음부터 너희를 택하사 성령의 거룩하게 하심과 진리를 믿음으로 구원을 받게 하심이니 이를 위하여 우리의 복음으로 너희를 부르사 우리 주 예수 그리스도의 영광을 얻게 하려 하심이니라"(살후 2:13-14, 저자가 강조).

심지어 디모데와 디도에게 보낸 편지에서 바울 사도는 하나님의 주권적인 선택이 자신을 인내할 수 있도록 격려한다고 언급했다. 바울은 디모데에게 이렇게 말했다. "그러므로 내가 택함 받은 자들을 위하여 모든 것을 참음은"(딤후 2:10). 그리고 디도에게도 자신은 "하나님이 택하신 자들의 믿음"(딛 1:1)을 위한 하나님의 노예이며, 그리스도의 사도라고 비슷하게 설명했다. 또한 바울은 하나님께서 "우리를 구원하사 거룩하신 소명으로 부르심은 우리의 행위 대로 하심이 아니요 오직 자기의 뜻과 영원 전부터 그리스도 예수 안에서 우리에게 주신 은혜대로 하심이라"(딤후 1:9)고 지적하면서 자신을 하나님의 택함을 받은 자들의 모임에 포함시켰다.

구원과 관련한 하나님의 선택 사역을 바울만 이해하고 있었던 것은 아니다. 다른 신약 저자들도 바로 하나님의 선택이라는 동일 한 실재를 강조했다. 히브리서의 저자는 그리스도께서 죽으심으로 "부르심을 입은 자로 하여금 영원한 기업의 약속을 얻게"(히 9:15) 되었다고 설명했다. 야고보는 우리의 구원이 "그가 …자기의 뜻을 따라 진리의 말씀으로 우리를 낳으신"(약 1:18) 결과라고 지적했다. 베드로는 자신이 첫 번째로 쓴 서신서에서 "나그네 곧 하나님 아 버지의 미리 아심을 따라 성령이 거룩하게 하심으로 순종함과 예 수 그리스도의 피 뿌림을 얻기 위하여 택하심을 받은 자들"(벧전 1:1-2)이라고 기록했다.[14] 요한은 어느 자매에게 "택함 받은 자"라 고 말했다(요이 1:13). 유다도 자신의 서신을 다음과 같은 말로 시작 한다. "부르심을 받은 자 곧 하나님 아버지 안에서 사랑을 얻고 예 수 그리스도를 위하여 지키심을 받은 자들"(유 1:1).

성경이 반복하는 후렴구는 다음과 같은 피할 수 없는 결론을 반 복한다. 하나님은 "하고자 하시는 자를 긍휼히 여기시려고"(롬 9:18) 선택하는 분이시다. 하나님은 영원 전에 예정하신 사람들을 구원하는 사역을 시작하시고, 성취하신다. 하나님은 믿음과 회개 를 허락하시고, 죄의 노예가 된 상태에서 그들을 구속하시면서 그 사람들을 자신에게로 부르신다. 결과적으로 신자들은 "자기가 택하신 자들"(막 13:20)로 합당하게 명명된다. 왜냐하면, 하나님이 우리를 먼저 사랑하지 않으셨다면 우리는 하나님을 사랑할 수 없기 때문이다.

## 값을 주고 삼

그러나 하나님이 자신을 위해 선택하신 자들, 즉 죄의 노예가 되어 있는 자들을 어떻게 구원하시는가? 신약성경은 이 질문에 구속 교리로 대답한다. 이 교리도 로마 노예시장의 비유와 애굽의 노예 신분에서 해방된 이스라엘의 경험으로부터 도출해 낸 표현이다.

성경은 구속의 진리를 전달하기 위해 헬라어 단어 두 개를 사용한다.[15] 첫 번째 단어는 '아고라조'(agorazō)이다. 이 단어는 '엑사고라조'(exagorazō)라는 합성어, 즉 '사다' 혹은 '구입하다'는 의미의 단어와 연계되어 사용된다. 이 단어는 '시장'이라는 의미를 가진 '아고라'(agora)에서 파생되는데, 사거나 거래하는 것 "특별히 노예에게 자유를 주기 위해 노예를 구입하는 것"을 말한다.[16] 이 단어가 비유적으로 사용될 때는 "하나님이 값을 치르고 노예를 사심으로써 그 노예가 자유를 얻게 된다는 종교적인 의미이다."[17] 신학적인 관점에서 볼 때, 이 단어는 노예 상태에서부터 죄인들을 사 오기 위해 구속이라는 값을 지불한 영적 구매를 의미한다. 따라서 신약성경에서 "그리스도는 자기 제자를 자신의 개인적인 자산으로 취하시면서 그들을 사신 분이라고 한다. …또한 예수님은 자신의 피를 대가로 지불하여 하나님을 위해 그들을 사셨다고 한다."[18]

구속을 나타내는 또 다른 헬라어 단어는 리트로(lytroō)(와 그에 연계된 형태들)이다. 이 단어는 특별히 "노예들의 해방을 위해 지불된 속전"(贖錢)을 의미한다.[19] "죄 아래에 팔린"(롬 7:14) 자들, 즉 아담의 타락한 자손들에게 구속은 죄악이라는 지배적인 저주로부터 풀려나는 유일한 수단이다. 그리스도의 십자가 죽음을 통해 구속받은, 값이 지불된 자들만이[20] 자신이 전적으로 사함 받았다는 사실을 알고 즐거워할 수 있다. 그리스도께서 대속의 희생을 당하셨으므로 그들은 하나님의 은혜로 죄악과 사단과 죽음에서 자유로워졌다.[21] 히브리서 기자가 말하는 것처럼, 하나님의 아들이 "죽음을 통하여 죽음의 세력을 잡은 자 곧 마귀를 멸하시며 또 죽기를 무서워하므로 한평생 매여 종노릇 하는 모든 자들을 놓아 주려"(2:14-15)고 오셨다.

우리 주님께서 자신의 죽음을 통해 신자들을 사셨다는 구속이라는 영광스러운 주제는 신약성경 전반에 걸쳐 반복된다.[22] 그러나 로마 시대의 노예들과는 달리, 우리가 "대속함을 받은 것은 은이나 금같이 없어질 것으로 된 것이 아니다"(벧전 1:18). 우리가 "염소와 송아지의 피로"(히 9:12) 구속 받은 것도 아니다. 오히려 우리는 예수 그리스도께서 죽으심으로[23] "자신을 주심은 모든 불법에서 우리를 속량하시고 우리를 깨끗하게 하사 선한 일을 열심히 하는 자기 백성이 되게 하려 하심이라"(딛 2:14). 예전에 죄의 노예였던 우리는 이제 그분의 소유물로서 새로운 주인의 노예가 되었다.

그리스도 안에서 우리가 얻은 구속은 죄로부터의 자유(freedom)와 죄에 대한 용서(forgiveness)를 모두 포함한다. 우리는 더 이상 이전 주인의 속박에 매이지 않을 뿐만 아니라, 하나님의 영원한 진노라는 치명적인 죄악의 결과도 피할 수 있게 되었다. 바울이 로마서 8장 1-2절에서 설명했던 것처럼 "그러므로 이제 그리스도 예수 안에 있는 자에게는 결코 정죄함이 없나니 이는 그리스도 예수 안에 있는 생명의 성령의 법이 죄와 사망의 법에서 너를 해방하였기 때문"이다. 우리가 예수님 안에 있기 때문에, 우리의 과거와 현재와 미래의 모든 죄는 "그의 이름으로 말미암아 사함을 받았"다(요일 2:12).[24]


## 죄에서 구원받아 은혜로 노예가 되다

구속이라는 하나님의 선물로, 우리는 죄악의 압제와 결과로부터 구원을 받았다. 그리고 언젠가는 바로 죄악 그 자체로부터 구원을 받게 될 것이다. 그러므로 우리는 옛 주인을 더 이상 두려워할 필요가 없다. 하나님의 진노를 두려워할 필요도 없다.[25] 그리스도께서 십자가 위에서 죄악과 사단을 이기셨다. 그리고 그리스도를 믿는 모든 자를 향한 하나님의 진노라는 형벌도 담당하셨다. 그분의

죽으심은 죄악과 정죄와 두려움으로부터 우리를 해방시켰다.[26]

그러나 어쨌든 우리는 구원받았으므로 면죄부를 얻었다고 생각해서는 안된다. 사실은 그 반대이다.[27] 우리가 죄의 노예였을 때, 우리는 "의에 대하여 자유로웠"다(롬 6:20). 그러나 이제 우리는 값으로 산 것이 되었기에 "의에게 종이 되었고"(18절), "죄로부터 해방되고 하나님께 종이 되었다"(22절).[28] 우리는 죄로부터 자유로워졌다. 이 말은 우리가 지금은 자유롭게 순종할 수 있고, 의롭게 살 수 있고, 거룩을 추구할 수 있다는 의미이다. 우리는 그리스도의 노예들이다. "그러나 여기 놀랍고 아주 충격적인 사실이 있다. 그리스도 예수의 노예가 되는 것은 진정한 자유를 얻는 것이다."[29] 머레이 해리스는 이렇게 주장했다.

유서 깊은 기독교 역설 가운데 하나는 자유가 노예 상태로 이끌고, 노예 상태가 자유로 이끈다는 것이다. 사람들이 그리스도를 통해 죄의 노예 상태로부터 해방되자마자, 그들은 새롭게 영구적으로 그리스도의 노예 상태로 들어선다. 한쪽의 노예가 되면, 정확히 다른 쪽의 노예 상태가 종결된다. 그러한 해방은 각각의 개인에게 일어나는 일이기도 하지만, 자유를 얻은 사람들이 단순히 "그리스도의 노예들"로 고립되는 것은 아니다. 그들은 '동료 노예들'과 함께 전 세계적인 공동체를 형성한다. 이 공동체의 모든 구성원은 값을 치르고 그들의 자유를 사신 한 분 주인에게 속하여, 그분께 순종하고 그분을 기쁘시게 하는 일에 헌신한 자들이다.[30]

죄와는 달리 그리스도는 완전한 주인이시다. 이 점은 이미 자세히 논의했다. 그 둘 사이에 현저한 차이가 있다는 사실은 명백하다. 이보다 더 극명한 대조는 있을 수 없다. 죄악은 모든 주인들 가운데 가장 잔인하고 불의한 주인인 반면, 그리스도는 가장 사랑 많으시고 자비로운 주인이다. 죄악의 짐은 무겁고 불쾌한 반면, 그리스도의 "멍에는 쉽고" 그분의 "짐은 가볍다"(마 11:30). 죄악은 자기 노예들을 어둠과 죽음에 걸려들게 하는 반면, 그리스도는 "그리스도와 함께 살리신"(골 2:13) 모든 자들에게 빛과 생명을 가져다주신다. 죄악은 전용하고, 속이고, 파괴하지만, 그리스도는 "길이요, 진리요, 생명이다"(요 14:6). 죄의 노예 상태가 증오스럽고, 해롭고, 무시무시하고, 비열한 것들로 구성되어 있는 반면, 그리스도의 노예 상태는 선하고, 영광스럽고, 기쁘고, 옳은 모든 것들을 함의한다.

죄의 노예 상태와는 달리 '은혜 아래에서' 하나님을 섬기는 것은 자유로운 경험이다. 두 섬김의 형태는 그 특성이 근본적으로 다를 뿐만 아니라, 그 결과 또한 극명하게 다르다. 죄는 자신의 종들에게 죽음이라는 삯을 지불한다. 하나님은 자신의 종들에게 단순한 임금이 아니라 훨씬 더 좋고 후한 임금을 주신다. 하나님은 은혜 안에서, 그리스도와의 연합을 통해 얻게 되는 영원한 생명을 값없이 선물로 주신다.[31]

따라서 그리스도 안에 있는 자유는 죄 지을 자유가 아니라 죄로 부터의 자유이다. 하나님의 뜻대로 진리와 거룩 안에서 살아갈 자유이다(벧전 1:16 참조). "그리스도인의 자유는 자신이 원하는 것을 행할 자유가 아니라 하나님께 기꺼이, 즐거이, 당연히 순종할 자유이다."[32] 결국 신자들에게 있어서 "죄는 더 이상 그들의 주인이 될 수 없다. 왜냐하면 그리스도라는 다른 주인이 그들을 소유하셨기 때문이다."[33]

어느 주석가가 설명한 것처럼 "그리스도 안에서 자유를 얻는다는 개념은 근사한 자기중심성을 갖게 된다는 의미가 아니다. 그리스도 안에서 자유로운 자는 의의 노예가 되었다. 그들은 목적 없는 사람, 목표 없는 사람이 아니다. 그들은 가치 있는 대의를 향해 전적으로 헌신하기 위해 죄악으로부터 자유를 얻었다. …자유를 얻은 자는 도덕적 진공상태 속에서 헤매지 않는다. 그들은 의의 노예들이다."[34] 참 자유는 죄악의 노예 상태가 종결될 때 시작되며, 죄악의 노예 상태가 종결되기 위해서는 하나님의 노예가 되어야 한다.

그러나 이어지는 장들에서 살펴보게 되겠지만, 우리는 하나님의 노예들이기만 한 것은 아니다. 우리는 하나님의 시민이요, 친구요, 권속(眷屬, 가족구성원)이기도 하다. 하나님이 자기 아들을 통해 우리를 죄악의 노예 상태에서 구속하시고 영원한 생명을 주심으로 우리를 선택하시고 하나님께로 부르셨기 때문에 이 모든 것이 가능한 것이다.

7장에서 우리는 죄의 노예가 된 삶이 얼마나 공포스러운지, 그리고 그리스도께 전심으로 순종하는 기쁨이 얼마나 큰지를 모두 이해했던 존 뉴턴의 삶과 신학을 살펴보았다. 우리가 주목해 보았듯이, 뉴턴이 깨달은 이 심오한 진리는 그가 작사한 많은 찬송가에 녹아 있다.

찰스 웨슬리(Charles Wesley)는 뉴턴과 동시대를 살았던 또 다른 유명한 찬송가 작사가이다. 웨슬리는 6천 곡 이상의 찬송을 작사했다. 그리고 우리는 그 찬송 중 많은 곡들을 지금도 사용하고 있다. 그가 작사한 유명한 찬송인 "주 보혈로 날 사심은"(And Can It Be)의 4절은 하나님께서 우리를 죄에서 구원해 주신 영광스러운 사실을 묘사하면서, 새로운 주인을 따르고 그분께 순종해야 하는 우리의 의무를 요약한다.

> 오래 감옥에 갇힌 내 영혼이 누웠네
> 죄악에 단단히 묶인 본성의 밤
> 당신의 눈은 생기 있게 하는 광선을 발하셨네
> 나는 깨어났고 지하 감옥은 불빛으로 밝아졌네
> 나의 사슬은 끊어졌고 내 마음은 자유로워졌네
> 나는 일어나 나아가 그분을 따랐네.

그 찬송은 구속받은 모든 자들이 그리스도 안에서 공유하고 있는 진리인 영광의 소망을 다시 노래하면서 마무리된다.

이제 나는 어떤 정죄도 두렵지 않네

예수님과 그분 안에 있는 것은 모두 내 것이므로

나의 살아계신 머리 그분 안에 나 사네

거룩한 의의 옷 입고서

저 영원한 보좌로 담대히 나아가네

내 구주로 인해 면류관 쓰겠네.

# Slave

## 10장

# 노예에서
# 아들로(1)

우리는 이미 은혜 교리(the doctrines of grace)에 대해 어느 정도 자세히 토론했고, 그런 영광스런 주제들을 예시하기 위해 성경이 노예관련 언어들을 사용하는 방식에 주목했다. 전적 타락(total depravity) 교리는 불신자들이 죄악의 노예들이라는 사실을 드러낸다. 그들의 삶의 모든 영역은 죄악이 지배하고 있고, 그들은 그 지배력으로부터 벗어나고 싶지도 않고, 그렇게 살 수도 없다. 하나님께서 간섭하지 않으시면 그들은 어둠의 지배 아래 놓여, 영원한 멸망을 향해 나아가는 소망 없고 무기력한 노예들이다.

주권적 선택(sovereign election) 교리는 하나님이 무한하신 긍휼로, 영원 전에 자신의 사랑을 나타내심으로써 죄인들을 구원하시려 선택하셨다는 사실을 가르쳐 준다. 심지어 우리가 하나님과 원수가 되었을 때조차 하나님은 불가항력적인 은혜(irresistible grace)를 통해 우리를 하나님께로 이끄셔서 우리를 취하셨다. 하나님은 우리를 죄악에서 구원하시고, 우리 마음을 변화시키셔서 그의 아들의 나라에 들어가게 하셨다. 비록 우리는 한때 죄악의 노예들이었지만, 지금은 그리스도의 노예들이며 의의 노예들이다. 로마 시대의 노예는 주인을 선택할 수 없었다. 오히려 주인이 항상 노예를 선택했다. 우리의 타락한 이성으로는, 당신과 나는 절대로 하나님을 선택하지 않을 것이다. 그러나 그 크신 긍휼하심을 따라 하나님은 우리를 구원하시는 데 필요한 모든 수단을 마련하시고 성취하심으로써 우리를 선택하셨다.

제한 속죄(particular redemption) 교리도 사업 거래나 속전을 묘사할 때 사용하는 시장 언어로부터 나왔다. 그리스도는 십자가에서 죽으심으로 죄인을 죄악에서 구속하고 하나님의 진노로부터 구원해 내어 선택 받은 죄인이 감당해야 할 형벌에 대해 실제로 값을 지불한다. 로마 시대에 주인은 자신이 구입한 노예들의 값만 지불했다. 마찬가지로, 그리스도의 구속 사역을 통해 얻게 되는 유익도 하나님께서 자신을 위해 선택하신 자들에게만 적용된다. 신자들은 그리스도의 보배로운 핏값으로 팔려 왔기 때문에 하나님의 소유가 된다.

이 모든 것에서, 신자로서 우리는 아무런 영향력을 행사할 수 없다. 하나님께서 자신의 주권적인 의지로 간섭하셔서 그리스도의 구속 사역을 통해 우리를 구원하셨을 때, 우리는 전적으로 죄악에 매여 있었다. 하나님은 우리를 죄악에서 구원하셨을 뿐만 아니라 그분의 소유로 삼아 보호하실 것을 약속하신다. 이 일은 우리가 회심할 때부터 우리 안에서 하나님께서 시작하신 일을 성취하심으로써 이루어진다.[1] 성도의 견인(the perseverance of the saints)으로(혹은 신자의 영원한 안전으로도) 알려진, 하나님의 백성을 보호하겠다는 약속은 하나님께서 영원 전에 선택하신 자들이 현재에 구원을 얻게 되고, 미래에 영화롭게 될 것을 보장한다. 바울이 로마서 8장 30절에서 "또 미리 정하신 그들을 또한 부르시고 부르신 그들을 또한 의롭다 하시고 의롭다 하신 그들을 또한 영화롭게 하셨느니라"고 이 과정의 윤곽을 그린 것처럼, 하나님께서 죄악 가운데서 구원해 내시고, 자신을 위해 값을 주고 사신 노예들은 하나님의 권속(眷屬)으로 영원히 남게 될 것이다.

앞으로 우리가 살펴보게 될 것은 바로 이 마지막 포인트, 즉 하나님의 권속에서 우리가 차지하게 되는 영구적인 위치이다. 우리가 이미 살펴본 바와 같이 하나님께서 불신자들을 죄악에서 구원해 내시고 그들을 자신의 노예로 삼으신다. 그러나 거기서 멈추시지 않는다. 구원에 있어서 구속받은 자는 하나님의 왕국의 시민이요 그중에서도 특히, 하나님의 가족으로 입양된 자녀들이 될 뿐만 아니라 하나님의 친구가 된다(요 15:14-15). 죄악의 노예였던 신자들은 의의 아들딸들로 변화되었다. 4세기 교회의 교부였던 요한 크리소스토모스가 수세기 전에 다음과 같이 경탄했던 것처럼 말이다.

먼저는 죄악으로부터 자유로워지고, 그다음에 그 어떤 자유보다 더 좋은, 의의 노예가 된다. 마치 한 사람이 야만인들에게 잡힌 고아를 구출해 내어 포로 상태에서 풀어 줄 뿐만 아니라 아버지 같은 존재에게 그를 맡겨 아주 위대하고 존귀하게 양육하는 것처럼, 하나님께서는 그렇게 행하셨기 때문이다. 바로 그런 일이 우리에게 일어났다. 하나님께서는 우리를 우리의 옛 죄악에서부터 자유롭게 하셨을 뿐만 아니라, 우리를 천사들의 삶으로 이끌어 들이셨다. 하나님은 우리를 의의 보호 아래에 넘기시고, 우리 과거의 죄악을 죽이시며, 우리 안에 있는 옛 사람을 죽이시고, 우리에게 영원한 생명을 허락하심으로써 최선의 삶을 즐기도록 길을 여셨다.[2]

## 고아들의 아버지

조지 뮬러(George Müller)는 30세쯤 되었을 때, 아내 메리(Mary)와 함께 영국의 브리스톨(Bristol)에서 고아들을 위한 사역을 시작했다. 몇 년 전(1832년)부터 브리스톨에서 목회 사역을 진행해 온 조지는 이제 아내 메리와 함께 가난한 아이들에게 자신의 집을 내어 주었다. 전기 작가인 아서 피어슨(Arthur T. Pierson)이 설명하는 것처럼, 뮬러의 "사랑의 마음은 모든 곳의 가난과 비참함을 향해 있었다. 그러나 특별히 부모를 모두 잃은 빈곤한 아이들의 경우에 더욱 더 그러했다."[3]

처음에 30명의 고아들과 함께 시작된 사역은 급속도로 확장되었다. 다른 집들을 꾸며 100명의 고아들을 더 받아들였다. 그러나 여전히 받아들여야 할 고아들의 숫자는 많았다. 그래서 1849년, 300명의 고아들을 수용할 수 있는 독립 건물을 건축했다. 1870년이 되었을 때는 건물 다섯 채를 갖추어 2천 명의 어린이들을 수용할 수 있었다. 고아들이 영국 범죄 인구의 60퍼센트를 차지하고 있을 때,[4] 뮬러는 자신의 사역을 통해 수천 명의 젊은이들의 인생을 거리와 감옥에서부터 구했다. 더욱 중요한 것은 복음을 전함으로써, 자신의 보살핌을 받은 젊은이들의 상당수가 복음을 믿고, 죄악과 죄로 말미암은 영원한 형벌로부터 구원을 얻었다는 것이다. 그의 전기 작가가 설명한 것처럼 뮬러의 "주된 소망은 이 어린아이들의 영적 건강의 도구가 되는 것이었다." 그럼에도 불구하고 "그는 하나님께서 고아들의 육체적인 복지를 향상시키는 데, 그리고 적잖이 많은 경우에 그들의 약하고 병든 몸이 완전히 새로워지는 데 이 고아원을 사용하시는 과정을 즐겁게 바라보았다."[5]

조지 뮬러가 이 사역을 진행할 수 있었던 동기는, 가난한 아이들을 긍휼히 여기는 마음과 은혜 교리에 대한 깊은 확신이었다. 그는 20대 중반에 구원과 관련하여 인간의 전적 타락과 하나님의 주권적인 선택을 포함한 이들 심오한 성경적 실재들을 진지하게 탐구하기 시작했다. 그는 처음에 그 진리들을 완강하게 거부했다. 그가 세월이 지난 후 회상한 것처럼 "이 기간이 되기 전에 나는 선택, 제한 속죄, 그리고 마지막까지 지속되는 은혜(final persevering grace)

교리를 완강하게 거부해 왔다. 나는 선택 교리는 악마 같은 교리라고 불렀다."[6]

그러나 젊은 뮬러가 성경을 연구하기 시작했을 때, 그의 깨달음이 극적으로 변화되었다. 이전에 "악마 같은 교리"로 여겼던 것들이 이내 고귀한 진리로 변했다.

> 나는 이 진리에 특별한 주의를 기울이며 신약성경을 처음부터 읽으면서 하나님의 말씀 앞으로 나갔다. 놀랍게도, 나는 주권적 선택과 지속되는 은혜에 대해 단호하게 말하는 본문이 이들 진리를 명백히 반박하는 본문보다 네 배나 많다는 사실을 발견했다. 그리고 그런 본문들조차도 연구해 본 결과 위의 교리들을 확증해 주는 본문으로 이해되었다.[7]

이렇게 조지 뮬러는 "하나님께서 세상을 창조하시기 전에 우리를 선택하셨고 …[우리에게 구원을] 가져다주는 모든 수단을 준비하셨고, 하나님의 아들이 우리를 구원하시기 위해 율법을 이루시고 우리의 죄로 인한 형벌을 당하셨고, 성령만이 우리가 지닌 본성의 상태를 가르쳐 주실 수 있으며 우리에게 구원자의 필요성을 보여 주며 그리스도를 믿을 수 있게 해 준다"[8]는 사실을 믿게 되었다. 하나님의 말씀을 철저히 연구한 후에 그는 이제 전적 타락, 주권적 선택, 불가항력적 은혜, 제한 속죄, 성도의 견인 교리를 전심으로 받아들였다.

처음에 퓰러가 이 교리들을 반대한 이유는 대부분 그 교리들이 복음 전도를 위한 자신의 열심을 꺾어 놓는다고 오해했기 때문이다. 놀랍게도, 그리고 너무나도 기쁘게도, 그 교리들은 정확하게 반대 효과를 가져왔다. 결과적으로 그는 이렇게 말했다.

> 곧, …하나님은 내가 이전에 보지 못했던 방식으로 은혜의 교리를 나에게 보여 주시기를 기뻐하셨다. 처음에 나는 그 교리들을 싫어했다. "만약 이것이 사실이라면 나는 죄인이 회심하는 데 아무것도 기여할 수 없고, 모든 것을 하나님과 성령의 사역에 의존해야 한다." 그러나 하나님께서 이 진리들을 나에게 계시하여 주시기를 기뻐하셨고, 나도 "나는 단순히 하나님의 손에 들린 망치, 도끼 혹은 톱이 되는 것에 만족할 뿐 아니라, 어떤 형태로든 하나님의 손에 들려 사용된다는 것을 영광으로 여겨야만 한다. 그리고 만약 나의 도움을 통해 죄인이 회심하게 된다면, 나는 내 영혼 깊은 곳으로부터 모든 영광을 하나님께 올려드릴 것이다"라고 말할 수 있게 되었다. 그리고 그 하나님께서는 나에게 풍성한 열매를 보여 주셨다. 하나님께서 이런 식으로든 혹은 다른 식으로든 하나님을 섬기는 사역에 나를 사용하시기 시작한 이래로 수십 명의 죄인들이 회심했다.[9]

더 나아가, 퓰러가 이들 성경적이고 개혁주의적인 교리들을 이해하자, 하나님과 개인적으로 동행하는 데도 유익이 되었다. 자신의 점진적인 성화에 대해 묵상하면서 그는 이렇게 말했다.

이 교리들을 확신하게 되면서 내가 받은 영향에 대해 다음과 같이 말하며 하나님께 영광 돌리겠다. 비록 나는 여전히 아주 약하지만, 그리고 육체의 정욕과 안목의 정욕과 이생의 자랑을 다 버리지도 못했지만(버려야 하고 버리기를 원함에도 불구하고), 나는 하나님의 은혜로 그 기간 이후로 하나님과 보다 더 가까이 걷게 되었다. 내 삶은 그렇게 변화무쌍하지는 않았다. 그리고 나는 아마도 그 이전보다는 하나님을 위해 더 많이 살아왔다고 말할 수 있을 듯하다.[10]

조지 뮬러는 구원에 있어서 하나님의 은혜를 새롭게 이해하여 뜻깊고 희생적인 사역의 길에 들어섰다. 그는 자신의 생애를 통해 고아들을 먹이고, 가난한 어린이들의 신분을 격상시켰다는 비난까지 받으면서 그들을 교육하며, 19세기 영국의 수십 만 명의 고아들이 보살핌을 받도록 감독했다. 그는 뜨거운 기도의 전사로서, 자신의 고아원을 위해 기금 후원을 전혀 요청하지 않고, 자신의 모든 요청을 직접 하나님께 아뢰었다.

그는 70세의 나이에 본격적으로 순회 전도자가 되어 20만 마일 이상의 거리를 고되고 느리게 여행하며 미국, 호주, 인도, 중국, 일본, 그리고 다른 수십 개국에서 설교했다. 이 모든 과정 속에서, 뮬러의 마음은 하나님을 섬기고 영화롭게 하려는 지칠 줄 모르는 욕망에 사로잡혀 있었다. 그는 죄악의 노예가 된 상태로부터 구원을 얻어 이제 자원하여 예수 그리스도의 노예가 되었다. 마틴 로이드 존스(D. Martin Lloyd Jones) 목사는 이렇게 말했다.

위대한 조지 뮬러는 다음과 같이 자신을 언급하며 이 사실을 아주 명백히 예시해 줍니다. 그는 이렇게 기록합니다. "어느 날 저는 죽었습니다. 완전히 죽었습니다. 조지 뮬러는, 조지 뮬러의 의견과 조지 뮬러가 좋아하는 것과 기호와 의지는 죽었습니다. 세상을 향해, 세상의 찬성과 비난에 대해 죽었습니다. 심지어 내 형제들과 친구들의 찬성과 비난에 대해서도 죽었습니다. 그후로 저는 하나님께 인정받기 위해 연구했습니다." 그것은 깊은 묵상에서 나온 진술입니다.[11]

복음을 위해서라면 지칠 줄 몰랐던 일꾼이 "이 땅에서 기거한 마지막 날, 자신의 사역에 무력감과 피로감을 느꼈다고 처음으로 고백했다. 이 사실은 그의 장례식에서 언급되었다."[12] 다음 날 아침 정확히 일곱 시가 되기 얼마 전, 하나님은 하늘 집으로 그를 부르셨다. 몇 개월 전에 선포된 그의 마지막 설교의 초점은, 마치 자신의 죽음을 미리 알고 있었던 것처럼 미래의 부활을 향한 소망이었다. 본문은 고린도후서 5장 1절 말씀이었다. "만일 땅에 있는 우리의 장막 집이 무너지면 하나님께서 지으신 집 곧 손으로 지은 것이 아니요 하늘에 있는 영원한 집이 우리에게 있는 줄 아느니라." 조지 뮬러는 하나님의 주권적인 은혜를 소망하고 확신하며 1898년 3월 10일 영원한 안식으로 들어갔다.

신학적인 관점에서 볼 때, 조지 뮬러는 은혜 교리에 헌신했다. 그 교리는 조지 뮬러가 기도하고, 복음을 전하고, 다른 사람들을 보살필 수 있도록 동기를 부여해 주었다. 그는 자신이 그리스도의 노예였다는 사실을 이해했다. 그리고 노예의 삶을 신실하게 살아 내었다.

그러나 뮬러의 사역은 조촐하게, 또 다른 위대한 영적 실재를 드러내는 실례가 되기도 한다. 가난한 어린이들을 긍휼하게 여긴 뮬러의 마음은, 하나님께서 자신이 친히 구원하신 사람들에게 보여 주신 호의와 사랑을 실물로 드러내 준다. 뮬러가 영국의 거리에서 구해 낸 어린이들은 공급도, 아무런 보호도 받지 못하고, 고난과 범죄의 삶을 살아갈 수밖에 없었다. 그러나 그는 그들을 자신의 보살핌 아래로 불러들였고, 그들에게 두 번째 아버지가 되어 주었다. 비록 그들이 그 보답으로 그에게 줄 수 있는 것은 아무것도 없었지만 말이다. 마찬가지로, 하나님은 죄악의 억압과 비참함으로부터 죄인들을 구원하신다. 하나님은 죄인들의 더러운 옷을 의의 옷으로 바꿔 주시고, 자기 집으로 환영해 들이시며 하나님의 상에 앉도록 초청하시고, 영광스러운 미래를 약속하신다.


## 노예에서 아들로

하나님이 자신의 은혜 안에서 우리를 죄악으로부터 자유롭게 하셨고, 우리를 그분의 노예로 삼으셨다는 사실은 놀라운 진리이다. 우리가 하늘 주인을 알고 그분께 순종한다는 것이 얼마나 큰 특권인가! 6장에서 살펴본 것처럼, 노예의 존엄은 자기 주인의 권력과 지위에 따라 결정되었다. 고대 시대에 왕의 노예들은 모든 노예들 중에서 가장 존경을 받았다. 우리는 왕 중의 왕이신 하나님이 소유하신 자들이다. 그보다 더 높은 명예란 존재할 수 없다. 이에 더해 하나님은 하나님이 소유한 자들에게 그보다 더 위대한 명예를 허락하셨다.

하나님은 우리를 죄악의 궁핍함으로부터 구원하셔서 그분의 노예로 받아들이실 뿐 아니라, 우리를 하나님의 가족구성원으로 환영해 주시고 맞아 주셨다. 하나님은 우리를 구원하셨고, 값을 주고 사셨으며, 친구가 되어 주셨고, 받아 주셨다. 또한 그 결과 하나님은 이전에 진노의 자식(엡 2:3)이었던 우리를 의의 아들딸로 변화시켜 양자로 삼아 주셨다. 이 모든 것은 "독생자"(요 3:16)이시요, "많은 형제 중에서 맏아들"(롬 8:29; 계 1:5 참조) 되시는 그리스도의 구속 사역을 통해 가능하다.[13]

입양이라는 바로 그 용어는 긍휼, 친절, 은혜, 그리고 사랑이라는 개념으로 가득 차 있다. 그러나 신약성경에서 사용된 비유의 의미를 온전히 이해하기 위해, 고대 로마로 주의를 돌려보는 것이 도움이 될 것이다.[14]

노예들의 공식적인 입양은 흔한 일은 아니었지만, 로마법이 허용하는 것이었고[15] 특정한 경우, 노예의 입양이 이루어지기도 했다.[16] 입양은 놀라운 행위였다. 우리는 이 사실을 통해 우리를 모두 하나님의 양자로 삼으신 그분의 놀라운 사랑을 더욱 주목하게 된다. 하나님은 자신의 모든 노예를 자신의 친자녀로 입양하시고[17] 우리를 하나님의 상속자(롬 8:17)라 칭하심으로 전혀 예상치 못한 일을 행하셨다. 고대 로마에서 입양된 노예는 영원히 주인의 가족이 되었고, 즉각적으로 자유를 허락받았다.[18] 마찬가지로 하나님께 입양된 자녀들로서 우리는 죄악의 노예 상태에서 자유를 얻었다. 나아가 우리에게는 하나님의 가족 안에 영원한 자리가 주어졌다는 사실을 알고 확신할 수 있다.

로마 시대에 입양은 이전 가족의 유대와 의무로부터 해방되어 새로운 가족구성원이 되는 새로운 시작을 의미했다. 입양 과정은 몇 가지 구체적인 법적인 과정들로 구성되었다. 첫 단계는 입양아가 생래적으로 맺고 있던 가족과의 사회적, 법적 관계를 완전히 종결시키는 것이다. 두 번째 단계는 새로운 가족의 영구적인 구성원이 되는 것이었다.[19] 추가적으로, 입양과 더불어 이전에 지고 있었던 재정적인 의무들도 청산되었다. 마치 그 재정적인 의무들이 전혀 존재하지 않았던 것처럼 말이다.[20] 입양이 법적으로 성립되기 위해서는 존경받는 일곱 명의 증인이 참석해야 했다. 필요하다면, 아버지가 죽은 후에 발생할지 모를, 입양아에 대한 잠재적인 위협에 대해서도 그들의 증언을 반박 근거로 남겨 놓기 위해서였다.[21]

한번 입양 절차가 완료되고 나면, 새로운 아들 혹은 딸은 완전히 새 아버지의 보살핌과 통제 아래에 놓이게 되었다. 예전의 아버지는 예전의 자녀에 대해 더 이상 아무런 권위도 갖지 못했다. 로마의 가족제도에서, 가장의 권위는 최종적이고 절대적인 것이었다. 그 권위는 가족구성원으로 입양되는 순간부터 효력이 발생한다. 어느 학자가 이렇게 설명한 것처럼 말이다. "그 순간부터 가장은 친자녀들에 대한 통제권과 동일한 통제권을 새로운 '자녀'에 대해 가지게 되었다. 가장은 입양된 자녀의 모든 자산과 취득물을 소유했고, 그가 맺고 있는 개인적인 관계들을 통제했고, 훈육할 권리를 가졌다."[22)]

그와 같은 이미지는 분명히 "하나님의 집에서 어떻게 행하여야 할지"(딤전 3:15)를 교훈하는 신약성경을 뒷받침해 준다.[23)] 그 이미지는 또한 훈계하시는 아버지이신 하나님을 나타내는 성경적 암시들을 설명한다. "어찌 아버지가 징계하지 않는 아들이 있으리요"(히 12:7).

그러나 때때로 쉽게 화내고 쉽게 사나워지는 이 땅의 아버지들과는 달리, 하나님은 완전한 아버지이시다. 나아가, 그리스도 안에서 우리가 가진 지위 때문에 하나님은 이제 무한한 사랑으로 하나님의 친아들을 대하듯 우리를 바라보시고 대하신다.[24)] 아버지 하나님은 하나님의 아들 예수님에게 가장 좋은 것만을 주실 것이다. 마찬가지로, 그리스도 안에 있는 우리에게 하나님은 가장 좋은 것만을 주실 것이다. 이것이 "하나님을 사랑하는 자 곧 그의 뜻대로 부르심을 입은 자들에게는 모든 것이 합력하여 선을 이루느니라"(롬 8:28)는 근거이다.

어느 학자는 이렇게 설명한다. "하나님의 독생자인 예수님과, 그리스도 안에서 하나님의 아들딸이 된 신자들 사이에는 차이점이 존재하긴 하지만(예, 요 20:17), 그럼에도 불구하고, 신자들은 실제적이고 영적인 관점에서 서로에게 형제들이요 자매들일 뿐만 아니라 예수님의 형제들이요 자매들이다."[25] 히브리서 저자는 그 점을 다음과 같이 말한다. "거룩하게 하시는 이와 거룩하게 함을 입은 자들이 다 한 근원에서 난지라 그러므로 형제라 부르시기를 부끄러워하지 아니하시고"(히 2:11). 그리고 그후에 또 이렇게 말한다. "그리스도는 하나님의 집을 맡은 아들로서 그와 같이 하셨으니 우리가 소망의 확신과 자랑을 끝까지 굳게 잡고 있으면 우리는 그의 집이라"(히 3:6).

바울은 로마의 입양 관습을 잘 알고 있었고, 입양 언어를 사용하여 서신서를 기록할 때 로마의 입양 관습을 염두에 두었을 것이다.

갈라디아서 4장에서 바울은 이전에 유대 율법주의의 노예였던 자들이 은혜의 입양을 통해 자유를 얻었다고 강조했다.

> 때가 차매 하나님이 그 아들을 보내사 …율법 아래에 있는 자들을 속량하시고 우리로 아들의 명분을 얻게 하려 하심이라 너희가 아들이므로 하나님이 그 아들의 영을 우리 마음 가운데 보내사 아빠 아버지라 부르게 하셨느니라 그러므로 네가 이 후로는 종이 아니요 아들이니 아들이면 하나님으로 말미암아 유업을 받을 자니라 (갈 4:4-7).

로마서 8장 14-17절에서 바울 사도는 비슷한 관점을 지적했다.

여기서는 입양이 죄의 노예라는 신분과 죽음의 두려움으로부터 우리를 자유롭게 했다고 강조했다.[26]

> 무릇 하나님의 영으로 인도함을 받는 사람은 곧 하나님의 아들이라 너희는 다시 무서워하는 종의 영을 받지 아니하고 양자의 영을 받았으므로 우리가 아빠 아버지라고 부르짖느니라 성령이 친히 우리의 영과 더불어 우리가 하나님의 자녀인 것을 증언하시나니 자녀이면 또한 상속자 곧 하나님의 상속자요 그리스도와 함께 한 상속자니 우리가 그와 함께 영광을 받기 위하여 고난도 함께 받아야 할 것이니라.

이 두 본문은 신자들이 하나님의 가족 안으로 입양되는 것과 관련해 중요한 진리를 강조해 준다. 비록 우리가 이전에 죄와 율법의 저주에 노예가 되었지만, 하나님의 가족 안으로 입양됨으로써 우리는 영원히 자유를 얻었다. 우리는 하나님께 입양된 자녀들로서 하늘 아버지와 친밀한 관계를 맺는 심오한 특권을 누리고 있다. 우리는 그 하늘 아버지께 어린아이 같은 애정으로 "아빠!"라고 부른다.

친밀한 사랑의 용어인 '아바'는 격식을 차리지 않고 '아버지'를 부르는 아람어 단어이다. 그 단어는 부드러움, 의존, 어떤 두려움이나 걱정도 없는 어린아이 같은 확신을 담고 있다. 예수님께서는 친히 겟세마네 동산에서 자신의 마음을 하나님 아버지께 쏟아 내시며 이 단어를 사용하셨다(막 14:36). 우리도 예수님과 동일한 방식으로 아버지 하나님을 부를 수 있다는 사실은, 입양을 통해 우리가 격조 있는 현실을 누리게 되었음을 강조한다. "하나님의 상속자요 그리스도와 함께한 상속자"로 여겨지는 것은 놀라운 진리이며, 우리가 절대로 당연히 여겨서는 안 되는 진리이다.

한때 죄의 노예들이요, 사단에게 종속되었고, 불순종의 아들들이었던 우리가 이제로부터 영원히 그리스도의 노예요, 천국의 시민이며, 하나님의 자녀가 되었다는 사실이 바로 구원의 기쁨이요 기적이다. 하나님의 원수들이었던 우리는 하나님의 노예가 될 자격조차 없었다. 그럼에도 여전히 하나님은 우리를 하나님의 노예요 하나님의 자녀로 만들어 주셨다. 이것이 입양의 놀라운 실제다. 만약 하나님이 우리 주인이시라면, 하나님은 우리 아버지이시기도 하다. 위대한 스코틀랜드 설교자였던 알렉산더 맥클라렌이 설명한 것처럼, "만약 우리가 노예라면, 우리는 예수 그리스도를 통한 하나님의 아들이요 상속자이다."[27]

## 11장

# 노예에서
# 아들로⑵

지나간 20년 동안, 입양의 기쁨과 기적을 증명하는 무수히 많은 책들이 출간되었다.[1] 입양한 부모님들과 입양된 자녀들의 개인적인 경험을 간단히 살펴보는 것만으로도 우리는 마음이 충분히 따뜻해진다. 각각의 이야기마다 절망적인 상황에 빠진 고아들이 이전에 일면식도 없는 사람들에게 입양되어 깊이 있는 보살핌을 받는다. 무기력한 어린이에게 사랑과 긍휼을 적극적으로 베풀고자 하는 예비 부모들은 자신의 가족이 될 아이를 위해 수백 개의 양식을 기록하고, 수천 마일을 여행한다.

비록 수개월의 과정이 걸리지만, 판사가 입양된 아이를 부모의 법적인 상속자로 선포하는 순간, 그 아이는 한순간에 모든 것이 변한다. 그 아이가 고아 상태로 방치되어 있거나 부주의한 생부모 슬하에서 학대받고 있다면, 그 결과도 비참했을 것이다. 그러나 낯선 사람의 개입을 통해 어린 소년 혹은 소녀는 가족의 사랑과 미래의 희망으로 가득 채워진 새 집이 생겼다. 그것이 입양의 기적이다.

신약성경은 우리를 향한 하나님 아버지의 사랑을 입양이라는 개념으로 묘사함으로써, 인간의 입양이 갖는 기쁨과 기적을 강조한다. 우리는 영적으로 죄와 사단의 잔인한 압제 하에 있던 고아들이었다. 성경이 언급하고 있는 것처럼, 우리는 "진노의 자녀들"(엡 2:3), "불순종의 아들들"(엡 2:2; 5:6), "죄의 종"(롬 6:17), 그리고 우리 "아비 마귀"(요 8:44)를 따르는 자들이었다. 우리는 이 세상을 제외하고는 집이 없었다. 사단을 제외하고는 후견인이 없었다. 미래는 없었다. 지옥만이 우리를 기다리고 있었다. 우리가 그 환경에 내버려져 있었다면, 우리는 우리의 죄악 가운데 죽어 영원히 멸망 당했을 것이다. "긍휼이 풍성하신 하나님이 우리를 사랑하신 그 큰 사랑을 인하여 허물로 죽은 우리를 그리스도와 함께 살리셨고 (너희는 은혜로 구원을 받은 것이라)"(엡 2:4-5). 하나님은 스스로 엄청난 대가를 지불하고 우리를 죄에서 구원하여 하나님과 교제하게 하기 위해 개입하셨다. 그 순간에, 우주의 재판관은 우리에게 죄 없는 예수 그리스도의 완전함으로 옷 입혀 우리를 의롭다고 선포했다.[2] 하나님은 우리를 하나님의 노예로 삼으셨고, 하나님의 왕국 안으로 이끌어 들이셨으며, 하나님의 가족 안으로 맞아들이셨다. 그것이 우리가 누리는 영적인 입양의 기적이다.

## 성경에 나타난 입양의 이미지

앞 장에서 우리가 살펴본 것처럼, 신약성경의 입양 교리를 생생하게 이해하기 위해서는 1세기 로마의 법적인 입양 과정을 살펴보아야 한다. 그러나 노예제도 비유와 더불어, 우리는 신약성경의 신학적 배경을 인식하기 위해 고대 이스라엘의 역사도 고려해야만 한다. 이런 과정을 통해 우리는 입양의 성경적 이미지를 보다 풍성하게 이해할 수 있을 것이다.

신약성경에 처음으로 기록된 입양들 중 하나는 모세의 경우였다.[3] 모세의 어머니가 그를 갈대 상자 속에 넣어 나일 강에 떠내려보냄으로써 그의 생명은 구원을 얻었다. 바로의 공주가 나일 강에 나와 그를 발견하고 모세를 긍휼히 여겼다. 그 주변에서 지켜보고 있던 모세의 누나 미리암은 그 아기를 돌볼 합당한 유모를 찾아주겠다고 제안했고, 바로의 공주는 그 제안을 받아들였다. 그 결과, 모세는 궁궐에서 살아갈 수 있을 만큼 자랄 때까지 자기 생모에게 양육 받았다. 그때, 그를 "바로의 딸에게로 데려가니 그가 그의 아들이 되니라"(출 2:10). 이렇게 모세 즉, 노예의 아들은 애굽 왕족의 일원이 되었다(행 7:20-21 참조).

에스더의 사례는 구약성경에서 주목할 만한 또 다른 입양의 예이다. 그녀의 부모가 죽자 그녀는 자기보다 나이가 많은 사촌 모르드개의 보살핌을 받았다. 그는 친아버지처럼 에스더를 돌보았다(에 2:5-11). 왕비가 된 후에도, 에스더는 모르드개가 부모로서 자신에게 지속적으로 지도와 격려를 해 주길 원했다.

구약성경에서 가장 마음이 따뜻해지는 이야기 가운데 하나는 므비보셋의 이야기이다. 므비보셋은 현실적인 목적으로 다윗 왕에게 입양되었다.[4] 므비보셋은 다윗의 가장 가까운 친구 요나단의 절름발이 아들이었고, 사울 왕의 후손 중에서 유일한 생존자였다. 므비보셋에 대해 알게 된 다윗은 그를 자신의 식탁에 정기적으로 초대하여 식사하게 했다. 그리고 그의 할아버지 사울이 소유했던 땅도 주었다(삼하 9:1-13).

다윗이 므비보셋을 입양한 이유는 은혜로운 사랑 때문이었다. 따라서 그의 행동을 통해 신자들을 입양하시는 하나님의 사랑이 얼마나 놀라운지 살짝 맛볼 수 있다. 예를 들어, 다윗은 모든 주도권을 쥐고 있었다. 그는 므비보셋을 찾아내었고 왕궁으로 맞아들였다. 그는 므비보셋이 이스라엘의 전임 왕이자 다윗을 가장 심하게 핍박했던 사울의 손자요 상속자였음에도 불구하고 그를 용납했다. 절름발이였던 므비보셋은 다윗에게 은혜를 갚기 위해 아무것도 할 수 없었고, 다윗을 헌신적으로 섬길 수도 없었다. "부끄러운 것"이라는 뜻을 가진 므비보셋의 이름조차 그가 버림받은 자였다는 사실을 강조하고 있다. 그러나 다윗은 그를 자기 가족 안으로 불러들였고, 자기 상에 초대했고, 법적으로 그에게 귀속되지 않았던 땅을 유산으로 허락하기까지 했다.

이 이야기는 우리를 영적으로 입양하신 하나님의 사랑을 보여준다. 우리는 하나님을 구하지 않았지만, 여전히 하나님은 우리를 발견하셨고 우리를 구원하셨다. 우리는 하나님의 원수들이었다. 그러나 여전히 하나님은 우리를 그분의 친구로 받아 주셨다. 우리는 하나님께 아무것도 되돌려드릴 수 없었지만, 여전히 하나님은 우리가 받기에 합당하지 않은 유산을 우리에게 허락해 주셨다. 이 모든 것이 하나님의 독생자 예수 그리스도를 믿는 믿음을 통해 은혜로 받은 것이다. 모든 신자들에게 하나님은 이렇게 선포하신다. "내가 너희를 영접하여 너희에게 아버지가 되고 너희는 내게 자녀가 되리라"(고후 6:17-18).

사도 바울은 구약성경의 이야기들이 익숙했을 것이다. 또한 그는 특별히 로마뿐만 아니라 고대 유대 사회에서 일어나는 입양에 대해서도 인식하고 있었을 것이다.[5] 그런 경우에

> 입양된 노예는 항상 그 가족의 실제 구성원으로 여겨졌으며, 그의 이름은 가족 기록부뿐만 아니라 다른 가족구성원들과 함께 시의 공문서 보관소에도 등재되었다. 그리고 예루살렘에서 그렇게 등재된 책은 '생명의 책' 혹은 '살아 있는 책'으로 불렸다. 하나님께서 입양하신 모든 자들의 이름은 하늘의 예루살렘에 있는 생명 책에 등재되어 있다. 그리고 그는 거지의 가족이 아니라 왕의 가족에 등재되어 있다. 그리고 그는 왕이 식탁에서 환영 받는 것처럼 환영 받는다.[6]

주목할 점은, 노예들의 입양은 집단적으로 이스라엘이라는 민족

의 입양으로 묘사된다는 것이다. 출애굽을 통해, 이스라엘은 애굽의 노예 상태에서 자유를 얻어 하나님께 입양되었다. 구약성경에 정통했던 바울은 이스라엘 민족을 하나님께 입양 된 자녀들로 묘사하는 본문인 출애굽기 4장 22절, 신명기 14장 1-2절, 32장 5-6절, 호세아 1장 10절, 11장 1절과 같은 본문을 쉽게 찾아내었을 것이다.[7] 바울은 그 사실을 "이스라엘 백성이 하나님을 섬기기 위해 바로의 통제로부터 자유를 얻었듯이 신자는 하나님을 섬기기 위해 죄악의 통제로부터 풀려났다. 양쪽 모두 하나님께서 [자기] 아들들로 선포하신다"고 이해했다.[8] 이스라엘이 하나님께 입양된 것과 마찬가지로(롬 9:4), 신약의 그리스도인들은 하나님의 자녀가 되어 그분의 가족 안으로 기쁘게 맞아들여졌다.[9]

바울은 로마 시민권자이자 유대 랍비였기 때문에 로마와 유대의 입양 행위로부터 입양의 이미지를 이끌어 낼 수 있었다.[10] 특별히 하나님의 원수요 죄의 노예였던 신자의 과거 상태에서 바라볼 때, 이런한 이미지는 입양의 부요함을 강조해 준다. 하나님께 입양되어 그분의 자녀가 되는 것보다 더 큰 영광이나 특권이 있겠는가? "입양을 통해 우리는 기도 가운데 하나님께 나아가는 권리를 포함해 아들이 지니는 모든 유익을 얻게 된다. 그것으로 인해 우리는 하나님의 사랑과 보호를 확신할 수 있다. 그것은 우리가 구원받았다는 사실을 확신하는 데 도움을 준다."[11] 바울이 에베소서 1장 3-5절에서 이렇게 외치고 있는 것은 놀라운 일이 아니다. "찬송하리로다 하나님 곧 우리 주 예수 그리스도의 아버지께서 그리스도 안에서 하늘에 속한 모든 신령한 복을 우리에게 주시니 곧 창세 전에 그리스도 안에서 우리를 택하사 우리로 사랑 안에서 그 앞에 거룩하고 흠이 없게 하시려고 그 기쁘신 뜻대로 우리를 예정하사 예수 그리스도로 말미암아 자기의 아들들이 되게 하셨으니."

영원 전에, 하나님은 은혜롭게 그리고 주권적으로 모든 신자를 하나님 가족의 일원으로 영원히 선택하셨다! "영생의 소망을 따라 상속자가 된"(딛 3:7) 자처럼, 우리는 영원히 우리를 구원하신 하나님께 기쁘게 예배하며 그분과 친밀한 교제를 나눌 것이다. 다윗이 시편 16편 5절에서 크게 기뻐하며 찬양한 것처럼 "여호와는 나의 산업과 나의 잔의 소득이시"다. 또한 우리 몸이 죄에서 풀려나 영광스러운 상태로 부활하는 엄청난 일이 일어날 미래에는, 입양이라는 특별한 일도 일어나게 될 것이다. 바울은 로마서 8장 23절에서 "우리 곧 성령의 처음 익은 열매를 받은 우리까지도 속으로 탄식하여 양자 될 것 곧 우리 몸의 속량을 기다리느니라"고 기록하며 이 사실을 주목했다.[12]

요한계시록에 기록된 환상에서 사도 요한은 "내가 들으니 보좌에서 큰 음성이 나서 이르되 보라 하나님의 장막이 사람들과 함께 있으매 하나님이 그들과 함께 계시리니 그들은 하나님의 백성이 되고 하나님은 친히 그들과 함께 계셔서 모든 눈물을 그 눈에서 닦아 주시니 다시는 사망이 없고 애통하는 것이나 곡하는 것이나 아픈 것이 다시 있지 아니하리니 처음 것들이 다 지나갔음이러라 … 이기는 자는 이것들을 상속으로 받으리라 나는 그의 하나님이 되고 그는 내 아들이 되리라"(21:3-4, 7)는 말씀을 들었다. 이 얼마나 영광스러운 약속인가!


## 영원한 가족

입양 교리에서 가장 마음 든든한 것 가운데 하나는 입양된 상태가 영구적으로 지속된다는 것이다. 이렇게 하여, 입양에 대한 성경적 교리는 "현대 법정에서 자신이 출산하지 않은 아이를 입양하여 부모가 되는 과정과 유사하다."[13] 우리가 현대의 입양에 대해 토론하든 성경적 교리인 입양에 대해 토론하든 간에 변화된 신분은 영구적인 것이다.[14]

주인과 노예의 관계는 일시적인데 반해, 아버지와 아들의 관계는 영원하다. 예수님께서 이러한 내용을 강조하시면서, 믿지 않는 바리새인들에게 다음과 같이 말씀하셨다. "종은 영원히 집에 거하지 못하되 아들은 영원히 거하나니"(요 8:35). 문맥상으로 예수님은 (자신들이 아브라함을 통한 하나님의 자녀라고 생각하는) 바리새인에게 실제로는 그들이 하나님의 아들을 통해 자유를 얻어야 하는(36절) 죄의 노예들이라고(34절) 경고하셨다. 죄의 노예들이 모두 그런 것처럼, 그들의 미래는 무상하고 냉혹하다. 오직 그리스도 안에 있는 믿음을 통해서만 죄에서 벗어날 수 있다. 그리고 일단 자유를 얻고 나면, 하나님의 참 가족 안으로 입양될 것이다. 영원한 지위를 얻기 위해 일시적인 것을 대가로 지불한 것이다.

입양 교리는 신자들이 한번 구원을 얻으면 언제나 구원 받은 상태라는 실제를 확립해 준다. 어느 학자가 바울이 사용한 입양 이미지를 언급하면서 이렇게 설명한 것처럼 말이다. "중요한 용어인 '입양'은 칭의와 관련되어 있다. (입양이라는 용어가 법적인 용어라는 점을 고려하면) 입양은 칭의를 통해 선언되고 법적으로 성립된다. 입양은 칭의가 그런 것처럼 실제적인 위치를 부여한다. 칭의처럼 입양은 번복되지 않는 결정이다. **입양은 영구적인 효력을 갖는다.** 칭의처럼 입양은 하나님의 애정이 깃들인 목적과 은혜에 기초한다."[15]

잘 알려진 영국의 설교자 마틴 로이드 존스 목사는 다음과 같이 동일한 핵심을 지적했다. "만약 하나님께서 당신을 하나님의 가족 안으로 입양해 들이셨다면, 만약 당신이 하나님의 자녀라면, 당신의 운명은 안전합니다. 그 안전은 확실한 것입니다. …그 안전은 보장된 것입니다. 만약 하나님께서 나를 가족 안으로 불러들이신다면, 나는 자녀일 뿐만 아니라 상속자입니다. 그 어떤 것도, 그 어떤 사람도 그 유산을 내게서 빼앗을 수 없습니다."[16]

만약 우리의 입양이 영구적인 상태가 아니라면 우리는 두려워할 수밖에 없다. 우리의 죄악은 여전히 우리를 정죄하게 될 것이다. 그러나 "의로운 재판장이신 하나님 앞에서 느끼는 내면의 두려움과는 대조적으로, 그리스도인은 하나님의 성령을 통해 우리의 하늘 아버지 하나님 앞에서 평화와 안전을 느낀다. 바울은 이 평화와 안전이라는 특성을 묘사해 줄 단어로 '입양'이라는 단어보다 더 나은 단어를 도저히 찾을 수 없었다."[17] 그래서 로마서 8장 15절에 나타난 바울의 핵심은, 양자의 영이 무서워하는 종의 영을 몰아내었다는 것이다.[18] 성령께서도 친히 우리의 영과 더불어 우리가 하나님의 자녀인 것을 증언하신다(16절). 우리가 성령을 소유하고 있다는 것은 우리가 미래에 받게 될 유산을 보증해 주는, 깨뜨릴 수 없는 보증인(印)을 갖게 되는 것이다.[19] 나아가 "우리는 우리의 훌륭한 공로 때문이 아니라 공로 없이 얻은 은혜로 입양되었다. 그것은 전적인 은혜이다."[20] 우리가 우리 능력으로 하나님의 가족으로 입양된 것이 아닌 것처럼, 자녀의 신분을 버리기 위해서도 우리가 할 수 있는 일이 아무것도 없다.

로마서 8장의 후반부에서, 바울은 우리의 입양 상태가 영구적으로 지속된다는 사실을 추가적으로 강조했다. 29-31절에서 바울은 하나님께서 의롭다고 한 모든 사람들을 영화롭게 하실 것이며, 아무도 잃어버리지 않을 것이라고 설명했다. 32-34절에서는 그리스도를 통해 모든 죄가 용서되었기 때문에 아무도 하나님이 택하신 자들을 고소할 수 없다는 진리로 신자들을 격려했다. 마지막으로 35-39절에서는 그 어떤 것도 하나님의 자녀들을 하나님의 영원한 사랑에서 끊어 놓을 수 없다는 사실을 지적했다. 우리의 입양이 성립되었다는 것은, 동시에 우리가 하나님의 가족 안에서 영원히 안전을 누릴 수 있도록 결정된 것이다. 입양의 놀라운 실제는 신자들에게 "독생하신 아들 예수님과 같이 하나님의 가족 안에서 영원하고 안전한 위치"가 부여된다는 것이다."[21]

신약성경의 나머지 부분들도, 신자들이 한번 구원을 얻으면 영원히 그 상태가 지속된다는 사실을 되풀이해 강조한다. 앞 장에서 언급했던, 신자의 영구적인 안전 혹은 성도의 견인으로 알려진 이 교리는 "진실로 거듭난 모든 성도는 하나님의 권능으로 보호함을 받을 것이며, 그들의 인생이 다하는 날까지 그리스도인으로 유지될 것이며, 끝까지 그리스도인으로 유지된 자들만이 진정으로 거듭나게 될 것"이라는 사실을 가르친다."[22] 다른 말로 하면, 참된 신자는 자신의 구원을 결코 잃어버릴 수 없다. 한번 하나님의 가족으로 입양되고 나면, 그는 영원한 하나님의 자녀가 된다.[23] 반면, 구원받았다고 고백하고 나서 나중에 타락한 자는 그들의 고백이 결코 참된 것이 아니었다는 사실을 증명한다(요일 2:19).

우리가 얻은 구원의 안전에 대해서는 수많은 성경 본문들이 증거한다. 요한복음 6장 39-40절에서 예수님은 하나님 아버지께서 자신에게 주신 자들을 "하나도 잃어버리지 않을 것"이며, 마지막 날에 예수님께서 "예수님을 믿고 아들 예수님을 붙드는 모든 자를" 다시 살리실 것이라고 약속하셨다. 요한복음 10장 27-29절에서 우리 주님은 비슷하게 선포하셨다. "내 양은 내 음성을 들으며 나는 그들을 알며 그들은 나를 따르느니라 내가 그들에게 영생을 주노니 영원히 멸망하지 아니할 것이요 또 그들을 내 손에서 빼앗을 자가 없느니라 그들을 주신 내 아버지는 만물보다 크시매 아무도 아버지 손에서 빼앗을 수 없느니라." 죄악에서 떠나 전심으로 예수 그리스도를 신뢰함으로 그리스도를 믿는 자들에게는 영원한

생명이라는 무조건적인 약속이 주어진다.[24)]

따라서 신자들은 "결코 정죄함이" 없는 존재로 묘사된다(롬 8:1). 그들은 성령으로 봉인되었고, 그것은 곧 하나님께서 보증하신 내용이 변경되지 않을 것임을 나타낸다. 그들은 "하나님의 능력으로 보호하심을 받았다"(벧전 1:5). 그래서 "[그들] 안에서 착한 일을 시작하신 이가 그리스도 예수의 날까지 이루실" 것이다(빌 1:6). 따라서 바울은 데살로니가교회 성도들을 위해 이렇게 기도할 수 있었다. "평강의 하나님이 친히 너희를 온전히 거룩하게 하시고 또 너희의 온 영과 혼과 몸이 우리 주 예수 그리스도께서 강림하실 때에 흠 없게 보전되기를 원하노라 너희를 부르시는 **이는 미쁘시니 그가 또한 이루시리라**"(살전 5:23-24, 저자가 강조). 데살로니가후서에서도 바울은 동일한 내용을 강조했다. "주는 미쁘사 너희를 굳건하게 하시고 악한 자에게서 지키시리라"(살후 3:3). 유다서도 다음과 같은 승리의 찬가로 유사한 결론을 내린다. "**능히 너희를 보호하사 거침이 없게 하시고 너희로 그 영광 앞에 흠이 없이 기쁨으로 서게 하실 이** 곧 우리 구주 홀로 하나이신 하나님께 우리 주 예수 그리스도로 말미암아 영광과 위엄과 권력과 권세가 영원 전부터 이제와 영원토록 있을지어다 아멘"(유 1:24-25, 저자가 강조).

이런 약속들은 우리가 입양을 연구해 가면서 이미 다룬 내용들을 강조해 준다. 하나님의 가족 일원이 된 사람들로서 신자들은 영원토록 구원을 얻을 것이다. 히브리서 기자가 우리의 변호자 그리스도에 대해서 기록한 것처럼 "그러므로 자기를 힘입어 하나님께 나아가는 자들을 온전히 구원하실 수 있으니 이는 그가 항상 살아 계셔서 그들을 위하여 간구하심이라"(히 7:25, 요일 2:1 참조).

비록 신자의 구원은 보증되어 있지만, 영원한 구원에 대한 교리를 절대로 죄에 대한 변명거리로 사용할 수 없다(롬 6:1). 우리는 죄를 짓기 위해 죄로부터 자유를 얻은 것이 아니다. 오히려 우리는 "사랑을 받는 자녀같이 하나님을 본받는 자"(엡 5:1)가 됨으로써 "빛의 자녀들처럼 행하기" 위해 자유를 얻었다(엡 5:8). 나아가, 우리는 그분의 권위에 종속되고, 사랑의 마음으로 그분의 계명에 순종할 의무를 지게 된 새로운 아버지의 아들들이다. 우리의 주된 비유로 돌아간다면, 우리는 의의 노예들이다.

이와는 대조적으로, 죄를 회개하지 않기로 작정한 자들은 그들이 어떤 고백을 했든 상관없이 하나님의 가족으로 입양되지 않았다(요일 2:4-5). 하나님의 참된 자녀들은 그들이 속한 새 가정의 특성을 분명하게 증명한다. 나아가 죄에서 구원함을 얻어 하나님께 입양된 이후에 그들의 마음은 그들을 구원하신 하나님을 향한 감사와 사랑으로 가득 채워져 있다. 18세기의 신학자 존 길(John Gill)이 다음과 같이 설명한 것처럼 말이다.

> 하나님의 절대적인 약속들, 은혜와 영광의 존중, 입양에 대한 확신, 성도의 견인에 대한 확실성, 그리고 영원한 생명에 대한 확실한 즐거움보다 더 거룩한 마음과 거룩한 삶을 자극하는 요소는 존재하지 않는다. …자신을 하나님의 자녀로 생각하며, 하나님이 자신을

세상 끝날까지 보호하시리라고 믿는 사람이라면, 이러한 가치를 버리고 모든 종류의 죄악을 탐닉하는 것이 얼마나 터무니없고 분별 없는 짓인가.[25]

## 아들이면서 노예

입양이라는 놀라운 교리를 통해 우리는 예수 그리스도 안에 있는 신자로서 이제와 영원토록 하나님의 가족이 될 자격이 충분하다는 사실을 확신할 수 있다. 생각해 보라! 하나님의 아들이 종[노예]의 형체를 가지고 오셨다(빌 2:7). 그래서 죄의 노예들이 의의 노예요, 하나님의 아들들이 될 수 있었다! 알렉산더 맥클라렌이 다음과 같이 설명하는 것처럼 말이다.

종이며 동시에 아들이신 예수님은 우리를 노예이면서 아들인 존재로 삼으신다. …그리고 당신이 그분을 신뢰하면, 그리고 당신의 마음을 그분께 내어 드리고, 그분이 당신을 다스리도록 간구하면, 그분은 당신을 다스려 주실 것이다. 만약 당신이 실제로는 죄의 노예 상태인 거짓 자유를 포기하고 순종이라는 건전한 자유를 선택하면, 그분은 당신을 이끌어 들여 그분을 기쁘게 섬길 수 있는 복을 베풀어 주실 것이다. 그리고 우리도 "나의 양식은 나를 보내신 이의 뜻을 행하는 것이다"라고 말할 수 있게 될 것이다. 우리는 진심

으로 모든 기쁨의 열쇠를 가지게 되었다고 말할 것이다.[26]

　그리스도 안에서 우리는 더 이상 진노와 불순종의 자녀가 아니다. 우리는 그분의 거룩한 인격을 본받도록 우리를 부르시고 권한을 위임해 주신 하늘 아버지께 순종하는 의의 자녀들이다.[27] 그리스도를 통해 우리는 자유를 얻었다. 우리는 더 이상 죄와 죽음의 두려움이나 율법의 저주를 받은 노예들이 아니다.[28] 우리는 하나님의 노예, 그리스도를 위한 노예, 의의 노예가 되었다.[29] 그것이 참 자유다. 따라서 우리는 아들이면서 동시에 노예다. 그 비유들이 다른 것이긴 하지만, 두 실재는 상호 배타적인 것이 아니다.[30] 영원토록 우리는 하나님 가족의 일원이 될 것이다. 영원토록 우리는 하나님의 영광스러운 노예 상태에 놓여 있을 것이다(계 22:3).

# Slave

## 12장

# 주인의
# 귀환

라몬(Lamon)은 그리스 레스보스(Lesvos) 섬의 농장 노예였다. 그는 주인이 방문하실 것이라는 소식을 듣고, 즉각 행동을 시작했다.

　"라몬은 시골집이 주인이 만족할 수준에 이르도록 준비했다. 그는 주인의 가족이 깨끗한 물을 마실 수 있도록 샘물을 깨끗이 청소했다. 고약한 냄새 때문에 불쾌하지 않도록 인분을 농장으로 퍼다 날랐다. 그리고 정원이 운치 있게 느껴지도록 울타리를 정돈했다."[1] 나아가 라몬은 자기 아들에게 "주인이 분명 염소들을 살펴볼 것이기 때문에 염소들을 가능한 많이 살찌우라"고 지시했다. 빈틈이 있어서는 안 되었다. 라몬과 그의 가족은 항상 주인의 시골 토지를 잘 관리했지만, 지금은 어느 때보다도 중요한 사안을 앞두고 있다. 주인이 농장을 점검하기 위해 오고 있었다.

라몬이 관리하는 과수원, 꽃으로 장식된 정원, 그리고 포도원이 엉망이 되어 있을 때, 라몬이 겪게 될 공포를 상상해 보라. 주인이 그 황폐한 농장을 보고 무엇이라고 말하겠는가? 분명, 라몬은 심하게 채찍질 당했을 것이고, 아마도 매달리기까지 했을 것이다. 주인은 자주 방문하지 않았다. 그러나 자신이 방문했을 때, 농장이 잘못 관리되어 있는 것은 용서하지 않았다.

2세기 그리스 극작가가 쓴 라몬과 그의 가족 이야기는 허구이다. 그럼에도 불구하고, 그 이야기는 "주인의 방문을 걱정하는 노예의 심경"[2]과 관련된 상황을 정확하게 그려 준다. 주인을 자주 보지 못하는 시골 노예들에게 있어서 주인의 방문은 특별히 중요했다. 여러 달 동안 혹은 여러 해 동안 그들은 주인이 부재한 상황에서 일하도록 명령을 받았다. 주인이 방문하는 순간, 그들은 자신이 기울여 온 노력에 대해 보상을 받거나 징계를 받게 될 것이다. 모든 것은 주인이 자리를 비운 사이 노예들이 부지런하고 지혜로웠는지의 여부와 주인이 그것을 인정해 주느냐에 달려 있었다.


## 주인의 귀환

마태복음 25장에서 예수님은 자기 제자들에게 비슷한 그림을 비유로 들려주셨다. 예수님은 이 비유를 다음과 같이 시작하셨다.

"[천국은] 또 어떤 사람이 타국에 갈 때 그 종들을 불러 자기 소유를 맡김과 같으니 각각 그 재능대로 한 사람에게는 금 다섯 달란트를, 한 사람에게는 두 달란트를, 한 사람에게는 한 달란트를 주고 떠났더니 …오랜 후에 그 종들의 주인이 돌아와 그들과 결산할새" (마 25:14-15, 19).

예수님의 이야기에 등장하는 노예들은 도시 노예들이었다. 다시 말해 주인의 가정에서 일하며 주인의 부재 시에 주인의 자산을 관리해야 하는 청지기들이었다. 그러나 이 이야기의 상황은 주인의 귀환을 예상하고 준비하는 시골 노예의 상황과 유사하다. 두 경우 모두, 주인은 장기간 집을 떠나 있다. 주인은 자신이 떠나 있는 동안 노예들이 자신의 자산을 관리하고 사업을 확장시켜 주기를 기대한다. 그가 돌아오면 노예들의 일을 점검하고, 그들이 만들어 낸 결과를 칭찬하거나 벌할 것이다.

우리 주님의 비유에서 두 명의 노예는 자기 과업에 성실히 임했다. 그 두 노예들은 모두 자신이 받은 돈을 두 배로 불렸다. 마침내 돌아온 주인은 그들이 행한 일을 보고 매우 기뻐했다. 그래서 이렇게 칭찬했다. "잘하였도다 착하고 충성된 종아 네가 적은 일에 충성하였으매 내가 많은 것을 네게 맡기리니 네 주인의 즐거움에 참여할지어다"(마 25:21, 23).

그러나 세 번째 노예는 주인의 자산을 땅 속에다 파묻어 버린 채 투자할 기회를 낭비했다. 주인은 다음과 같이 노예를 비난하며 자신의 불만을 표출했다. "악하고 게으른 종아 …네가 마땅히 내 돈을 취리하는 자들에게나 맡겼다가 내가 돌아와서 내 원금과 이자를 받게 하였을 것이니라 하고 그에게서 그 한 달란트를 빼앗아 열 달란트 가진 자에게 주라"(마 5:26-28). 이 말씀이 아직 귓가에 맴도는 중에 "이 무익한 종을 바깥 어두운 데로 내쫓으라 거기서 슬피 울며 이를 갈리라 하니라"(마 25:30)는 말씀이 이어졌다.

이 이야기가 전해 주는 그림은 명확하다. 주인은 그리스도를 말하며, 그분이 장기간 자리를 비우는 것은 그리스도의 승천과 재림 사이의 기간을 의미한다. 노예들은 다양한 자원과 능력과 복과 기회로 무장되어 청지기로 위임된, 신앙을 고백한 신자들을 의미한다. 언젠가 그들은 그 청지기직에 대해 결산하는 자리에 서게 될 것이다.[3]

처음 두 노예들이 참 신자들을 의미한다는 사실은 비유에서 곧 알 수 있다. 비록 그 두 노예는 각자의 능력에 따라 위탁 받은 돈의 양이 달랐지만, 모두 다 지혜롭게 투자했고, 부지런히 일했고, 주인에게 자신의 충성을 증명해 보였다. 마찬가지로 신자들은 각자 다른 능력과 기회를 부여받았다. 우리는 "각각 자기가 일한 대로 자기의 상을 받으리라"(고전 3:8)는 사실을 알고, 우리에게 부여된 것으로 충성스럽게 일하라고 부름 받았다.

우리가 받을 수 있는 가장 큰 보상은, 우리의 주인이 "잘하였도다!"라고 칭찬하시며 우리를 환영하시는 음성을 듣는 것이다. 우리는 이 생에서 충성한 것처럼 하늘에서 섬길 더 큰 기회들을 얻게 될 것이다. 그런 핵심 내용은 누가복음 19장 11-27절에 나오는 병행 비유에서도 잘 나타난다. 이 비유에서는 왕이 노예들의 충성에 대한 보상으로 자기 왕국의 일부분을 다스릴 권세를 부여한다(17, 19절). 마찬가지로 우리는 우리가 받게 될 하늘의 보상의 일부분으로, 그리스도와 함께 다스리게 될 것을 소망한다.[4]

세 번째 노예는 자신을 그리스도인이라고 주장하면서 실제로는 자신만을 섬기는 자를 대표한다. 게으르고 미련한 그는 자신의 기회들을 낭비했다. 그가 주인에게 보인 반응으로 미루어 보아, 그는 주인이나 주인의 재산을 전혀 사랑하지 않았다. 그는 심지어 주인이 엄하고 가혹한 사람이라고 고소했다(21절). 그러나 그의 주장은 자신의 행동과 전혀 부합되지 않는다.[5] 그 노예가 진정으로 주인을 두려워했다면, 주인이 떠나 있는 동안 열심히 일했을 것이다. 그러나 무책임하게 주인의 돈을 땅에 묻어 두고 새까맣게 잊어버린 채, 게으르고 이기적으로 자기 자신만을 섬겼다. 그가 실제로 돈을 한 푼도 유용하지는 않았지만, 이러한 악한 행동으로 그의 투자는 전혀 이익을 내지 못했고, 주인은 그 때문에 많은 비용을 치러야 했다. 이것은 그가 단지 성실하지 않은 노예라는 사실만을 의미하는 것이 아니다. 그는 믿음 없는 자이며 궁극적으로는 지옥에 떨어지는 불신자라는 것이다.

특별히 이 이야기가 기초하고 있는 1세기 노예와 주인의 이미지를 볼 때, 이 이야기가 함의하는 점은 쉽게 드러난다. 주인은 현재 떠나 있다. 그러나 그분은 곧 돌아오실 것이다.[6] 기회는 무한하다. 그러나 시간은 줄어들고 있다. 주인이 돌아올 때, 그분은 자기 노예들을 심판하실 것이다. 주인에게 충성스러운 자로 증명된 자들(그것으로, 자신의 회심이 신실함을 증명한 자들)은 그 보상으로 주인의 칭찬과 환영을 받으며 하늘에 입성할 것이다. 모든 자원을 낭비해 버린 자들(그 행위를 통해 자신의 마음이 굳어 있음을 증명한 자들)은 하나님의 정죄와 형벌을 받게 될 것이다.

비록 우리는 언제 주인이 돌아오게 될지 알지 못하지만, 한 가지 사실만은 명확하게 알고 있다. 언젠가 그분은 돌아오실 것이다(막 13:33-37). 이러한 명확한 사실이, 우리가 더욱 거룩해지고 섬기는 삶을 살아야 하는 동기가 된다.[7] 우리가 순종하며 살아가는 한, 그 사실 때문에 우리는 평안하고 감격할 수 있다. 불성실했던 노예만 주인의 귀환을 두려워한다. 열심히 일하고 잘 섬긴 그리스도의 노예들에게는 주인의 귀환이 커다란 축제가 된다. 그들에게 주인의 귀환은 주인의 즐거움에 참여하고 큰 보상을 받는 출발점이다.

## 그리스도의 심판대

마태복음 25장에 나오는 달란트 비유는 특별히 우리 주님이 재림하실 때 이루어질 심판을 언급한다(계 11:18 참조). 성경 말씀은 우리에게 인류 역사상 모든 세대의 모든 신자들이 그리스도 앞에 드러나게 될 것이라고 가르친다. 사도 바울은 그 사실을 알고 있었기 때문에 "주를 기쁘시게 하는 자가 되기를 힘쓰노라 이는 우리가 다 반드시 그리스도의 심판대 앞에 나타나게 되어 각각 선악간에 그 몸으로 행한 것을 따라 받으려 함이라"(고후 5:9-10)는 말씀을 자기가 일생 동안 이루어야 할 목표로 삼았다. 또 다른 곳에서, 그는 로마에 있는 그리스도인들에게 다음과 같이 말했다. "우리가 다 하나님의 심판대 앞에 서리라 기록되었으되 주께서 이르시되 내가 살았노니 모든 무릎이 내게 꿇을 것이요 모든 혀가 하나님께 자백하리라 하였느니라 이러므로 우리 각 사람이 자기 일을 하나님께 직고하리라"(롬 14:10-12).

언젠가 모든 신자는 죽음이나 휴거를 통해 하늘의 주인에게 평가와 보상을 받게 될 것이다. 따라서 주인에게 순종한 노예는 주인을 대면하는 것을 두려워할 필요가 전혀 없다. 렌스키(R. C. H. Lenski)가 지적한 것처럼 "그리스도의 노예로서 모든 일에 자기 의지를 주님께 복종시키는 자는 '하나님께 기쁨을 드리는 자'이다. 그리고 그분의 심판대 앞에 설 것을 두려워할 필요가 전혀 없다."[8]

반면, 일시적이고 무가치한 일에 자기 삶을 허비한 신자들은 그리스도께 최소한의 보상만을 받을 것이다. 물론 모든 신자의 죄악은 십자가를 통해 영원히 용서받는다. 구원은 박탈될 수 없다. 그러나 여전히 하나님께서 주신 영적 섬김의 기회들을 낭비한 자들은, 언젠가 자기가 남긴 공적이 나무와 건초와 그루터기보다 조금 더 나은 것들로 구성된 허섭스레기라는 사실을 발견하게 될 것이다. 그런 공적에는 영원한 가치가 없기 때문에, 하나님의 면밀한 조사의 불길 앞에 견디 내지 못할 것이다(고전 3:12-15을 보라). 주인이 불만족할 것에 대한 두려움은, 주인이 만족하는 만큼 보상할 것이라는 약속으로 상쇄되어, 지속적으로 충성스러운 삶을 살아가는 강력한 동기가 된다. 1세기 노예들이 자신의 인간 주인에게 책임을 다했던 것처럼 그리스도의 노예들은 궁극적으로 그리스도께 책임을 다해야 한다.

바울 사도는 동일한 이미지를 사용하여 진짜 노예들과 그들이 섬기고 있던 상전들에게 직접적으로 말했다. 에베소서 6장 5-9절에서 바울은 이렇게 기록한다.

> 종들아 두려워하고 떨며 성실한 마음으로 육체의 상전에게 순종하기를 그리스도께 하듯 하라 눈가림만 하여 사람을 기쁘게 하는 자처럼 하지 말고 그리스도의 종들처럼 마음으로 하나님의 뜻을 행하고 기쁜 마음으로 섬기기를 주께 하듯 하고 사람들에게 하듯 하지 말라 이는 각 사람이 무슨 선을 행하든지 종이나 자유인이나 주께로부터 그대로 받을 줄을 앎이라 상전들아 너희도 그들에게 이와 같이 하고 위협을 그치라 이는 그들과 너희의 상전이 하늘에 계시고 그에게는 사람을 외모로 취하는 일이 없는 줄 너희가 앎이라.

노예이든 자유인이든 모든 신자는 하늘의 주인을 모시고 있다. 그분은 완벽하고, 치우치지 않는 재판장이시다. 그리고 언젠가 우리는 각자 그분 앞에 우리 삶을 아뢰게 될 것이다.

바울은 그러한 미래의 실재를 확신했기 때문에 결과에 상관없이 담대히 복음을 선포했다. 결국, 그는 하나님의 명령을 받아 전도하도록 임명되었다(딛 1:3). 비록 바울은 때때로 거부당하고 핍박당했지만, 사람들의 찬성을 얻는 것보다 하나님께서 허락하신 소명에 순종하는 일에 더 많은 관심을 기울였다. 주인을 기쁘시게 하는 것, 그 단 한 가지 사실만이 중요했다.

바울이 무고하게 고소를 당했을 때, 그가 보인 반응은 단순했다. "너희에게나 다른 사람에게나 판단 받는 것이 내게는 매우 작은 일이라 나도 나를 판단하지 아니하노니 내가 자책할 아무 것도 깨닫지 못하나 이로 말미암아 의롭다 함을 얻지 못하노라 다만 나를 심판하실 이는 주시니라"(고전 4:3-4). 투옥되어 죽음을 기다리고 있을 때 "그는 '그리스도의 노예'를 기다리고 있는 영광스러운 운명만 생각했다."[9] 자신의 삶을 마무리하는 순간, 바울은 로마의 지하 감옥에 홀로 앉아 미래를 생각하며 여전히 웃을 수 있었다. 소망의 시각이 그의 글에 묻어났다. 왜냐하면 바울은 성공을 하늘의 기준으로 평가했기 때문이다. 따라서 그는 디모데에게 이렇게 기록했다. "나는 선한 싸움을 싸우고 나의 달려갈 길을 마치고 믿음을 지켰으니 이제 후로는 나를 위하여 의의 면류관이 예비되었으므로 주 곧 의로우신 재판장이 그 날에 내게 주실 것이며 내게만 아니라 주의 나타나심을 사모하는 모든 자에게도니라"(딤후 4:7-8).

바울의 삶을 공허한 일에 자신의 삶을 낭비한 자들과 비교해 보라. 『삶을 허비하지 말라』(Don't Waste Your Life)라는 책에서 존 파이퍼(John Piper)는 남은 여생을 플로리다에 정착하여 요트를 타고 여행하고, 소프트볼 경기를 즐기고, 조가비를 모으며 살기 위해 조기 은퇴한 부부에 대해 이야기한다. 그런 삶을 파이퍼는 다음과 같이 평가한다.

> 저는 그것이 농담일 것이라고 생각했습니다. 아메리칸 드림에 대한 눈속임이라고 말입니다. 그러나 사실은 그렇지 않았습니다. 비극적이게도, 이것이 바로 그 꿈이었습니다. 당신의 삶에 끝이 다가왔을 때, 하나님께서 주신 당신의 단 하나밖에 없는 고귀한 생명의 마지막 순간에, 당신은 창조자 앞에서 자신이 살아온 삶을 설명하기 직전에, 당신 생의 마지막을 소프트볼 경기와 조가비 수집으로 채우는 것입니다. 마지막 심판의 날 그리스도 앞에 선 그들을 그려 보십시오. "보세요, 주님. 여기 제가 모은 조가비들을 보세요." 그건 비극입니다. 오늘날 사람들은 그 비극적인 꿈을 사도록 당신을 설득하기 위해 수십 억 달러를 투자하고 있습니다. 다시 한 번 그런 세태에 대해 저는 이렇게 주장합니다. 그 꿈을 사지 마십시오. 여러분의 삶을 낭비하지 마십시오.[10]

그것은 "신중함과 의로움과 경건함으로 이 세상에 살기를"(딛 2:12) 원하는 모든 자에게 시의적절한 경고이다. 특별히 우리가 사는 소비 문화에서는 더욱 그렇다. 그리스도의 노예들로서 우리는 "부르심을 받은 일에 합당하게 행하여"야만 한다(엡 4:1). 이 생에서 우리가 내어 드린 순종과 희생적 섬김을, 우리의 주권자 주님께서 반드시 주목하여 보시고 갚아 주실 것이다.[11] 비록 주님께 순종하기 위해서는 비싼 대가를 지불하거나 고통을 감내해야 하지만, 우리는 "우리가 잠시 받는 환난의 경한 것이 지극히 크고 영원한 영광의 중한 것을 우리에게 이루게 함이니"(고후 4:17)라는 사실에 기뻐할 수 있다. 우리의 믿음은 곧 실상을 보게 될 것이며, 우리는 얼굴과 얼굴을 대하여 우리 주님을 보게 될 것이다. 언젠가 "잘하였도다 착하고 충성된 종아 네 주인의 즐거움에 참여할지어다"라는 주님의 은혜로운 환영의 목소리를 듣게 될 때 우리는 얼마나 말할 수 없이 기쁘겠는가!

## 이 땅에서 하늘의 시민으로 살아가기

우리가 살펴본 바와 같이, 신약성경은 노예와 아들의 이미지를 포함해 그리스도 안에서 변화된 신자의 지위를 강조하는 수많은 비유들을 사용하고 있다. 예전에 우리는 죄의 노예들이었다. 그러나 이제 우리는 그리스도의 노예들이다. 우리는 한때, 불순종과 진노의 자녀들이었다. 그러나 의의 자녀들로 하나님의 가족 안으로 입양되었다. 그러나 특별히 우리의 진짜 집이 하늘에 있다는 사실을 묵상해 볼 때, 우리가 살펴보아야 하는 세 번째 그림 언어가 하나 더 있다. 그것은 '시민'이라는 이미지이다.

비록 아직 그곳에 이르지 못했지만, 우리는 하늘의 시민이다. 한

때, 우리는 이 세상의 군주를 따라 걸었다. 그러나 우리가 회심하는 순간, 우리는 그리스도의 왕국 안으로 이동했다. 결과적으로 더 이상 이 악한 세상 체제에 동조하지 않는다. 이 악한 세상으로부터 우리는 외국인이요 나그네가 되었다. 대신 우리의 자아 정체성은 왕 중의 왕을 향한 우리의 충성 안에서, 그리고 왕 중 왕의 백성들과 맺은 동족 관계 안에서 찾을 수 있다.

### 노예에서 시민으로

1세기 로마 노예에게 궁극적으로 자유가 허락되고, 그 결과 시민권이 부여되는 것은 보기 드문 일이 아니었다.[12] 로마법 아래에서 "로마 시민인 주인이 공식적으로 자신의 노예를 해방시키면, 해방된 노예는 시민권을 받았다."[13] 따라서 로마 시민의 노예가 자유를 얻으면 로마 시민이 되었다.

노예를 해방시키는 방법에는 주로 두 가지 방식이 있었다. 노예들은 공식적으로(officially) 자유를 얻거나, 의례적인 격식을 통해 (formally) 해방될 수 있었다. 노예주는 자신이 죽고 난 후 노예들에게 자유를 허락하기도 했다. 그 경우, 노예주의 유언이나 증언을 통해 그들의 자유에 대한 규정을 만들 수 있었다. 혹은 노예주가 살아 있는 동안 노예들을 해방시키기 원할 때는 상징적인 의식을 거행했다(vindicta).[14] 이것은 지방 시민 치안 판사 앞에서 노예를 해방시키는 절차였다. 그 절차에서는 "제삼자가 그 노예가 자유인이 되었다고 주장하면서, 자유를 얻은 노예를 지팡이로 접촉했다.

그래서 노예의 소유권에 대한 주인의 주장을 각하했다. 노예주는 아무런 반박을 하지 않고, 치안판사는 원고의 편에서 판정을 내렸다. 그리고 그 노예를 자유민으로 선포했다."[15]

비록 이전에 노예였던 자가 이제 자유를 얻었다고 해서 결코 이전 주인으로부터 완전히 독립할 수는 없었다. 머레이 해리스가 다음과 같이 설명하는 것처럼 말이다. "그는 영구적으로 자신의 이전 주인이었다가 이제 자신의 후원자(patronus)가 된 분을 특정한 방식으로 섬겨야 한다. 자신이 이전에 제공했던 과업을 수행하거나, 매달 혹은 매년 특정한 날수만큼 일할 의무가 있었다."[16] 한편, 후견인도 예전의 노예에게 법적인 의무를 가지고 있었다. 만약 예전의 노예가 절박한 상황에 놓이면, 그에게 음식과 거처를 제공해 줄 의무가 있었다. 나아가, 후견인은 범죄행위를 심판하는 법정에서 자유를 얻은 노예를 정죄하는 증언을 할 수 없었다.[17] 이에 더해, 노예를 해방하는 시점에 결정적인 관계의 변화가 일어났다. "로마법의 시각으로 볼 때, 노예에게는 아버지가 없었다. 그래서 노예가 해방될 때, 이전 주인이 해방된 노예의 법적인 아버지로 간주되었다."[18]

한번 해방되고 시민권을 받으면, 자산을 구입하고 팔 수 있는 권리, 로마의 시민과 결혼할 권리, 로마인의 유서를 작성할 권리를 포함하여 많은 새로운 특권을 얻었다.[19] "일반적으로 로마의 시민권은 투표할 권리, 자산을 소유할 권리, 계약을 맺을 권리, 고문당하지 않을 권리, 사형을 면할 권리, 로마법 아래에서 평등한 대접을 받을 권리 등을 포함했다."[20] 지위의 변화는 즉각적이고 두드러졌다. "주목할 만한 것은, 이러한 신분이 갑작스럽고 극적으로 변하는 것이다. 손을 흔들었을 뿐인데, 외부인이 하룻밤 사이에 사회 구성원이 되었다."[21]

시민권은 수많은 유익뿐만 아니라 군대 복무나 시민 봉사의 가능성을 포함한 의무 또한 가져다주었다.[22] 특권으로 무장된 지위를 부여받는 대신, 시민들은 나라에 충성하고 순종하도록 요구받았다. "그럼, 로마의 시민이 된다는 것은 무엇이었는가? 로마의 시민이라는 신분을 가진다는 것은, 그 개인이 로마법의 인도와 보호 아래 놓인다는 것을 의미했다."[23] 나아가 고대 로마에서 시민권은 한 사람이 외면적으로 국가와 연결되어 있는 상태 이상을 의미했다. 사실 시민권은 한 사람의 자아정체성에 필수적인 부분이었다.

고대 그리스인과 로마인들 사이에 시민권이라는 개념은 우리가 가지고 있는 시민권이라는 개념보다 더 깊은 의미를 담고 있었다. 우리는 시민권과 상관없이 인간의 존재와 삶을 생각할 수 있지만, 고대 폴리스(πόλις)나 시비타스(civitas) ['마을'이나 '도시']의 구성원들에게 있어서 시민권은 생명이요 생명은 시민권이었다. 이것이 바로 사도 바울이 '폴리테우에스타이'(πολιτεύεσθαι, '시민으로 행동하다')를 특별히 '살다'는 관점에서(행 23:1; 빌 1:27; 빌 3:20 참조 πολίτευμα, 폴리테우마, '시민권') 사용한 이유를 설명해 준다. 도시의 삶은 시골 촌락 공동체(κώμη, 위커스)의 원시적인 삶에서 발전한 것이었다. 사실 폴리스는 상당수 코마이(κωμαι, '공동체들')로 구성되었다. 각각의 코마이는 상당수 가족들(οἴκος, 도무스)로 구성되었다. 연합은 일반적으로 혈연관계에 기초했다.[24]

다른 말로 하면 고대 공동체와 촌락, 궁극적으로는 마을과 도시와 국가로 확장된 가족 관계는 자신의 고향 땅과 동포들을 향한 시민들의 유대감을 더 강화시켰다. 실제적인 의미에서, 시민이 되는 것은 확대 가족의 일부가 되는 것이었다.

### 하늘 시민권

시민권이라는 이미지는 그리스도인의 삶과 관련해 중요한 진리들을 전달한다. 특별히 1세기 노예제도와 노예해방의 시각에서 볼 때 더욱 그렇다. 우리가 구원을 얻는 순간, 하나님에 의해 자유롭다고 선포된 우리는 즉시로 죄악에서 자유로워졌고, 하나님이 사랑하는 아들이 다스리는 왕국의 시민권을 얻음으로써 온전한 특권과 기적을 제공받았다(골 1:13). 비록 우리는 더 이상 이전의 주인(죄, 사단)에게 그 어떤 의무도 없지만, 우리를 자유하게 하신 그리스도를 섬길 의무를 갖고 있다. 그분은 우리의 후견인이시다. 그리고 우리는 노예 신분에서 해방된 그분의 자유민이다.[25] 후견인이 현재 자유민이 된 예전의 노예에게 법적인 고소를 할 수 없었던 것처럼, 그리스도도 자신에게 속한 자들을 결코 정죄하지 않으실 것이다.[26]

비록 우리는 예전에 하나님의 대적이요 나그네였지만, 지금은 하늘의 시민이요,[27] "성도들과 동일한 시민"(엡 2:19)이다. 우리는 더 이상 우리의 죄 많은 정욕에 지배받지 않는다. 이제 우리는 우리의 하늘 왕에게 복종한다. 그분은 우리의 주인이시요, 후원자시요, 아버지이시며, 우리의 주권적인 군주이시다.

물론 우리가 가진 하늘의 시민권은 죄에서 해방된 노예해방 문서뿐만 아니라, 우리가 새롭게 맞이하는 현실에서도 발견된다. 요한복음 3장 3절에서 예수님께서 니고데모에게 설명하신 것처럼, 하나님의 나라에 들어가는 출입구는 "거듭난 자" 혹은 문자적으로 "위로부터 난 자"들에게만 열려 있다. 이 새로운 탄생을 통해 죄인들은 하나님의 자녀가 된다. 왜냐하면 하나님께서 "진리의 말씀으로 우리를 낳으셨기" 때문이다(약 1:18).[28] 하나님께로부터 난 자들은 믿음으로 세상을 이기며, 다른 사람을 사랑하고, 주님께 순종하는 특징을 가지고 있다.[29]

따라서 우리는 노예에서 해방되고 새롭게 탄생하여 하늘의 시민이 되었다. 그리고 그것은 오직 은혜를 통한 것이다. 그처럼 우리는 엄청난 책임과 무한한 특권을 모두 누린다. 우리는 하나님을 알고, 하나님의 뒤를 따라 걸으며, 하나님을 예배하고, 우리 왕이요 우리 아버지인 그분께 연결된 무한한 유익을 모두 소유하고 있다. 하늘의 법이 우리의 법이다. 하늘의 이익이 우리의 이익이다. 하늘의 시민이 우리의 동료 시민이다. 하나님의 왕국의 대사들로서[30] 우리는 영원한 것을 바라는 초자연적인 확신을 가지고 인생에 접근할 수 있다. 어떤 저자는 다음과 같이 설명했다.

> 그리스도인은 하늘의 사법권에 지배를 받고, 하늘의 시민권이라는 특권을 소유하고 있다. 그리스도인의 모국은 그리스도인과 그리스도인의 이익을 보호하고, 그리스도인의 편에서 개입하고, 그리스도인의 권리와 의무를 결정할 것이다. 따라서, 그리스도인은 결국 일시적인 거주지인 이 세상이 요구하는 의무로부터 어떤 의미에서는 어느 정도, 또 다른 면에서는 완전히 자유롭다. 이 세상은 하늘의 권능에 지배받고 있기 때문이다.[31]

마찬가지로, 우리에게는 그리스도의 왕국의 일원이 되는 것과 더불어 엄청난 책임도 부여된다. 그리스도의 신하들로서 우리는 그분을 합당하게 존경해야만 한다. 그러므로 우리는 "너희를 부르사 자기 나라와 영광에 이르게 하시는 하나님께 합당히 행하라"(살전 2:12)는 명령을 받는다. 히브리서 기자는 이와 유사한 말씀을 기록한다. "그러므로 우리가 흔들리지 않는 나라를 받았은즉 은혜를 받자 이로 말미암아 경건함과 두려움으로 하나님을 기쁘시게 섬길지니"(히 12:28).

하늘의 시민으로서 우리는 이제 그리스도의 교회, 그분의 에클레시아(ekklesia)의 일원이다. 그 용어는 그 자체로 "부르심을 받은 자"를 의미하고, 원래 "공동체를 보호하기 위해 싸우도록 부름을 받은" 도시의 시민들을 의미했다. "그리고 그 의미에서부터 파생하여 공동체의 관심사를 처리하기 위해 만나는 시민들의 모임을 의미하기도 한다."[32] 그리스도인의 에클레시아에 이런 견해를 적용한다면, 우리는 "교회가 대표시민의 소환에 따라 모이고, 공동체의 관심사를 행정적인 방식으로 처리하거나 공동체의 이익을 보호하기 위한 일을 처리하기 위해 모이는 하늘 시민들의 모임"[33]이라는 사실을 배운다. 간단히 말해 신자들의 모임은 목적을 가지고 연합한, 그리고 자기 주인이요 왕이신 분을 향한 사랑과 충성으로 연합한 하늘 시민들의 모임이요 그리스도의 노예들의 모임이다.

우리의 생명은 우리의 시민권과 동의어다. 우리의 정체성이 변화되었기 때문에, 우리의 우선순위, 열정, 그리고 일이 모두 변화되었다(빌 1:21). 나이 든 성도들과 마찬가지로, 우리는 더 이상 이 세상에서 지나가는 기쁨을 추구하지 않는다.[34] 대신, 우리의 시선은 그리스도께서 계시며 우리의 참된 본향이 되는 하늘에 고정되어 있다.[35] 우리가 죽어서 그분께로 가거나, 그분이 휴거 시에 우리에게로 오시거나 간에 우리는 곧 영원히 그분과 함께할 것이다.[36]

어느 날, 우리는 주인 앞에 선 노예들처럼 그분의 임재 앞에 서게 될 것이다. 어느 날, 우리는 왕께 복종하는 것처럼 그분께 경배할 것이다. 노예이자 시민으로서 그분을 섬기고, 그분과 함께 영원히 다스릴 것이다. 사도 요한은 영원한 상태를 마지막으로 설명하면서 이 두 측면의 실재를 강조했다. 사도 요한은 모든 신자들이 받게 될 영광을 이렇게 기록했다.

하나님과 그 어린 양의 보좌가 그[새 예루살렘] 가운데에 있으리니 그의 종들[둘로이, 문자적으로는 노예들]이 그를 섬기며 그의 얼굴을 볼 터이요 그의 이름도 그들의 이마에 있으리라 다시 밤이 없겠고 등불과 햇빛이 쓸 데 없으니 이는 주 하나님이 그들에게 비치심이라 그들이 [주님과 함께] 세세토록 왕 노릇 하리로다(계 22:3-5).

# Slave

## 13장

# 도발적인
# 역설의 진리

성경 안에는 모순이 없지만, 성경의 가장 도발적이고 심오한 진리들은 대부분 역설적으로 들린다. 예를 들어, 구원이 공짜이면서 값비싼 것이라거나, 진정으로 부요해지기 위해서는 영적으로 가난해야만 한다거나, 생명을 얻기 위해서는 생명을 버려야만 한다거나, 지혜롭기 위해서 복음의 미련함을 받아들여야만 한다는 진리를 고려해 보라.[1] 성경은 애통하는 자는 복이 있나니 그들이 위로를 받을 것이며, 주는 자가 받을 것이며, 약한 자가 가장 큰 자가 될 것이며, 겸손한 자가 높임을 받을 것이며, 나중 된 자가 먼저 될 것이라고 가르친다.[2] 나아가 우리는 하나님이 선을 위해 악을 사용하시며, 하나님은 삼위일체로 계시며, 예수 그리스도는 삼위일체의 두 번째 위격이시며 온전히 하나님이신 동시에 온전히 인간이시라는 사실을 배운다.[3] 이런 것들은 성경이 제시하는 놀라운 신비들 가운데 일부분일 뿐이다.

이 목록에 우리는 분명히 그리스도의 노예를 언급하는 부분을 포함시킬 수 있다. 이 은유를 통해, 보통 냉소, 억압, 학대와 연계된 '노예'라는 개념은 그리스도 안에서 영광스럽게 전환되어 영광, 자유, 영원한 행복을 의미하는 개념이 된다. 어떤 저자는 이렇게 설명한다.

> 십자가처럼, 노예제도는 패러다임이면서 동시에 역설이다. 1세기에 가장 고통스럽게 스며드는 괴로움과 죽음의 상징이었던 십자가는 평강과 생명으로 가는 유일한 길이신 예수님을 따르는 자들을 의미하게 되었다. 마찬가지로, 전적으로 자유를 부인하는 의미였던 노예의 개념은, 섬기는 종이요 구원자이신 그리스도를 따르는 자에게 진정한 자유를 구현하는 유일한 수단이 된다. …[예수님은] 노예의 모습으로 이 땅에 오셨다. 우리에게 노예 신분에서 자유를 얻게 하시려고 오신 것이 아니라, 자유라는 새로운 종류의 노예 신분을 주시기 위해 오신 것이다.[4]

지난 열두 장에 걸쳐 우리는 이 심오한 패러다임에 대한 성경적이고 역사적인 기초를 살펴보았다. 우리는 종과 노예의 결정적인 차이점을 살펴보았다. 종은 고용된 자인 반면 노예는 소유된 자라는 점이었다. 신자들은 단순히 그리스도께 고용된 종들이 아니다. 신자들은 그리스도의 소유물로 그리스도께 속한, 그리스도의 노예들이다. 그리스도는 의문의 여지 없이 절대적인 충성과 순종을 받으시기에 합당하신 소유주요, 주인이다.

따라서 그분의 말씀은 신자들에게 최종적인 권위이다. 그분의 뜻은 신자들에게 궁극적인 명령이다. 그리스도를 따르기 위해 자기 십자가를 짊어진 그들은 자신을 버렸고, 이제 바울 사도와 같이 말할 수 있다. "내가 그리스도와 함께 십자가에 못 박혔나니 그런즉 이제는 내가 사는 것이 아니요"(갈 2:20). 사도는 또 다른 곳에서 이렇게 설명했다. "[그리스도]가 모든 사람을 대신하여 죽으심은 살아 있는 자들로 하여금 다시는 그들 자신을 위하여 살지 않고 오직 그들을 대신하여 죽었다가 다시 살아나신 이를 위하여 살게 하려 함이라"(고후 5:15).

또한 우리는 그리스도의 주 되심에 관한 성경적 가르침을 살펴보았다. 그분은 우리의 주님이시며 동시에 우리의 하나님이시다. 그분은 모든 신자 개개인의 왕이시며, 그분의 전 교회와 모든 피조물의 왕이시다. 비록 불신자들이 이생을 사는 동안 그분의 권위를 거부하지만, "모든 무릎이 무릎 꿇고" "모든 입이 예수 그리스도를 구주로 고백할" 날이 올 것이다(빌 2:10-11). 우리 또한 언젠가 그분께 우리의 인생을 설명 드릴 날이 올 것이고, 그분은 우리의 충성을 판단하여 우리에게 상 주실 것이다. "잘하였도다 착하고 충성된 종아 네 주인의 즐거움에 참여할지어다"라고 말씀해 주시는 그분의 축복과 칭찬을 정말 듣고 싶지 않은가!

우리는 노예제도를 연구하면서, 한때 우리가 가장 잔인한 주인인 죄악의 비참한 노예들이었다는 사실을 재확인했다. 타락한 인류의 구성원으로서 우리는 우리의 불순종과 반역에 매이고 눈멀고 죽은 자들이었다. 그런데 하나님께서 우리의 무기력하고 소망 없는 상황에 개입하셨다. 하나님은 긍휼이 풍성하셔서 우리를 택하셨고, 우리에게 그분의 사랑을 쏟아부으셨고, 우리가 섬기던 예전 주인의 손아귀에서 우리를 구원하셨다. 그리스도의 희생적인 죽음을 통해 우리는 죄악의 노예시장에서 구속함을 얻었다. 하나님은 우리의 죄악을 씻어 정결하게 하셨고, 하나님의 의로 옷 입히시고, 하나님의 가족구성원으로 영원히 맞아 주셨다.

그러나 하나님은 거기서 멈추지 않으셨다. 그분은 우리를 의의 노예로 만드셨을 뿐만 아니라 그분 왕국의 시민이요, 그분의 상에서 함께 먹는 친구요, 그분의 가족 안에 입양된 자녀들로 받아주셨다. 한때 그분의 백성이 아니었던 우리는 그분의 백성이 되었다. 이전에 "멀리 있던 너희가 그리스도 예수 안에서 그리스도의 피로 가까워졌느니라"(엡 2:13). 소망 없던 우리가 하나님의 모든 자녀에게 약속하신 하늘의 유산을 기대할 수 있게 되었다. 그러한 영광스러운 변화는 그리스도께서 스스로 "종(노예)의 형체"(빌 2:7)를 가지셔서 죄의 노예들을 구속하시고 그들을 하나님과 화목하게 하시려고 죽으셨기 때문에 가능한 것이다. 그에 대한 반응으로 우리는 하늘의 합창대에 동참하여 "그 인봉을 떼기에 합당하시도다 일찍이 죽임을 당하사 각 족속과 방언과 백성과 나라 가운데에서 사람들을 피로 사서 하나님께 드리시고 …죽임을 당하신 어린 양은 능력과 부와 지혜와 힘과 존귀와 영광과 찬송을 받으시기에 합당하도다"(계 5:9, 12)라고 찬양하며, 그리스도의 영광스러운 이름을 영원히 찬송할 것이다.

## 네 가지 강력한 역설

분명 우리는 그리스도의 노예라는 영광스러운 실재를 결코 다 규명할 수 없다. 사실, 절대로 그럴 수 없다. 왜냐하면 우리가 살펴본 바와 같이, 우리는 그분의 노예로서 영원히 그분을 예배하고 섬길 것이기 때문이다(계 19:5; 22:3). 최상의 다이아몬드의 각면(刻面)처럼 이 심오한 성경적 은유는 모든 관점에서 새로운 차원의 아름다움과 통찰력을 제공해 준다. 그러나 슬프게도, 그 은유의 부요함은 번역을 거치면서 많은 부분 사라졌다. 적어도 영어권 세계에서는 말이다. 그러나 그 이면을 살피는 사람들에게는 신학적인 보화가 기다리고 있다. 놀라운 방식으로 우리 구원의 영광을 두드러지게 나타내 주는 보화 말이다. 신약의 저자들에게 익숙했고, 신약의 저자들이 의도했던 노예제도라는 시각으로 은혜의 교리를 바라본다면, 보다 온전한 의미를 이해할 수 있을 것이다.

실제로, 삶의 모든 면을 그 관점에서 바라보아야만 한다. 그리스도인으로서 우리는 그리스도의 노예들이다. 그 진리가 우리의 일상적인 삶에서 일으키는 차이는 얼마나 급진적인 것인가! 우리는 더 이상 우리 자신을 위해 살지 않는다. 오히려 우리는 모든 면에서 주인을 기쁘시게 하는 것을 우리의 목표로 삼는다. 그 사실을 염두에 두고, 그리스도의 노예 신분이 갖는 네 가지 역설을 생각해 보자. 각각의 역설은 우리가 받은 영광스러운 부르심의 다른 차원을 보여 준다(엡 4:1).

### 노예는 자유롭다

심오하고도 충격적인 사실은, 그리스도의 노예가 됨으로써 진정한 자유를 얻을 수 있다는 사실이다. 비록 모든 불신자들이 자신이 자유롭다고 생각하지만, 사실은 자신의 욕망에 사로잡히고 죄악에 얽매여 있는 노예들이다. 성경은 이 세상에 두 부류의 사람들만 존재한다고 말씀한다. 죄의 노예가 된 자들과 의의 노예가 된 자들이다. 바울은 그 두 그룹을 로마서 6장에서 대조했다.

> 너희 자신을 종으로 내주어 누구에게 순종하든지 그 순종함을 받는 자의 종이 되는 줄을 너희가 알지 못하느냐 혹은 죄의 종으로 사망에 이르고 혹은 순종의 종으로 의에 이르느니라 하나님께 감사하리로다 너희가 본래 죄의 종이더니 너희에게 전하여 준 바 교훈의 본을 마음으로 순종하여 죄로부터 해방되어 의에게 종이 되었느니라(16-18절).

바울 사도가 이 본문에서 보여 주는 것처럼, 완벽한 도덕적 독립 같은 것은 없다. 죄에 속하든지, 하나님께 속하든지, 모든 사람은 노예다. 제임스 몽고메리 보이스(James Montgomery Boice)는 이 현실을 다음과 같이 명확하게 말했다.

절대적인 자유라는 건 존재하지 않습니다. 자기가 하고 싶은 모든 것을 할 자유는 아무에게도 없습니다. 물론 온 우주에 완전히 자유로운 분이 한 분 계십니다. 하나님이십니다. 하지만 다른 모든 존재들은 어떤 사람이나 어떤 것에 제한받거나 매여 있습니다. 그 결과 자유라는 영역에서 유일하게 의미 있는 질문은 '당신은 누구를 혹은 무엇을 섬기고 있습니까?'입니다. …여러분과 저는 하나님이 아니라 인간이기 때문에 결코 자율적일 수 없습니다. 우리는 죄의 노예가 되거나 아니면 예수 그리스도의 노예가 되어야만 합니다. 그러나 여기 놀랍고도 아주 충격적인 사실이 있습니다. 예수 그리스도의 노예가 되는 것이 진정한 자유입니다.[5]

그리스도의 노예가 되는 것은 죄와 죄책감과 정죄함으로부터 자유로움을 의미할 뿐만 아니라, 하나님을 기쁘시게 해 드리기 위해 순종할 자유, 그리고 창조주 하나님과 친밀한 교제를 나누며 우리의 창조주가 의도하신 길을 따라 살아갈 자유가 있는 것을 의미한다. 이렇게, "죄로부터 해방되고 하나님께 종이 되"었다(롬 6:22; 벧전 2:16 참조). 그래서 그리스도의 노예가 되는 것이 자유를 얻는 유일한 방법이다. 왜냐하면 "아들이 너희를 자유롭게 하면 너희가 참으로 자유로우리라"(요 8:36)고 말씀하시기 때문이다. 알렉산더 맥클라렌은 이렇게 설명했다.

그런 노예 신분은 유일하게 자유를 누릴 수 있다. 자유는 자신이 원하는 대로 행하는 것이 아니다. 자유는 '해야만 하는 것'을 좋아하고 그것을 행하는 것을 의미한다. 그리스도 안에서 하나님께 복종하는 사람만이 자유롭다. 그는 그러한 복종을 통해 자기 자신과 세상과 모든 적대관계를 극복하며 자신의 사명을 이룰 수 있다. … 당신은 순종이 속박이라고 말할지도 모른다. 그러나 '지나친 자유의 무게'는 훨씬 더 무거운 속박이다. 다음과 같이 말하는 자들은 노예이다. "그분의 속박을 깨뜨려 버리자. 그리고 그분의 밧줄을 내던져 버리자." 그러나 이렇게 말하는 자들은 자유로운 자들이다. "주님, 당신의 복된 쇠사슬로 내 손을 묶으소서. 당신의 뜻이 내 뜻을 제어하게 하소서. 내 심령을 당신의 사랑으로 채우소서. 그럴 때 내 의지와 손이 자유롭고 기쁘게 움직일 것입니다." "아들이 너희를 자유롭게 하면 너희가 참으로 자유로우리라."[6]

비록 그리스도인들도 때때로 죄악에 빠지고 스스로 불순종을 선택하지만, 그들은 예수 그리스도로 말미암아 구원받아 죄에서 자유로워지기 전의 상태인 죄의 노예가 되지는 않는다. 죄악은 이제 더 이상 그들을 통제할 힘이 없다. 4세기 교부였던 요한 크리소스토모스는 이 점을 다음과 같이 생생하게 설명했다.

> 하나님의 왕국으로 인도 받은 존재가 스스로 죄악의 지배를 받거
> 나, 그리스도와 함께 다스리도록 부름 받은 자가 죄악에 사로잡히
> 기로 선택하는 것은, 마치 자기 머리에서 왕관을 벗어 내동댕이치
> 고, 넝마를 걸치고 구걸하는 신경질적인 여인의 노예가 되기로 선
> 택하는 것처럼 터무니없는 것이다. …어떻게 죄악이 당신 안에서
> 왕노릇할 수 있는가? 그것은 죄악 그 자체의 힘 때문이 아니라 당
> 신의 게으름 때문이다.[7]

그리스도를 통해 구속을 받고, 성령으로 권능을 받은 신자들은
유혹과 죄악을 이기고 승리를 얻는 데 필요한 모든 것을 가지고 있
다. 죄악의 힘은 영구적으로 꺾였다. 율법의 저주는 영원히 제거되
었다. 우리는 순종할 수 있는 자유를 가졌다. 이제는 "영의 새로운
것으로 섬길 것"(롬 7:6)이다. 그리스도의 노예가 됨으로써 우리는
최종적으로 그리고 온전히 자유로워졌다. 주님께 복종함으로써 우
리는 참된 해방을 경험한다. 왜냐하면 그분의 법이 죄와 죽음의 법
으로부터 우리를 영원히 자유롭게 했기 때문이다(롬 8:2).

### 노예는 편견을 잠재운다

그리스도의 노예가 되는 것은 진정한 자유로 가는 길일 뿐만 아
니라 그리스도의 몸 안에서 화해하고 연합하는 길이 되기도 한다.

신자들은 모두 노예들이며, 궁극적인 노예가 되신 주님의 겸손(빌 2:5-7)을 본받아야 한다는 사실을 인식한다면, 다른 사람들을 대하는 태도도 명확해진다.

"아무 일에든지 다툼이나 허영으로 하지 말고 오직 겸손한 마음으로 각각 자기보다 남을 낫게 여기고"(3절). 우리 주님께서 제자들에게 말씀하신 것처럼 "너희 중에 누구든지 으뜸이 되고자 하는 자는 모든 사람의 종이 되어야 하리라 인자가 온 것은 섬김을 받으려 함이 아니라 도리어 섬기려 하고 자기 목숨을 많은 사람의 대속물로 주려 함이니라"(막 10:44-45). 제자들의 발을 씻어 주심으로 노예의 과업을 수행하신 후에, 예수님께서 그들에게 이렇게 상기시켜 주셨다. "내가 주와 또는 선생이 되어 너희 발을 씻었으니 너희도 서로 발을 씻어 주는 것이 옳으니라 내가 너희에게 행한 것 같이 너희도 행하게 하려 하여 본을 보였노라 내가 진실로 진실로 너희에게 이르노니 종이 주인보다 크지 못하고 보냄을 받은 자가 보낸 자보다 크지 못하나니 너희가 이것을 알고 행하면 복이 있으리라"(요 13:14-17). 그리스도를 따르는 자들의 특징은 서로를 향해 희생적으로 섬기고 사랑하는 것이다. 결국 우리는 모두 우리의 주인이 되신 그분의 본보기를 따르도록 명령 받은 노예들이다.

이스라엘에서부터 사마리아와 이방으로 퍼져 나간 복음은, 다른 사회적 계층과 인종 그룹 간에 존재했던 편견을 깨뜨렸다. 유대인과 이방인, 남자와 여자, 노예와 자유민은 모두 하늘의 시민이요 그리스도의 동료 노예로서 하나님 앞에 영적으로 동등하게 서는 것을 기뻐하는 교회 안으로 초대받았다. 복음은 이전의 모든 편견을 종식시켰다. 바울이 골로새교회 성도들에게 말한 것처럼 "새 사람을 입었으니 이는 자기를 창조하신 이의 형상을 따라 지식에까지 새롭게 하심을 입은 자니라 거기에는 헬라인이나 유대인이나 할례파나 무할례파나 야만인이나 스구디아인이나 종이나 자유인이 차별이 있을 수 없나니 오직 그리스도는 만유시요 만유 안에 계시니라"(골 3:10-11).

그러나 복음으로 변화 받은 자들은 단순한 동료 노예 이상의 존재들이다. 하나님에 의해 하나님의 자녀로 입양된 그들은 이제 같은 가족의 구성원들이 되었다. 서로에 대한 새로운 관계는 이전의 그 어떤 유대나 관계보다도 더 강하다. 신약의 교회는 "교회의 연합이나 조직이라기보다 가족이었다. 그런 동료 의식은 민족의식조차 뛰어넘는다(갈 3:28; 골 3:11 참조). 유대인인 바울은 헬라인인 디도(갈 2:3)를 형제라고 부른다(고후 2:13). 그리고 또 다른 헬라인인 빌레몬과 도망간 노예인 오네시모를 지칭할 때도 동일한 단어를 사용한다"(몬 16, 20절).[8]

이들 예 중에서, 바울이 오네시모를 대우한 태도는 아마도 가장 주목할 만한 예일 것이다. 사도는 아무 편견이나 생색 없이 도망쳐 온 이방 노예를 온전히 맞아들였다. 오네시모의 주인인 빌레몬에게 보낸 편지에서 바울은 다음과 같은 격려와 화해의 말씀을 기록했다. "아마 그가 잠시 떠나게 된 것은 너로 하여금 그를 영원히 두게 함이리니 이 후로는 종과 같이 대하지 아니하고 종 이상으로

곧 사랑 받는 형제로 둘 자라 내게 특별히 그러하거든 하물며 육
신과 주 안에서 상관된 네게랴"(15-16절). 이전에 바리새인이었던
사람은 복음의 능력을 통해, 이제 자기 자신을 도망간 이방 노예
와 형제로 여기고 있다. 바울은 빌레몬에게도 오네시모를 한 가족
구성원을 대하듯 사랑으로 받아들이라고 교훈했다. 바울의 배경과
오네시모의 배경 사이에는 엄청난 차이가 있었지만, 그런 차이점
들은 그들이 나누는 교제와 우정에 아무런 장애물이 되지 않았다.
왜냐하면 모든 신자는 그리스도 안에서 새로운 피조물이기 때문이
다(고후 5:16-17). 그리스도의 노예인 바울은, 자기 주인의 집에 속
한 다른 구성원을 희생적으로 섬기는 것을 기쁘게 여겼다(고전 9:19
참조).

야고보도 자신의 서신서에서 편견에 대해, 특별히 가난한 자들
을 향한 부자들의 편견에 대항했다. 2장에서 야고보는 자신의 서
신을 받아보는 독자들에게 이렇게 교훈했다.

내 형제들아 영광의 주 곧 우리 주 예수 그리스도에 대한 믿음을
너희가 가졌으니 사람을 차별하여 대하지 말라 만일 너희 회당에
금 가락지를 끼고 아름다운 옷을 입은 사람이 들어오고 또 남루한
옷을 입은 가난한 사람이 들어올 때에 너희가 아름다운 옷을 입은
자를 눈여겨 보고 말하되 여기 좋은 자리에 앉으소서 하고 또 가난
한 자에게 말하되 너는 거기 서 있든지 내 발등상 아래에 앉으라
하면 너희끼리 서로 차별하며 악한 생각으로 판단하는 자가 되는

것이 아니냐 …만일 너희가 사람을 차별하여 대하면 죄를 짓는 것
이니(1-4, 9절).

그런 경고는 오늘날의 교회 안에서도 여전히 필요하다. 편견과
편애는 그리스도의 몸 안에서 발붙일 자리가 없다. 그리스도께서
우리의 공로 때문이 아니라 은혜로 구속하여 주시기 전까지, 우리
는 모두 합당치 않은 죄악의 노예들이었다. 우리는 모두 이제 그분
께 순종하고 그분의 사랑과 자기희생의 모범을 따르도록 부름 받
은 그리스도의 노예들이다. 결론적으로 우리는 모두 동일한 하늘
주인에게 책임을 져야 한다는 사실을 알기 때문에, 인종이나 사회
경제적 지위에 상관없이 겸손과 기쁨으로 서로를 섬길 수 있다.

### 노예가 된 것은 엄청난 특권이다

생각해 보아야 할 세 번째 역설은 이것이다. 우리가 그리스도의
노예가 된 것은 그분의 무한한 은혜 덕분이다. 우리는 이미 (6장에
서) 그분의 노예로서 그리스도께 속한다는 것은 무한한 특권이라
는 사실을 살펴보았다. 그러나 우리가 그분을 섬기는 것 또한 감히
우리가 받을 자격 없는 선물이라는 사실을 이해하는 것이 중요하
다. 우리는 그분의 은혜를 통해 이 선물들을 받고, 행할 수 있다. 우
리가 그분을 섬길 수 있는 것은 "범사에 예수 그리스도로 말미암아
하나님이 영광을 받으시게" 하려고 오로지 그분이 우리에게 "하나
님이 공급하시는 힘"을 주시기 때문이다(벧전 4:11).

하나님은 분명 우리의 섬김이 필요하지 않으시다(행 17:25; 막 10:45 참조). 그러나 그분은 우리에게 그분께 속할 수 있는 특권을 주신다. 그래서 그분 안에서 우리가 온전히 기뻐할 수 있도록, 그리고 우리가 그분을 알게 될 때 참된 만족과 기쁨을 경험하도록 하신다. 그것이 예수님께서 요한복음 17장 3절에서 기도하신 것처럼, 영생의 핵심이다. "영생은 곧 유일하신 참 하나님과 그가 보내신 자 예수 그리스도를 아는 것이니이다." 영생은 단순히 얼마나 오래 사느냐의 문제가 아니다. 오히려 어떤 삶을 사느냐 하는 삶의 질의 문제이다. 신자들이 하나님과 친밀한 교제를 누림으로써 이 생과 다음 생에서 모두 다함이 없는 탁월한 복을 누리는 삶의 질 말이다.

마태복음 6장 24절에서 예수님은 무리들에게 이렇게 말씀하셨다. "한 사람이 두 주인을 섬기지 못할 것이니 혹 이를 미워하고 저를 사랑하거나 혹 이를 중히 여기고 저를 경히 여김이라 너희가 하나님과 재물을 겸하여 섬기지 못하느니라." 이 구절을 주해하면서 존 파이퍼는 다음과 같이 말했다.

어떻게 우리가 "돈을 섬깁니까?" 돈으로 남을 돕거나 돈을 주고 무언가를 사는 것이 아니라, 돈을 통해 최대한 이익을 얻기 위해 우리 삶을 계산하는 것이 돈을 섬기는 것입니다. 우리의 모든 결정은 돈이 주는 기쁨을 극대화하기 위한 것입니다. 하나님을 대할 때도 마찬가지입니다. 그래서 돈을 섬기지 말고 하나님을 섬기라는 예수님의 말씀 이면에는 하나님을 우리의 보화로 온전히 경험하는 삶을 살아가야 한다는 의미가 있습니다. …그리스도인의 노예 신분에서 나타나는 독특성은 이것입니다. 주인이 압도적으로 모든 것을 공급해 주십니다. 그래서 우리의 노예 상태조차 그분의 주권적인 은혜의 선물입니다.[9]

따라서 사도 바울은 고린도교회 성도들에게 그리스도를 위한 자신의 희생적인 수고에도 불구하고 모든 것이 하나님의 은혜 덕분이라고 말했다. "그러나 내가 나 된 것은 하나님의 은혜로 된 것이니 내게 주신 그의 은혜가 헛되지 아니하여 내가 모든 사도보다 더 많이 수고하였으나 내가 한 것이 아니요 오직 나와 함께 하신 하나님의 은혜로라"(고전 15:10). 마찬가지로, 모든 그리스도인은 "[그들] 안에서 행하시는 이는 하나님이시니 자기의 기쁘신 뜻을 위하여 그들에게 소원을 두고 행하게 하시"는 분이시라는 사실을 인식하며 "두렵고 떨림으로 [자기] 구원을 이루"도록 부름 받았다(빌 2:12-13). 놀라운 현실은, 하나님이 우리를 의무 관념이 강할 뿐만 아니라 그 명령에 충성하는 노예로 부르신다는 것이다. 나아가 우리에게 하나님을 섬길 수 있는 능력을 부여해 주시면서 우리의 충성에 대한 영원한 보상을 약속하신다.

노예 은유는 은혜를 극대화시킬 뿐만 아니라 사랑을 두드러지게 나타낸다. 어떤 저자가 다음과 같이 설명한 것처럼 "'자유로운 노예'라는 역설과 어울리는 것은 '노예라는 신분 안에 있는 사랑'이라는 역설이다. 그리스도인의 자유 안에는 노예라는 신분이 있다. 그리스도인의 노예라는 신분 안에는 사랑이 있다. 이것으로 인해 자유는 고삐 없는 방종이 아니며, 노예 신분은 비굴한 속박이 아니다."[10] 그리스도의 노예가 되는 것은 단순한 의무 이상의 것이다. 사랑으로 가득 찬 헌신과 순수한 기쁨으로 가득한 마음이 우리 행위의 동기가 되는 것이다. 하나님께서 우리를 먼저 사랑하셔서 죄악으로부터 구속하기 위해 자기 아들을 보내셨기 때문에, 우리는 이제 범사에 마음 깊은 곳으로부터 그분을 예배하고 경외하고 순종하기를 갈망하며 하나님을 사랑한다. 그분의 노예가 된 우리의 신분은 단조롭고 고된 것이 아니라 하나님의 구원의 은혜와 우리 삶에서 지속적으로 역사하시는 성령의 역사를 통해 얻은 기쁜 특권이다. 충성된 시민이요 감사하는 자녀로서 우리는 이제 우리의 왕이요 아버지인 하나님을 감사하는 마음으로 섬긴다. 그리스도의 노예가 되는 것은 놀랍고도 복된 현실이다. 그분의 "노예(둘로스)가 되는 것은 일부분은 달콤하고 또 다른 일부분은 쓴 것이 아니라, 전적으로 달콤한 것이다."[11]

이 모든 것을 통해 우리는 사랑 많으신 주인의 고결한 특성을 알 수 있다. 그분의 속박은 진정한 자유이다. 그분의 멍에는 쉽고 그분의 짐은 가볍다. 그분이 요구하신 것을 또한 그분이 그분의 은혜로 가능하게 하셨다. 그리고 그분은 우리의 순종이 필요하지 않으시지만, 우리가 하나님이 필요하다는 사실을 아시기 때문에 우리를 순종하도록 부르신다. 결국 우리의 영혼이 만족할 수 있는 길은 그분과 맺는 관계 속에서만 발견할 수 있다. 오직 그분 안에서 기뻐함으로써 우리는 진정한 기쁨과 영생을 경험할 수 있다. 아우구스티누스가 그의 『고백록』(Confessions)에서 다음과 같이 기도한 것처럼 말이다. "당신은 우리가 당신을 찬양하는 찬양 속에서 기뻐하도록 우리를 깨우십니다. 왜냐하면 당신은 당신을 위해 우리를 만드셨고, 우리의 마음은 당신 안에서 안식을 누리기 전까지 안식이 없기 때문입니다."[12]

### 노예 개념은 구원을 묘사한다

네 번째이자 마지막 역설은 다음과 같은 영광스러운 실재 안에서 발견된다. 하나님은 노예라는 상징을 사용하셔서 우리가 누리는 구원의 부요함을 표현하셨다. 물론 이 진리는 이 책 전체의 주제로 다루어 왔다. 영원 전에 하나님은 구원하실 자들을 선택하셨다. 우리의 일생 동안 그분은 우리를 죄의 노예 상태로부터 구원해 내시고, 자기 친아들의 왕국 안으로 구원해 들이셨다. 십자가 위에서 행하신 그리스도의 대속 사역은 우리를 구속하셨다. 그 결과 그분은 값을 지불하고 우리를 사셨다. 이제 우리는 그분의 소유가 되었다. 우리는 죄악으로부터 자유로워졌다. 그리고 이제 의의 노예로서 영원토록 영광스러운 자유를 소유하게 되었다.

그러나 노예라는 개념은 단순히 복음의 내용을 묘사하는 것 이상의 역할을 한다. 사실, 이 개념은 구원 메시지의 핵심이다. 왜냐하면 노예 은유는 그리스도의 주 되심의 실재를 지적하기 때문이다.

그리고 그리스도의 주 되심은 성경적 복음의 핵심이기 때문이다.

복음 메시지는 단순히 구원 계획이 아니라 구원의 주(Person of salvation)를 받아들이라는 부르심이다. 그분은 구원자요 주님이시다. 이 두 가지는 분리될 수 없다. 진심으로 그리스도께 나아오는 것은 당신의 마음과 정신과 의지, 곧 전인을 주인 되신 주님께 기꺼이 복종시키는 것이다. 입술만으로 그리스도가 주 되심을 고백하는 것은 위선에 지나지 않는 것이다(딛 1:16). 거짓 고백은 구원을 가져다 줄 수 없다(마 7:23; 눅 6:46). 마찬가지로, 그리스도를 구원자로 선포하면서도 주님으로 선포하지 않는 것은 복음 메시지를 불완전하게 선포하는 것이다. 선교사요 순교자인 짐 엘리어트(Jim Elliot)은 이렇게 말한다.

> 그리스도가 신자의 구원자라는 사실은 당연하게 가르치면서, 그리스도가 신자의 주님이라는 사실은 '선택적'으로 가르치는 것은 20세기의 이단이다. 그리스도가 유일한 주인이요 주님이신 것을 부인하는 것은, 예수 그리스도 안에 있는 진리의 일부분만을 선포하면서 그분의 인격 절반만을 설교하는 것이다. [복음은] 구원자이실 뿐만 아니라 명령하시는 주님에 대한 온전한 이해를 바탕으로 선포되어야만 한다. …주님의 주 되심을 부인하는 것은 그 이유가 어떠하든 하나님의 요구를 희석시키는 불순종이다. 왜냐하면 그것은 하나님을 하나님으로 인정하지 않는 것이기 때문이다.[13]

온전하게 선포된 복음은 필연적으로 예수 그리스도의 주 되심을 포함한다. 바울이 로마교회의 성도들에게 말했던 것처럼 "네가 만일 네 입으로 예수를 주로 시인하며 또 하나님께서 그를 죽은 자 가운데서 살리신 것을 네 마음에 믿으면 구원을 받으리라"(롬 10:9, 저자가 강조). 바울은 빌립보 간수에게 "내가 어떻게 하여야 구원을 받으리이까?"라고 질문을 받았을 때 동일하게 교훈했다. "주 예수를 믿으라 그리하면 너와 네 집이 구원을 받으리라"(행 16:31, 저자가 강조). 오순절날 유대인들에게 복음을 설명하면서 베드로는 자신의 설교를 다음과 같이 마무리 지었다. "그런즉 이스라엘 온 집은 확실히 알지니 너희가 십자가에 못 박은 이 예수를 하나님이 주와 그리스도가 되게 하셨느니라"(행 2:36, 저자가 강조).

동일한 입장에서, 신약성경은 복음을 통해 잃어버린 자들을 부를 때 지속적으로 회개를 강조한다. 예수님께서도 이렇게 설교하셨다. "회개하고 복음을 믿으라"(막 1:15, 저자가 강조; 눅 24:47 참조). 오순절에, 베드로는 다음과 같이 선포했다. "너희가 회개하여 각각 예수 그리스도의 이름으로 세례를 받고 죄 사함을 받으라 그리하면 성령의 선물을 받으리니"(행 2:38, 저자가 강조; 행 5:31 참조). 바울은 아레오바고(Mars Hill)에서 철학자들에게 이렇게 말했다. "이제는 어디든지 사람에게 다 명하사 회개하라 하셨으니"(행 17:30, 저자가 강조; 20:21 참조). 구원 얻는 믿음의 순종적인 본성을 강조하면서 요한은 다음과 같이 기록했다. "아들에게 순종하지 아니하는 자는 영생을 보지 못하고 도리어 하나님의 진노가 그 위에 머물러 있느

니라"(요 3:36, 저자가 강조). 히브리서 저자도 동일하게 그리스도는
"자기에게 순종하는 모든 자에게 영원한 구원의 근원이 되시고"라
고 말했다(히 5:9, 저자가 강조). 비록 그런 언어들이 몇몇 현대적 복
음주의자들의 "안일한 믿음주의"(easy-believism)와 모순 되지만, 그
것은 1세기 노예제도의 패러다임과 완벽하게 일치한다.

명확하게, 구원은 믿음으로만 얻는 것이다. 그러나 구원 얻는 믿
음은 결코 혼자서만 존재하지 않는다. 그것은 필연적으로 "회개에
합당한 열매"(마 3:8)를 맺는다. 그리고 그 사실은 변화된 마음으로
증명된다. 그리스도를 안다고 주장하면서도 여전히 회개하지 않는
죄악의 삶을 살아가는 사람은, 자신의 믿음의 고백을 배신하는 것
이다(요일 1:6). 마찬가지로, 그리스도께 속했다고 주장하면서도 여
전히 죄악에 완전히 노예가 되어 있는 자는 자신의 영적 상태를 속
이는 것이다. 참된 그리스도의 노예들은 죄악으로부터 해방되었
고, 의를 행할 자유를 얻었다. 그들의 삶은 그 실재를 증언해 준다.
은혜로 구원 얻은 그들은 "그리스도 예수 안에서 선한 일을 위하
여 지으심을 받은 자"(엡 2:10)이다. 이제 그들은 주님을 향한 사랑
과 기쁨으로 가득 찬 순종의 삶을 살고 있다. 찰스 스펄전이 다음
과 같이 설명한 것처럼 말이다.

모든 참된 그리스도인은 "예수 우리 주"라는 표현을 거리낌 없이
강조하며 고백합니다. 우리는 그리스도 예수께서 모든 면에서 우
리의 주님이 되시기를 그리고 우리 존재의 모든 영역에서 주님이

되시기를 원합니다. …예수님을 진실로 사랑하는 자, 그리고 자신이 예수님께 구원받은 자들 가운데 한 사람이라는 사실을 아는 자는 전심으로, 예수는 주시요 절대적인 주권자라고 고백합니다. 그리고 만약 군주라는 단어가 그리스도께서 무제한의 왕국을 소유하시고, 우리 영혼에 최고의 영향력을 행사하신다는 의미로 사용된다면, 예수님이 자신의 군주라고 고백합니다. 그렇습니다. '예수 우리 주' 당신은 우리 마음과 우리 인간의 모든 영역에서 독점적으로 최고의 권력을 갖는 주인이 되셔야만 합니다![14]

그래서 우리는 이 책을 시작했던 곳, 그러니까 그리스도인이 된다는 것이 무엇을 의미하는지 질문하는 것으로 끝내려 한다. 우리가 출애굽 이후에 이스라엘의 국가적 정체성을 연구하든지, 사도적 저자들의 자기 정체성을 연구하든지, 초기 기독교 순교자들이 사용한 명칭을 연구하든지 간에 우리는 현시대의 정신과는 거리가 먼, 급진적이고 심오한 개념에 지속적으로 맞닥뜨리게 된다. 그러나 여전히 우리가 그리스도를 따른다는 것이 무엇을 의미하는지 온전하게 인식한다면, 우리는 삶을 변화시키는 이 중요한 개념을 맞아들여야만 한다.

그리스도인이 된다는 것은, 그리스도의 노예가 되는 것이다.

# Slave

# 교회 역사의
# 외침

## The Shepherd of Hermas(헤르마스의 목자, 대략 130년)

'헤르마스의 목자'는 신약성경을 제외하고 가장 오래된 기독교 문서들 중의 하나이다. 이 문서는 아래에 발췌된 본문들과 같이 많은 경우, 신자를 "하나님의 노예들"로 언급한다.[1] 다른 고대 기독교 문서들도 그리스도인의 삶에 대해 동일한 이해를 드러낸다. 예를 들어, 로마의 클레멘트가 쓴 the First Epistle of Clement of Rome(첫 번째 서신서, 대략 주후 95년에 기록됨)은 20여 곳의 본문에서 하나님을 "주인"으로 언급한다.[2] 마찬가지로, 이그나티우스(대략 50-110년)는 빌라델비아교회(the Philadelphians)에 보낸 편지에서 "나의 동료 노예들, 곧 장로회와 함께한 감독과 집사들"[3]에 대해서 기록했다.

헤르마스는 자신이 받은 환상을 설명하면서 이렇게 기록했다.

나는 이렇게 대답했다. "주님, 어떤 종류의 악행을 버려야만 합니까?" 주님께서 대답하셨다. "들어라. 간음과 성적인 부도덕으로부터, 불법적인 술 취함으로부터, 사악한 사치로부터, 풍성한 음식과 터무니없는 부요함과 오만함과 자만심으로부터, 거짓과 비방과 위선으로부터, 악의를 품는 것과 신성모독을 내뱉는 것으로부터 떠나라. 이런 모든 것들이 인간 삶의 가장 사악한 행동들이다. 그러므로 하나님의 노예는 그런 짓을 그만두어야만 한다. 이런 행동을 그만두지 않는 사람은 하나님을 향해 살 수 없다. 또한, 이것들을 뒤따르는 것들에 대해 들어라." 나는 이렇게 되물었다. "주님, 이것들 말고도 다른 사악한 행동들이 있습니까?" 주님께서 대답하셨다. "그럼, 있고말고. 하나님의 노예가 그만두어야만 하는 일들이 많이 있지. 도둑질, 거짓말, 사기, 거짓 증거, 탐욕, 사악한 욕망, 속임수, 허영심, 오만함 그리고 이런 것들과 유사한 모든 것들이다. 이런 것들이 너에게 사악해 보이지 않니?" 나는 이렇게 대답했다. "예, 사악해 보여요. 하나님의 노예들에게 아주 사악해 보여요." "그래서 하나님께 노예 된 자들은 이런 짓을 그만두는 것이 필요하단다."[4]

## 폴리갑(Polycarp, 대략 69–155년)

빌립보교회에 보낸 편지에서 폴리갑은 이렇게 기록했다.

> 여러분은 여러분이 은혜로운 선물로 구원을 얻었다는 사실을 알기 때문에, 다시 말해 자신의 공로가 아니라 예수 그리스도를 통해 하나님의 뜻으로 구원을 얻었다는 사실을 알기 때문에, 무익한 이론과 많은 사람을 속이는 오신(誤信)을 버리고, 우리 주 예수 그리스도를 죽은 자 가운데서 일으키시고 그에게 하나님 우편의 보좌와 영광을 주신 하나님을 믿음으로, 느슨해진 옷매무새를 단정히 하고, 경건한 두려움과 진리 안에서 하나님의 노예로 섬기라. 하늘과 땅에 있는 모든 것은 그분의 지배를 받는다. 호흡이 있는 모든 것은 그분을 섬기게 될 것이다. 그분은 산 자와 죽은 자의 심판자로 오실 것이다. 하나님은 주님께 불순종한 자들에게 주님의 보혈에 대한 책임을 물으실 것이다.[5]

## 2세기의 순교자들

리용(Lyons)과 비엔네(Vienne)에 있는 교회들이 아시아에 있는 교회들에게 보낸 편지에서 갈리아 지방의 비엔네와 리옹에 거주하는 그리스도의 노예들은 아시아와 프리지아(Phrygia)에 있는 우리와 동일한 믿음과 구원의 소망을 가진 형제들에게 우리 아버지 하나님과 우리 주 예수 그리스도로부터 평강과 은혜와 영광이 임하기를 구하노라. 우리가 당한 이 고난이 심히 중함이여, 성도를 향한 이방인들의 성난 분노여, 복된 순교자들이 당한 일들이여, 우리는 그것을 말로 정확히 표현할 수 없고, 글로 이해시킬 수 없도다.[6]

## 암브로시애스터(Ambrosiaster, 대략 366–384년)

사도 바울은 믿음의 법을 통해 모세의 율법에 대해 죽었기 때문에 이렇게 말한다. 모세의 율법으로부터 자유로운 사람은 그리스도께서 피로 값 주고 사셔서 하나님의 노예가 됨으로써 율법에 대해 "죽고" 하나님께 대하여 살아난다.[7]

## 요한 크리소스토모스(John Chrysostom, 대략 347–407년)

그리스도와 관련된, [노예들과 주인들]은 모두 동등하다. 당신이 그리스도의 노예인 것과 마찬가지로, 당신의 주인도 그러하다. … 노예가 자유민이 되는 것이 가능하고, 자유민인 사람이 노예가 되는 것이 가능하다. "어떻게 한 사람이 노예가 될 수도, 노예가 되지 않을 수도 있는가?" 그 사람이 모든 일을 하나님을 위해 행하게 될 때, 그가 아무것도 가장하거나 꾸며 대지 않을 때, 인간을 의식하여 표리부동한 근무 태도를 보이지 않을 때, 바로 그때 누군가의 노예인 자는 자유로울 수 있다. 마찬가지로, 어떻게 자유민이 [죄의] 노예가 될 수 있는가? 그가 폭음폭식이나 부에 대한 욕망을 위해서, 혹은 자신의 지위를 위해 어떤 악한 일에 개입하게 될 때, 그 사람은 비록 자유민이지만 이 세상의 어떤 사람보다도 더 속박되어 있는 자이다. …

기독교 신앙도 그런 것이다. 기독교 신앙은 노예 상태에 자유를 수여한다. …[결국] 진짜 노예 신분은 죄의 노예이다. 그리고 만약 당신이 이러한 노예가 아니라면, 담대하고 기뻐하라. 당신은 이미 속박당할 수 없는 신분이기 때문에 그 어떤 사람도 당신을 잘못되게 할 수 없다. 그러나 만약 당신이 죄악의 노예라면, 당신이 수만 번 자유로운 존재라 할지라도 전혀 그 자유에서 얻을 수 있는 유익이 없다.[8]

먼저는 죄악으로부터 자유로워지고, 그다음에 그 어떤 자유보다 더 좋은, 의의 노예가 된다. 마치 한 사람이 야만인들에게 잡힌 고아를 구출해 내어 포로 상태에서 풀어 줄 뿐만 아니라 아버지 같은 존재에게 그를 맡겨 아주 위대하고 존귀하게 양육하는 것처럼, 하나님께서는 그렇게 행하셨기 때문이다. 바로 그런 일이 우리에게 일어났다. 하나님께서는 우리를 우리의 옛 죄악에서부터 자유롭게 하셨을 뿐만 아니라, 우리를 천사들의 삶으로 이끌어 들이셨다. 하나님은 우리를 의의 보호 아래에 넘기시고, 우리 과거의 죄악을 죽이시며, 우리 안에 있는 옛 사람을 죽이시고, 우리에게 영원한 생명을 허락하심으로써 최선의 삶을 즐기도록 길을 여셨다.[9]

## 아우구스티누스(Augustine, 354-430년)

아우구스티누스에 대해서 기록한 제럴드 보너(Gerald Bonner)는 "『고백록』에 기록된 것처럼 그는 자신의 개인적인 경험을 통해 다음과 같은 사실을 이해했다. 결국 인간의 자유는 상대적일 수밖에 없고, 하나님의 노예가 되는 것만이 죄악으로부터 벗어날 수 있는 유일한 길이라는 점이다"[10]고 지적했다. 다음에 인용하는 부분이 그 개념에 대해 아우구스티누스가 강조한 부분이다.

> 당신의 주님께서는 당신을 자신의 신실한 노예로 소유할 자격이 없으신가?[11]

> 만약 그렇다면 그분이 아버지 하나님과 함께 있는 자요, 아버지 하나님과 동등한 분이시요, 하나님으로부터 나온 하나님, 하나님과 함께한 하나님, 영원히 공존하시는, 영원히 죽지 않으시는, 동일하

게 변하지 않으시는, 동일하게 초시간적이신, 동일하게 창조주 되시는, 역사의 주관자이신 분이시라면, 그분이 역사 속으로 종[노예]의 형체를 가지고 오셔서 사람들과 같이 되셨다면(빌 2:7), 그렇다면, 그분은 자기 자신의 영광이 아니라 하나님 아버지의 영광을 구하시는 것이다. 오 인간이여, 선한 일을 행할 때마다 자기 자신의 영광을 추구하고, 악한 일을 행할 때는 하나님께 책임을 돌릴 길을 찾으려는 당신이 무엇을 행해야만 하겠는가?

당신 자신을 살펴보라. 당신은 피조물이다. 창조주를 기억하라. 당신은 노예이다. 주인을 멸시하지 말라. 당신은 입양되었다. 그러나 당신의 유익을 위해 입양된 것이 아니다. 당신에게 이 은혜를 허락하신 분의 영광을 구하라. 오 입양된 자녀여, 하나님의 유일한 독생자 예수님께서 추구하셨던 하나님의 영광을 추구하라.[12]

## 찰스 하지(Charles Hodge, 1797-1878년)

모든 그리스도인들은 …값을 주고 산 존재들이다. 다시 말해 그리스도의 가장 소중한 보혈의 값으로 산 존재들이다(벧전 1:18-19). 여러분은 그분께 속해 있다. 여러분은 그분의 노예들이다. 따라서 그분의 뜻을 따라 행해야만 하고, 인간의 노예가 되어서는 안 된다. 한 주인의 노예는 또 다른 주인의 노예가 될 수 없다. 그리스도로 말미암아 구속함을 입은 자는 자신이 그분께 속해 있다고 느낀다. 그분의 뜻이 자신의 행동에 최상의 기준이 된다고 느끼는 자, 사람이 아니라 주님을 섬기듯 행하며 사람을 기쁘게 하는 것이 아니라 자신의 모든 의무를 다 하는 자(엡 6:6-7)는 외적인 신분이 어떠하든지 간에 내적으로는 자유로운 사람이다. …그들[고린도교회 신자들]은 모두 그리스도께 속해 있었다. 그들의 충성은 그리스도를 향한 것이었다. 따라서 그들은 노예이든 자유민이든 간에 사람이 아니라 그분께 순종해야만 했다.[13)]

## 찰스 스펄전(Charles Spurgeon, 1834-1892)

뒤로 물러서지 말고, 선택하려 하지 말고, 그분의 명령에 순종하십시오. 그분이 무엇을 명하시는지 안다면, 주저하거나, 질문하거나, 피하려 하지 말고, "그대로 행하십시오." 즉시로, 온 맘 다해, 즐겁게, 온전히 행하십시오. 우리 주님께서 자신의 핏값을 주고 우리를 사셨기 때문에 우리가 그분의 종이 되는 일은 그에 비견할 수 없이 하찮은 일입니다. 사도들은 자주 자신들을 그리스도의 노예라고 칭합니다. 흠정역 성경이 '종'으로 부드럽게 번역한 단어는 실제로 '노예'입니다. 초대 교회 성도들은 기꺼이 자신을 그리스도께서 값을 주고 산, 그리스도께 속한, 온전히 그분의 재량에 맡겨진, 그리스도의 완전한 소유물로 간주하였습니다. 심지어 바울은 주인의 낙인이 자신에게 찍혀 있는 것을 즐거워하며 이렇게 외쳤습니다. "누구든지 나를 괴롭게 하지 말라 내가 내 몸에 예수의 흔적을 지니고 있노라." 그것이 모든 논쟁에 종지부를 찍었습니다. 바울은 주님의 것이었습니다. 채찍과 매질과 돌팔매질의 흔적들이, 바울의 몸이 예수 그리스도의 소유물이라는 것을 증명해 주는 하나님의 증표였습니다. 만약 과거의 성도들이 그리스도께 순종한 것을 자랑으로 여겼다면, 나는 당신과 내가 그리고 우리가 속해 있는 분파와 우리가 속해 있는 나라를 잊고, 우리 삶의 최우선 목적이 인간 지도자를 따르거나 종교적인 분파나 정치적인 정당을 일으키는 것이 아니라 우리 주님께 순종하는 것이라는 사실을 느끼도록 기도합니다. 이것이 우리가 행하려는 한 가지이며, 솔로몬이 "네 눈은 바로 보며 네 눈꺼풀은 네 앞을 곧게 살펴"라고 말하며 제시한 조언을 따르는 것입니다. 사랑하는 여러분, 더 큰 문제에 대해서뿐만 아니라 사소한 일에서도 순종하기를 힘씁시다. 왜냐하면 참된 순종은 세심한 곳에서 가장 잘 드러나기 때문입니다.[14]

우리는 그렇게 하는 것이 그분을 존경하는 것이라 느끼며, 우리 주님을 겸손히, 경건하게 기다리는 자들입니다. 우리는 스스로 굴복하여, 주님께 속한 자유민들입니다. 그리고 이제 이 위대한 제왕의 가장 참된 노예가 된 자들입니다. 우리에게 거룩한 노예의 신분을 소유한 때만큼 자유로운 시기는 없습니다. …때때로 바울은 자신을 그리스도의 종으로, 심지어는 그리스도의 노예로 칭합니다. 그리고 자기 몸에 예수 그리스도의 흔적을 가지고 있는 것을 자랑합니다. 그는 이렇게 말합니다. "누구든지 나를 괴롭게 하지 말라 내가 내 몸에 예수의 흔적을 지니고 있노라" 우리는 그리스도의 구속을 받아들이는 것을 자유로 간주합니다. 우리는 시편 기자와 함께 "나는 진실로 주의 종이요 주의 종이라 주께서 나의 결박을 푸셨나이다", "밧줄로 절기 제물을 제단 뿔에 맬지어다"라고 노래하면서 이것을 최상의 자유로 간주합니다. 그것이 바로 노예 상태인 우리가 주인의 요구에 반응하는 행동입니다.[15]

모든 참된 그리스도인은 '예수 우리 주'라는 표현을 거리낌 없이 강조하며 고백합니다. 우리는 그리스도 예수께서 모든 면에서 우리의 주님이 되시기를 그리고 우리 존재의 모든 영역에서 주님이 되시기를 원합니다. …예수님을 진실로 사랑하는 자, 그리고 자신이 예수님께 구원받은 자들 가운데 한 사람이라는 사실을 아는 자는 전심으로 예수는 주시요, 절대적인 주권자라고 고백합니다. 그리고 만약 군주라는 단어가 그리스도께서 무제한의 왕국을 소유하시고, 우리의 영혼에 최고의 영향력을 행사하신다는 의미로 사용된다면, 예수님이 자신의 군주라고 고백합니다. 그렇습니다. '예수 우리 주' 당신은 우리 마음과 우리 인간의 모든 영역에서 독점적으로 최고의 권력을 갖는 주인이 되셔야만 합니다![16]

## 알렉산더 맥클라렌(Alexander Maclaren, 1826-1910년)

따라서, 인간의 참된 위치는 하나님의 노예가 되는 것입니다. 노예제도라는 사악한 제도의 거칠고 혐오스러운 특징들은, 하나님과 내가 맺고 있는 관계를 지칭하는 용어가 될 때, 모든 것이 연합해 다른 특징을 띠게 됩니다. …노예의 입장에서는 전적 복종, 무조건적 순종, 그리고 주인의 입장에서는 완전한 소유권, 생사여탈권, 모든 소유물과 노예들을 처분할 권리, 남편과 아내, 부모와 자식을 떨어뜨려 놓을 권리, 이유 없이 명령할 권리, 자신의 명령을 신속하고 우물쭈물하지 않고, 꼼꼼하고, 완벽하게 수행하도록 기대할 권리 등이 하나님과 우리들의 관계에 포함되어 있습니다. 자신이 해야 할 일을 아는 사람, 그 일을 최고의 영광과 가장 복된 삶의 보증으로 받아들인 사람은 복이 있습니다. 왜냐하면 형제 여러분, 하나님께 절대적이고 무조건적으로 복종하는 것과, 나 자신의 뜻을 하나님의 뜻 안에 통합하는 것은 인간을 영광스럽게 하고, 위대하고 행복하게 하는 비밀이기 때문입니다.

그럼에도 불구하고, 신약성경에서 이런 노예와 주인의 명칭은 그리스도인과 예수 그리스도에게 적용됩니다. '종으로 오신 그리스도'는 자기 노예를 소유하고 있습니다. 그리고 하나님의 종이요, 자신의 뜻이 아니라 아버지의 뜻을 따라 행하는 주님은 우리를 자신의 종으로 소유하십니다. 즉, 주님은 자신의 뜻을 우리에게 주입하십니다. 우리도 주님이 아버지께 전적으로 순종했던 것처럼 우리 또한 그렇게 주님께 갚아드려야 합니다.

그런 노예 신분은 유일하게 자유를 누릴 수 있다. 자유는 자신이 원하는 대로 행하는 것이 아니다. 자유는 '해야만 하는 것'을 좋아하고 그것을 행하는 것을 의미한다. 그리스도 안에서 하나님께 복종하는 사람만이 자유롭다. 그는 그러한 복종을 통해 자기 자신과 세상과 모든 적대관계를 극복하며 자신의 사명을 이룰 수 있다. … 당신은 순종이 속박이라고 말할지도 모른다. 그러나 '지나친 자유의 무게'는 훨씬 더 무거운 속박이다. 다음과 같이 말하는 자들은 노예이다. "그분의 속박을 깨뜨려 버리자. 그리고 그분의 밧줄을 내던져 버리자." 그러나 이렇게 말하는 자들은 자유로운 자들이다. "주님, 당신의 복된 쇠사슬로 내 손을 묶으소서. 당신의 뜻이 내 뜻을 제어하게 하소서. 내 심령을 당신의 사랑으로 채우소서. 그럴 때 내 의지와 손이 자유롭고 기쁘게 움직일 것입니다." "아들이 너희를 자유롭게 하면 너희가 참으로 자유로우리라."

　그런 노예 신분은 유일한 귀족 계급이다. 사악한 옛 제국에서 고관과 장관들은 오늘날 그들의 현대 생존자들의 일부분처럼 대부분 노예 계급에서부터 선발되었다. 하나님의 왕국에서도 마찬가지다. 자신을 스스로 하나님의 노예로 여기는 자들을 하나님께서는 왕과 제사장으로 삼으시고, 이 땅에서 하나님과 함께 다스리게 하신다. 따라서 우리가 노예라면, 예수 그리스도를 통하여 하나님의 아들이요 상속자가 된다. …

종이며 동시에 아들이신 예수님이 우리를 노예이면서 아들인 존재로 삼으신다. 예수 그리스도께 나를 그분처럼 만드실 능력이 없다면, 그분이 하나님의 법을 완벽하게 성취하셨다는 사실은 나에게 중요하지 않다. 하나님께만 가치 있는 일일 것이다. 그러나 그분은 나를 그분처럼 만드실 능력이 있으신 분이다. 그리고 당신이 그분을 신뢰하면, 그리고 당신의 마음을 그분께 내어드리고, 그분이 당신을 다스리도록 간구하면, 그분은 당신을 다스려 주실 것이다. 만약 당신이 실제로는 노예 상태인 당신의 거짓 자유를 포기하고, 순종이라는 건전한 자유를 선택하면, 그분은 당신을 이끌어 들여 자신을 기쁘게 섬길 수 있는 복을 베풀어 주실 것이다. 그리고 우리도 "나의 양식은 나를 보내신 이의 뜻을 행하는 것이다"라고 말할 수·있게 될 것이다. 우리는 진심으로 모든 기쁨의 열쇠를 가지게 되었다고 말할 것이다.[17]

## 렌스키(R. C. H. Lenski, 1864-1936년)

[우리는] 죄악의 지배로부터 자유를 얻어 행복하고 복된 하나님의 노예가 된 이후에 우리 자신과 우리 구성원들을 하나님께 둘로이[δουλοι, '노예들']로 드리게 된다. 우리는 루터의 고백처럼 "그분의 왕국에서 그분 아래에 살고 그분을 섬기는" 삶을 사는 자들이다. [로마서 14장 18절의] 분사는 "노예가 되어 노예로 일하는

것"을 의미한다. 그 분사의 의미는 우리가 할 수 있는 한 그리스도를 힘써 섬기는 것을 의미하는 '디아코네인'[διακονειν, '섬기다']과는 다르다. 그 의미는 우리의 의지와 상관 없이 우리의 퀴리오스(Κύριος), 우리의 주인과 주인이신 그리스도의 의지에 따라 행하는 것을 의미한다. … 그리스도의 노예로서 자신이 행하는 모든 일에서 자신의 의지를 주님께 복종시키는 자는 '하나님이 만족스러워하는 자'이다. 그리고 그분의 심판대 앞에 서게 되는 것을 결코 두려워할 필요가 없는 자이다.[18]

## 켐벨 화이트(J. Campbell White, 1870-1962년)

켐벨 화이트는 1906년에 '해외선교를 위한 학생 자원자 운동'(the Student Volunteer Movement for Foreign Missions)의 국제 컨퍼런스에서 다음과 같이 청중들에게 도전했다.

예수 그리스도께서 우리 삶의 유일하고 정당한 소유주요 주님이시라는 것은 진리입니까? 거짓입니까? 마르틴 루터가 이렇게 말했을 때, 그는 그것이 진리였다고 생각했습니다. "만약 누군가가 제 가슴의 문을 두드리며 '여기 누가 살고 있습니까?'라고 묻는다면, 저는 '마르틴 루터'라고 대답하지 않고 '주 예수 그리스도'라고 대답할 것입니다." 바울은 자기 삶의 가장 위대한 실체에 대해서 다음과 같이 표현했습니다. "내가 그리스도와 함께 십자가에 못 박혔나니 그런즉 이제는 내가 사는 것이 아니요 오직 내 안에 그리스도께서 사시는 것이라", "내게 사는 것이 그리스도니" 바울은 자신을 그리스도의 노예로 간주할 뿐만 아니라 그것이 모든 그리스도의 제자가 정상적이고 당연하게 받아들여야 할 태도로 간주했습니다. "너희는 너희 자신의 것이 아니라 값으로 산 것이 되었으니 그런즉 너희 몸으로 하나님께 영광을 돌리라", "너희는 그리스도의 것이요 그리스도는 하나님의 것이니라", "하나님이 자기 피로 사신 교회를 보살피게 하셨느니라", "그러므로 형제들아 내가 하나님의 모든 자비하심으로 너희를 권하노니 너희 몸을 하나님이 기뻐하시는 거룩한 산 제물로 드리라 이는 너희가 드릴 영적 예배니라." 그리고 우리 주님 자신도 이것을 그리스도를 따르는 모든 자들이 취해야 할 유일하게 옳은 태도라고 간주하셨습니다. "너희가 나를 선생이라 또는 주라 하니 너희 말이 옳도다 내가 그러하다."

예수 그리스도의 주 되심과 소유권은 우리의 삶뿐만 아니라 우리의 모든 소유물와 권력에도 그대로 적용됩니다. …예수 그리스도께서 자신을 우리 삶의 소유주요 주인으로 간주하셨다는 사실에는 아무런 반론도 있을 수 없습니다. 우리에게 있어서 실제적인 질문은 우리가 그분의 주인 되심과 주 되심을 인정했느냐 그리고 우리는 그분을 위해 그러한 태도로 살아가고 있느냐 하는 것입니다.

…저는 오늘밤 여러분에게 질문하는 것과 동일하게 저 스스로에게 질문합니다. 잃어버린 인류의 유익을 위해 그리스도 예수께 영

원히 자원하여 노예가 됨으로써, 그분께 "만약 하나님께서 제가 이 세상의 구원을 위해서 할 수 있는 것이지만 아직도 시도해 보지 않은 어떤 것을 제게 보여 주시면, 저는 하나님의 은혜로 그 일을 즉시 떠맡을 것입니다. 왜냐하면 저는 전 세계에 하나님의 영광을 선포하기 위해, 하나님이 저에게 기대하시는 일을 가장 훌륭하게 완수할 때까지는 심판대 앞에 설 수도, 감히 서지도 못하기 때문입니다"[19]라고 말씀드림으로써, 우리의 삶을 통해 우리가 이룰 수 있는 아주 거룩한 일이 또 있는지를 질문합니다.

## 짐 엘리어트(Jim Elliot, 1927–1956년)

짐 엘리어트는 에콰도르의 와오다니(Waodani) 인디언에 의해 순교당한 다섯 명의 미국인 선교사 가운데 한 명이었다. 그는 "영원한 것을 얻기 위하여 영원하지 못한 것을 버리는 자는 결코 바보가 아니다"[20]라는 고백으로 유명하다. 그는 또 다른 일기에서 유다서의 처음 몇 구절을 주석하면서 이렇게 기록했다.

유다가 편지를 써서 보낸 공동체에 속한 사람들은 유일한 주인이요 주님이신 예수 그리스도를 부인함으로써 하나님의 은혜를 흐트러진 삶으로 바꾸어 버렸다. 이것은 내가 살아가는 시대를 위해 기록되었다. 왜냐하면 오늘날 "우리는 법 아래 있지 않고 은혜 아래 있다"라는 말씀을 설교하면서 이 말씀이 어떤 도덕적 기준에서 벗어나 제한 없는 삶을 사는 자유를 의미한다고 주장하는 사람들의 이야기를 듣기 때문이다. 은혜는 $\dot{\alpha}\sigma\acute{\epsilon}\lambda\gamma\epsilon\iota\alpha$ ['방탕함']으로 바뀌어 버렸다! 이것과 더불어, 그리스도가 신자의 구원자라는 사실은 당연하게 가르치면서, 그리스도가 신자의 주님이라는 사실은 '선택적'으로 가르치는 것은 20세기의 이단이다. 유일한 주인이요 주님이신 것을 부인하는 것은 예수 그리스도 안에 있는 진리의 일부분만을 선포하면서 그분의 인격 절반만을 설교하는 것이다. [복음은] 구원자이실 뿐만 아니라 명령하시는 주님이신 그분에 대한 온전한 이해를 바탕으로 선포되어야만 한다. …주님의 주 되심을 부인하는 것은 그 이유가 어떠하든 하나님의 요구를 희석시키는 불순종이다. 왜냐하면 그것은 하나님을 하나님으로 인정하지 않는 것이기 때문이다.[21]

# Slave

# Slave

1장

1) 마르쿠스 아우렐리우스는 주후 161-180년까지 통치했다. 지금 여기서 설명하고 있는 강력한 핍박은 아마도 177년 경에 일어났던 것 같다.

2) Eusebius, *Church History*, 5.1.20, Philip Schaff, *Nicene and Post-Nicene Fathers*(니케아 시대와 이후의 기독교), 2nd ser.(Grand Rapids: Eerdmans, 1971), I:214에서 인용됨(이후로는 NPNF로 표기함).

3) 위의 책.

4) J. Spencer Northcote, *Epitaphs of the Catacombs or Christian Inscriptions in Rome during the First Four Centuries*(London: Longman, Green & Co., 1878; repr., Whitefish, MT: Kessinger Publishing, 2007), 139.

5) 이것은 사도 요한의 제자였으며, 안디옥교회의 목사였던 이그나티우스(Ignatius)의 태도였다. 로마에서 사형선고를 받았을 때(대략 주후 110년경), 이그나티우스는 이렇게 기록했다. "나는 단순히 그리스도인이라고 불리기를 원한 것이 아니라 실제로 그리스도인이 되기를 원했다. 그렇다. 내가 [끝까지 신실하여] 그리스도인인 것이 증명된다면, 나는 그 이름으로 불릴 수 있다. …불이여, 십자가여, 야수와의 싸움이여, 뼈를 뒤트는 고통이여, 수족을 잘라 내고 온 몸을 짓이기는 형벌이여, 마귀의 잔혹한 고문이여 오라! 다만 예수 그리스도를 얻게 하라!"(Ignatius, *Epistle to the Romans*, 3, 5, 6, Cyril C. Richardson, *Early Church Fathers*[Louisville, KY: Westminster

John Knox Press, 1953], 104-105에서 인용됨).

6) 바울 사도가 고린도전서 1장 23절에서 말한 것처럼, 십자가에 못 박히신 그리스도라는 이미지는 "유대인에게는 거리끼는 것이요 이방인에게는 미련한 것"이다. 예수 그리스도를 따르던 자들(그리스도인이라고 불리던 자들)은 믿지 않는 유대인들에게 이단자들이라고 공공연히 비난받았고, 믿지 않는 이방인들에게는 미련한 바보들이라고 비웃음을 당했다.

7) 노예라는 히브리 단어 'ebed는 문자 그대로, 인간 주인의 노예가 된 상태를 의미할 수 있다. 그러나 그 단어는 하늘의 주인에게 순종할 의무와 특권을 가지고 있는 신자들을 은유적으로 묘사할 때 사용될 수도 있다(250회 이상 사용됨). 신약성경에 사용된 헬라어 단어 doulos도 마찬가지다. 그 단어 역시 육체적인 노예 상태를 언급할 수도 있다. 그러나 역시 하늘의 주인과의 관계를 의미하며 신자들에게 적용될 수 있다. 이 단어는 신약에서 적어도 40회 이상 사용되었다(Murray J. Harris, *Slave of Christ*[Downers Grove, IL: InterVarsity Press, 1999], 20-24 참조). 신약의 본문들은 이에 더해 doulos라는 단어를 그리스도인의 삶에 대한 진리를 가르치기 위해 30회 이상 사용한다.

8) 예를 들어, 롬 1:1; 고전 7:22; 갈 1:10; 엡 6:6; 빌 1:1; 골 4:12; 딛 1:1; 약 1:1; 벧전 2:16; 벧후 1:1; 유 1; 계 1:1을 보라.

9) *International Standard Bible Encyclopedia*(이후로, *ISBE*로 표기됨)에 따르면, 어떤 주석가들은 '그리스도인'이라는 용어가 문자적으로 '그리스도의 노예'를 의미한다고 주장했다. 예를 들어, "데이스만(Lict vom Osten, 286)은 Caesarian이 가이사의 노예라는 의미인 것처럼 그리스도인(Christian)은 그리스도의 노예를 의미한다고 주장한다"(John Dickie, "Christian", James Orr, ed., *ISBE*[Chicago: Howard-Severance Company, 1915], I:622).

10) Stringfellow Barr, *The Mask of Jove*(Philadelphia: Lippincott, 1966), 483.

11) Northcote, *Epitaphs of the Catacombs*, 140.

12) 칼 하인리히 렝스토르프(Karl Heinrich Rengstorf)는 게하르드 키텔(Gerhard Kittel)이 편집하고 제프리 브로마일리(Geoffrey Bromiley)가 번역한, *Theological Dictionary of the New Testament* vol. 2의 "δοῦλος",라는 항목에서 이렇게 주장한다. "초대 교회의 그리스도인들이 [하나님의 노예 혹은 그리스도의 노예]라는 관용 표현을 자신을 지칭하는 칭호로 점점 더 많이 사용함에 따라 이 표현의 수명이 연장되었다"(2 Clem. 20, 1; Herm. m. 5, 2, 1; 6, 2, 4; 8, 10, 등을 참조하라)(Grand Rapids: Eerdmans, 1964, 274).

13) 2세기에 리용(Lyons)과 비엔네(Vienne)에 있던 교회들이 아시아와 브루기아(프리 지아, Phrygia)에 보낸 편지에 보면, 무명의 저자들은 자신들을 가리켜 '그리스도의 노예들'이라고 명명하며 글을 시작한다(Eusebius, *Ecclesiastical History*, 5.1-4). 그 들은 그들 중 많은 사람들이 당한 순교를 포함하여 그들이 견뎌 낸 광범위한 핍박을 묘사하며 글을 이어간다.

14) 자넷 마틴 소스키스(Janet Martin Soskice)가 설명하는 것처럼, "바울서신과 초대 교회에서 그리스도인을 가리키는 용어로서 일정 부분 인기가 있었던 '그리스도의 노 예' 혹은 '하나님의 노예'라는 표현은, 성경적 근거가 있음에도 불구하고 노예제도나 그 단어가 의미하는 비유적 표현을 거의 이해하지 못하거나 거의 공감하지 않는 현 시대의 그리스도인들은 요즘 그 용어를 거의 사용하지 않는다"(*The Kindness of God: Metaphor, Gender, and Religious Language*[New York: Oxford University Press, 2007], 68).

15) 예를 들어, 렝스토르프는 "신약에서 그리스도인들이 예수님께 예수님의 δοῦλοι[노 예]로 속해 있고, 그 결과 부활하시고 높임 받으신 주님인 예수님께 그들의 삶을 드 렸다는 개념"이 두드러지고 있다는 사실을 지적한다(*Theological Dictionary of the New Testament*, "δοῦλος" 항목. 2:274).

16) 그보다 앞선 존 위클리프(John Wycliffe)와 위리엄 틴데일(William Tyndale)도 헬 라어 단어 둘로스를 영어 단어 '종'(servant)으로 번역했다.

17) 해리스에 따르면, "이 단어[doulos]는 신약성경에서 124회 등장한다. 그리고 복합형 인 syndoulos('동료-노예')는 10회 등장한다"(*Slave of Christ*, 183). 동사형도 8회 더 등장한다.

18) 두 가지 예외는 E. J. Goodspeed, *The New Testament: An American Translation*(1923) 과 the Holman Christian Standard Version(2004)이다. 두 버전 모두 일관성 있게 둘 로스를 '노예'로 번역한다.

19) 참조. Harris, *Slave of Christ*, 183.

20) Rengstorf, *Theological Dictionary of the New Testament*, "δοῦλος" 항목. 2:261.

21) 월터 울즈버거(Walter S. Wurzburger)는 다음과 같이 설명한다. "하나님의 노예가 되는 것은 …단순히 그분의 종이 되는 것 이상을 내포한다. 종들은 독립적인 신분을 유지한다. 그들에게는 특별한 의무와 제한된 책무가 주어진다. 반면, 노예들은 자신 들의 주인과 관련해서 아무런 권리가 없다. 왜냐하면 그들은 주인의 소유물로 간주 되기 때문이다"(*God Is Proof Enough*[New York: Devora Publishing, 2000], 37).

22) 로마의 노예제도와 관련하여 특별히 이본 테버트(Yvon Thébert)는 이렇게 지적한

다. 노예는 "자신의 기능과 동등하게 취급되었다. 가난한 사람들에게 소가 힘찬 소유물이었듯이, 노예도 주인에게 같은 역할을 감당해 주었다. 이 개념은 로마법에서도 동일하게 적용된다. 로마법에서 노예들은 자주 다른 세습 재산들과 함께 동급으로 취급되어, 토지 한 필지를 양도하거나 유산 목록에 올라 있는 기구들과 동물들을 양도할 때 적용되는 법을 근거로 팔렸다. 무엇보다도 노예는 일종의 동산으로 간주되었다. 임금 노동자와는 달리, 노예는 자신과 자신의 노동 사이에 구분이 없었다" (Andrea Giardina ed., *The Romans*[Chicago: University of Chicago, 1993], 139에 수록된 "The Slave", 138-174).

23) John J. Pilch, Donald E. Gowan ed., *Westminster Theological Worldbook of the Bible*(Louisville, KY: Westminster John Knox Press, 2003), 472에 수록된 "Slave, Slavery, Bond, Bondage, Oppression"라는 제하에서 이렇게 주장한다. "헬라어 명사 둘로스는 '통제, 규칙'이라는 의미론적 영역의 하위 개념으로 어떤 것이나 어떤 사람에 의해 완전히 통제 받는 사람을 묘사한다."

24) 위의 책, 474. 저자는 다음과 같이 지적한다. "고대 세계에서의 노예제도는 18세기와 19세기에 신대륙에서 존재하고 유지된 노예제도와는 실제적으로 아무런 공통점을 갖고 있지 않다. 그런 이해를 성경에 주입한다면, 성경 해석을 왜곡할 수 있다."

25) 참조. Harris, *Slave of Christ*, 184.

26) 초기 영어 성경 번역자들이 둘로스를 '노예'로 번역하기를 꺼려한 태도에 대한 흥미로운 시각에 대해서는 Edwin Yamauchi, "Slaves of God", *Bulletin of the Evangelical Theological Society* 9/1(1966년 겨울호); 31-49를 보라. 야마우치는 13세기 후반이 되자 "노예제도는 북서유럽에서 자취를 감추었다. …따라서 영어판에 노예제도는 17세기, 적어도 17세기를 시작할 즈음에는 일반인에게 익숙한 제도가 아니라 오래 전에 있었던 현상으로 알려져 있었다"(p. 41)라고 주장한다. 영어판 번역자들이 가지고 있었던 '종'의 개념은 농노제도의 지식에 기반을 두고 있었다. 농노제도는 노동자가 자신이 일했던 땅에 매이게 되는 일종의 노예 상태였다. 농노는 땅 주인에게 의무를 다해야 했지만, 농노의 노동은 땅이 팔릴 때에 함께 타인에게 매도될 수 있었다. 이와는 대조적으로 영어판 번역자들의 마음에는 "노예제도는 차꼬에 묶여 있는 극단적인 상태"(p. 41) 즉, 그들이 당연히 피하고 싶은 잔인한 이미지로 그려졌다. 그랬기 때문에, 그들은 부지불식간에 실제적인 성경적 표현의 강도를 약화시켰다. 야마우치의 표현을 빌리자면, "만약 우리가 '노예제도'가 우리나 17세기의 이론가들이 생각했던 의미가 아니라 고대인들이 생각했던 의미를 염두에 둔다면, 우리는 신약성경의 많은 본문들에 대해 보다 고차원적으로 이해하게 될 것이다"

(43). Harris, *Slave of Christ*도 보라.

27) *Epistle to the Philadelphians*, 3; *Epistle to the Magnesians*, 2; *Epistle to Smyrna*, 12을 참조하라.

28) Bart D. Ehrman trans., *The Apostolic Fathers*(Harvard, 2003), 1:335에 수록된 폴리갑(Polyca), *Letter to the Philippians*, 2 참조.

29) *Shepherd of Hermas*, Exposition on the Eighth Commandment, 38.3-6, Ibid., II:270. 이것은 헤르마스가 "하나님의 노예"라는 구절을 사용한 여러 경우의 한 예일 뿐이다.

30) Eric Plumer, *Augustine's Commentary on Galatians*에 대한 비평적 노트(New York: Oxford University Press, 2003), 30n153에 인용된 *Corpus Scriptorum Ecclesiasticorum Latinorum*, 81.3: 28.21-23.

31) Augustine, John E. Rottelle trans., *Sermons*(Hyde Park, NY: New City Press, 1992), 124에 인용됨.

32) Augustine, Homilies on the Gospel of John, *Sermons* 29, Edmund Hill trans. (Hyde Park, NY: New City Press, 2009), 495. 하나님의 이름이 대문자로 표시됨.

33) John Chrysostom, *Homilies on First Corinthians*, 설교 19.5-6(본문 : 고전 7:22-23), 샤프가 NPNF, 12:108-109에서 인용함.

34) 최근의 교회 역사에서 인용된 추가적인 인용문들은 부록에 수록되어 있다.

35) Charles Spurgeon, "Eyes Right," *The Metropolitan Tabernacle Pulpit*, 설교번호 2058(Pasadena, TX: Pilgrim Publications, 1974), 34:689.

36) Alexander Maclaren, *Expositions of Holy Scripture, the Acts*, 행 4:26, 27, 29에 대한 주석(발행지명 없음: BiblioLife, 2007), 148-149.

## 2장

1) 비슷한 주장으로, Dale B. Martin, *Slavery as Salvation*(New Haven: Yale University Press, 1990), 42에서 이렇게 기록하고 있다. "노예제도라는 제도 자체에 진지한 질문을 던지는 사람은 아무도 없었다. 노예들은 자신의 속박에 대해 분개해왔을 것이다. 그러나 그 제도는 그들이 노예의 삶을 몸에 익히는 기회로만 작용했다.

자유를 찾은 노예들은 스스로 주인, 여주인이 되어 부양가족들을 먹여 살려야 하는, 사회 체제 내에서 단지 한 단계 위로 올라서는 것에 머물렀다. 노예들을 포함해 거의 모든 사람들이 사회를 다른 어떤 방식으로 조직할 생각을 하지 못했다."

2) Murray J. Harris, *Slave of Christ*(Downers Grove, IL: InterVarsity Press, 1999), 34. *International Standard Bible Encyclopedia*에 따르면, "로마, 고린도, 안디옥과 같은 대도시에서는 3분의 1에 해당하는 인구가 법적인 노예들이었고, 또 다른 3분의 1은 자신의 삶이 시작되기 전부터 노예였던 사람들이었다"(S. S. Bartchy, "Servant; Slave", Geoffrey W. Bromiley가 편집한 *ISBE*, vol. 4[Grand Rapids: Eerdmans, 1988], 420).

3) S. Scott Bartchy, *First-Century Slavery & 1 Corinthians 7:21*(Eugene, OR: Wipf and Stock Publishers, 2002), 71.

4) Keith Bradley, *Slavery and Society at Rome*(Cambridge, UK: Cambridge University Press, 1994), 58. 브래들리는 이렇게 설명한다. "법적인 목적을 위해 로마인들은 노예들을 두 부류로 나누었다. 도시 거주민들에게 속한 노예들, 즉 도시 노예(familia urbana)와 시골 거주민들에게 속한 노예들, 즉 농업 노예(familia rustica)가 그것이다. 이렇게 노예를 구분하는 것은, 당시 전형적으로 노예주는 가사를 돌보는 노예들을 두루 갖추고 도시에 거주하면서 시골에 부분적으로 노예 노동력을 두어 농지를 경작하고 있었기 때문이다."

5) Aristotle, *Politics*(『정치학』), 1.254a7. 버크랜드(W. W. Buckland)는 *The Roman Law of Slavery*에서 이렇게 지적한다. "로마의 노예는 현대의 분석가들이 인격의 정수라고 여기는 특성들을 갖고 있지 않았다. 그 가운데는 권리를 가질 법적 자격이 있었는데, 로마 노예들은 권리를 가질 법적 자격이 없었다"(Union, NJ: Lawbook Exchange, 2000, 3).

6) Pierre Grimal, *The Civilization of Rome*, W. S. Maguinness trans.(London: George Allen, 1963), 499.

7) Michael Grant, *The World of Rome*(New York: World Publishing, 1960), 116.

8) 데일 마틴은 *Slavery as Salvation*에서 다음과 같이 설명한다. "초대 황제 아우구스투스부터 2세기가 끝나기까지의 로마 제국 초기에 수백만 명의 사람들이 다른 사람의 필요와 변덕스러운 마음과 기쁨과 기분을 위해 수치스럽고 빈곤한 삶을 살아야만 했다. …주인들은 노예들을 묶고, 고문하고, 죽일 권리가 있었다. 이 시기의 문학작품을 살펴보면 계속하여 노예의 삶은 상상할 수 있는 한 가장 최악의 삶이라는 의견을 발견하게 된다"(xiii).

9) Harold Mattingly, *Roman Imperial Civilisation*(New York: Norton & Co., 1971), 177. 매팅리는 다음과 같이 설명한다. "주인의 가정에서 태어난 노예와 주인이 친밀한 관계를 맺을수록, 노예제도의 해악[과 악용]은 완화될 수 있었다, 실제로 완화되었다." 비슷한 의견으로 Peter Jones, Keith Sidwell이 편집한 *The World of Rome*(New York: Cambridge University Press, 1997)에서는 노예들과 인정 많은 주인들이 때때로 나누었던 충성과 우정의 실례를 제시한다(231-232).

10) Bartchy, *First-Century Slavery & 1 Corinthians 7:21*, 68.

11) Claus Westermann, Ernst Jenni, Claus Westermann ed., Mark Biddle trans., *Theological Lexicon of the Old Testament vol. 2*(Peabody, MA: Hendrickson, 1997), 822. "עבד"이라는 제하에서 웨스터만은 이렇게 지적한다. "사회 신분에 있어서 에베드('ebed)는 일반적으로 구약성경에서 노예를 나타낸다."

12) Walt Kaiser, Gleason L. Archer, R. Laird Harris, Bruce K. Waltke ed., *Theological Wordbook of the Old Testament*(Chicago: Moody, 1980), 2:639의 "'ābad"항목에서.

13) *Strong's Lexicon*에 따르면, 흠정역(*Authorized Version*)은 에베드의 명사형을 '종'으로 번역한 것이 744회, '남종'으로 번역한 것은 23회, '농노'(bondman)로 번역한 것이 21회, '농노의 신분'(bondage)으로 번역한 것이 10회, '종'(bondservant)으로 번역한 것이 1회, '사방에서'로 번역한 것이 1회이다.

14) 70인경(*The Septuagint, LXX*)은 에베드의 명사형을 314회에 걸쳐 둘로스로 번역한다. 이에 더해, 에베드의 동사형을 114회에 걸쳐 둘로스의 동사형(둘레오, douleuo)로 번역한다. 70인경은 에베드를 둘로스와 관련된 변화형으로 총 428회 번역한다. Eugene Carpenter, William Van Gemeran ed., *New International Dictionary of Old Testament Theology and Exegesis*(Grand Rapids: Zondervan, 1997), 3:306에 수록된 "עבד"를 참조하라(이후로는, *New International Dictionary of Old Testament Theology and Exegesis*을 NIDOTTE로 표기한다.).

15) John Byron, *Slavery Metaphors in Early Judaism and Pauline Christianity*(Tubingen, Germany: J. C. B. Mohr, 2003), 50-51. I. A. H. Combes, *The Metaphor of Slavery in the Writings of the Early Church*(Sheffield, England: Sheffield Academic Press, 1998), 43-44도 보라.

16) 레 26:13-17; 신 28:58-68; 대하 12:8을 참조하라.

17) Eugene Carpenter, NIDOTTE("עבד" 3:306)에서 바벨론 포로와 출애굽 사이에 존재하는 전후관계를 보여 준다. "출애굽기에 나타난 하나님의 구원을 완전히 취소하

는 의미로 하나님은 이스라엘을 이스라엘의 적들에게 노예로 만드실 것('bd)이었다 (렘 17:4)."

18) 이 구절들에서 사용된 '노예'에 해당하는 단어는 히브리어로 에베드('ebed)이다. 이 단어는 헬라어 70인경에서는 둘로스(혹은 '노예')의 형태로 번역된다. 따라서, 영어 로는 '종'이 아니라 '노예'로 번역되는 것이 가장 합당하다.

19) 삿 2:8; 왕상 18:36; 왕하 18:12; 시 89:3, 105:42; 사 48:20; 겔 38:17; 단 9:11 을 참조하라. 70인경에서 이들 구절은 둘로스의 형태로 번역되고 있다. Karl Heinrich Rengstorf, *Theological Dictionary of the New Testament Abridged in One Volume*(Gerhard Kittel, Gerhard Friedrich ed., Geoffrey Bromiley trans.[Grand Rapids: Eerdmans, 1985], 183)의 "Doúlos"라는 제하에서 이렇게 첨언하고 있다. 동사형태의 "둘레우에인(douleúein)은 70인역에서 하나님을 위한 섬김을 표현하는 가장 일반적인 용어이다. 이 용어는 하나의 개별적인 행동들뿐만 아니라 전적인 헌 신의 형태까지를 모두 표현한다. …이런 이유로 인해 [위에 나열된 인물들처럼] 걸 출한 인물들을 언급할 때, 둘로이(doúloi)는 존경받는 호칭이었다. 둘레우에인의 반 대말은 불순종이다."

20) J. Albert Harrill, *Eerdmans Dictionary of the Bible*(Grand Rapids: Eerdmans, 2000), Slave라는 제하에서 때로는 이들 모세 율법의 보호조항이 무시되었다고 지적 한다. 그는 이렇게 기록한다. "이들 신명기의 율법들은 빚 때문에 노예로 팔려 가는 경우를 줄이거나 심지어는 그런 경우를 없애기 위해 고안되었지만, 외견상으로는 무 시되었다. 동료 히브리인들이 빚 때문에 노예로 전락하는 일은 성경 시대 전반에 걸 쳐 일반적으로 계속되었다"(왕하 4:1; 암 2:6; 8:6; 미 2:9)(David Noel Freedman ed., 1232).

21) Harris, *Slave of Christ*, 28.

22) 레 25:6; 출 20:10; 21:26-27을 참조하라. 해리스는 이렇게 지적한다. "다른 고대 근 동아시아 사회들과는 대조적으로, 노예를 다루는 이스라엘의 규정들(대표적으로 출 21장, 레 25장과 신 15장)은 보다 더 인도적이다"(*Slave of Christ*, 28).

23) John Byron, *Slavery Metaphors*, 40-41. 바이런은 가정 노예제도에 더해 빚으로 인 한 노예제도, 신전 노예제도, 그리고 국가 노예제도도 고대 이스라엘 사회에서 시행 되었다고 주장한다.

24) William J. Webb, "Slavery", *Dictionary for Theological Interpretation of the Bible*, Kevin Vanhoozer ed.(Grand Rapids: Baker Academic, 2005), 751. 웹은 고대 이 스라엘에서 외국인 노예들은 자산으로 간주되었다고 주장한다(출 12:44; 21:20-21,

32; 레 22:11) 그들은 매 7년마다 해방되었다(레 25:39-46). 그리고 노예의 주인들
은 노예를 죽이지 않는다는 조건 하에서 때릴 수 있었다(출 21:20-21). 더 나아가 쿰
스(I. A. H. Combes)는 이렇게 주장한다. "히브리 노예들은 법에 의해 일정 기간이
지나고 나면 해방되었다. 반면 이방인 노예들은 종신토록 노예 신분을 유지할 수 있
었다"(The Metaphor of Slavery, 38).

25) Harris, Slave of Christ, 45.

26) 예를 들어, 피터 건지(Peter Garnsey)는 신약성경에 드러난 바울의 신학과 그리스
로마 문화의 이중적 영향을 지적하며 다음과 같이 설명한다. "바울은 유대인의 성경
과 율법에 젖어 있던 그리스도인 신학자였다. 그는 간접적이거나 희석된 형태이기는
하지만 고대철학으로부터 아이디어를 끌어내기도 했다. 바울에게 영향을 미쳤던 이
런 요소들이 바울 자신의 역사적인 경험과 사회에 대한 인식, 이데올로기적인 배경
과 융합되어, 바울서신의 노예 이론(Pauline slave theory)이라는 독특한 혼합물이
탄생되었다"(Ideas of Slavery from Aristotle to Augustine[New York: Cambridge
University Press, 1996], 186).

27) 롬 1:1; 갈 1:10; 빌 1:1; 딛 1:1를 보라. 데일 마틴은 Slavery as Salvation에서 바울이
사용한 "그리스도의 노예"라는 표현이 구약 이스라엘이 이해했던 하나님의 노예라
는 개념뿐만 아니라 (폭넓게) 그리스 로마의 노예제도에 어떻게 기초하고 있는지 중
요한 설명을 해 준다(xvi).

28) 칼 하인리히 렝스토르프는 이렇게 기록했다. "헬라인들은 강한 자유의식을 가지고
있었다. 개인의 존엄은 자유로 이루어져 있었다. 따라서 그들은 노예가 되는 것을
격렬하게 혐오했다. 국가의 노역에 동원될 수도 있었지만 그것은 어디까지나 개인
의 자유였다. 노예제도는 조롱당하고 거부당했다"(Theological Dictionary of the
New Testament Abridged, s. v., "Doúlos"라는 단어를 보라 183).

29) 고후 4:5; 5:9을 참조하라.

30) 벧후 1:1; 유 1; 계 1:1을 참조하라.

31) 행 4:29; 16:17; 골 1:7; 4:12; 딤후 2:24를 참조하라.

32) J. Albert Harrill, Slaves in the New Testament(Minneapolis: Fortress Press,
2006), 32. 앞서서, 해릴은 다음과 같이 설명했다. "노예라는 비유는 기독교 공동체
의 형성과 자아 정의(定義)를 정확하게 한 음절 한 음절 똑똑히 말할 수 있게 해 주
는, 강력하고 강한 흥미를 돋우는 관용구를 제공해 준다. 왜냐하면 초대 교회의 그리
스도인들은 노예에 대해 동일한 문화적 가정(假定), 문학적 수사 어구, 사회적 고정
관념과 같은 것을 '이방' 사회와 보다 광범위하게 공유했기 때문이다"(31-32).

1) Jennifer A. Glancy, *Slavery in Early Christianity* (Minneapolis: Fortress Press, 2006), 129. 예를 들어, 복음서에서 이방인 백부장(눅 7:2-10)과 유대인 대제사장 (마 26:51; 막 14:47; 눅 22:50; 요 18:10, 17-18, 26)은 노예주로 소개된다.

2) 칼 하인리히 렝스토르프는 이렇게 기록했다. "이것은 비유 속에서도 진리이다. 노예들(douloi)의 전적인 헌신과 온전한 섬김을 요구하는 주인(kyrios)의 절대적인 요구는, 여기서 하나님의 무조건적인 주 되심과 예수님에게 무조건적으로 책임을 져야 할 신자의 관계를 예시하는 데 사용된다"(Gerhard Kittel and Gerhard Friedrich ed., Geoffrey Bromiley trans., *Theological Dictionary of the New Testament Abridged in One Volume* [Grand Rapids: Eerdmans, 1985], "Doulos"라는 제하의 항목 184).

3) 마 13:27-28; 21:34-36; 22:3-10; 24:45; 막 12:2-4; 13:34; 눅 14:17-23; 15:22; 20:10-11을 참조하라.

4) 마 10:24; 18:23, 26-33; 24:45-50; 25:14-30; 눅 6:40; 12:37-47; 17:7-10; 19:13-22; 요 13:16; 15:15-20을 참조하라.

5) 마 24:44-46; 25:21; 막 10:44; 눅 6:46; 12:37; 14:26-33; 16:13; 요 14:15, 21을 참조하라.

6) 요 8:34, 36, 마 11:28-30을 보라.

7) 마이클 카드(Michael Card)는 다음과 같이 설명한다. "'자기 십자가를 지고 나를 좇으라'는 표현은 예수님께서 사용하신 노예 언어이다. 왜냐하면 십자가형은 노예의 죽음이었기 때문이다(마 10:38; 16:24). …예수님은 '내 멍에를 매라'고 초청하신다. 나와 복음을 위해 노예가 된 다른 사람들과 함께 어깨를 나란히 하며 네가 감당해야 할 자리를 차지하라"(*A Better Freedom* [Downers Grove, IL: Inter Varsity, 2009], 23).

8) Thomas Wiedemann, *Greek & Roman Slavery* (New York: Routledge, 1988), 15.

9) 스코트 발트치는 노예와 노예 신분에서 해방된 자유민 사이의 차이점을 다음과 같이 지적했다. "물론 노예 신분에서 해방된 자유민이 자신의 자유에 대한 대가로 제한적인 계약관계를 맺지 않았다면, 노예들은 누릴 수 없는 유익인 그만두겠다고 말할 수 있는 권리를 가졌다"(*First-Century Slavery & 1 Corinthians 7:21* [Eugene, OR: Wipf and Stock Publishers, 2002], 74).

10) 롬 5:18-19; 엡 2:1-3; 벧전 1:18-19 참조; 계 5:9.

11) 롬 6:14; 고전 7:23.

12) Leland Ryken, James C. Wilhoit, Tremper Longman III, ed., "Slave, slavery", *The Dictionary of Biblical Imagery*(Downers Grove, IL: Inter Varsity Press, 1998), 797을 참고하라. 이 아티클은 "성경적인 관점으로 볼 때, 모든 사람은 죄의 노예가 되어 있든 하나님의 노예가 되어 있든 간에 노예 신분에 처해 있다"라고 지적한다. 존 필치는 "Slave, Slavery, Bond, Bondage, Oppression"에서 그 생각을 동일하게 주장한다. 그는 "성경에서 그 어느 누구도 진정으로 '자유로운' 적이 없다. 오히려 항상 누군가의 노예였다. 이스라엘은 감사하며 '하나님의 노예'로서 새로운 신분을 받아들였다"라고 진술한다. 바울도 그리스도인들에게 동일한 제안을 한다 (Donald E. Gowan ed., *Westminster Theological Wordbook of the Bible*[Louisville: Westminster John Knox Press, 2003], 475-476).

13) William Blair, *An Inquiry into the State of Slavery amongst the Romans*(Edinburgh: Thomas Clark, 1833; 재인쇄, Detroit: Negro History Press, 1970), 116. 블레어는 "처음으로 노예가 된 자들에게 주인들은 자신이 생각하기에 적합한 호칭을 부여했다. 팔려 온 노예들은 가장 보편적으로는 자기 모국이나 태어난 곳에서 사용하던 이름이나 그곳에서 주로 사용하던 이름 혹은 팔려 온 곳에서 사용하던 이름을 박탈당했다. 전쟁에서 잡혀 온 노예들은 드물기는 했지만, 그를 노예로 잡은 사람의 이름을 붙이기도 했다"라고 설명한다.

14) A. Plummer, *The Revelation of St. John the Divine*, *The Pulpit Commentary*(재인쇄, Grand Rapids: Eerdmans, 1978), 113.

15) William Barclay, *The Letters of James and Peter*(Louisville: Westminster John Knox Press, 2003), 39.

16) Reginald E. O. White, *Christian Ethics*(Macon, GA: Mercer University Press, 1994), 166. 화이트는 스코틀랜드 침례신학교(the Baptist Theological College of Scotland)의 전임 학장이다.

17) 마 6:24; 롬 7:5-6; 6:11-18; 살전 1:9을 참조하라.

18) 고전 10:31; 골 2:12; 3:17; 살전 2:12을 참조하라.

19) Blair, *An Inquiry into the State of Slavery*, 95.

20) Jennifer A. Glancy, *Slavery in Early Christionaity*, 45.

21) Leland Ryken, James C. Wilhoit, Tremper Longman III, ed., "Slave, slavery", *The Dictionary of Biblical Imagery*, 798. 이 기사는 이렇게 주장한다. "노예와 주인의 관계는 우리와 하나님과의 관계와 병행한다. 왜냐하면 우리는 그분께 책임을 지

는 존재로 부름 받았기 때문이다. …[마찬가지로] 하나님께서도 우리에 대한 책임을
맡으신다. '상전의 손을 바라보는 종들의 눈 같이 …우리의 눈이 여호와 우리 하나님
을 바라보며 우리에게 은혜 베풀어 주시기를 기다리나이다'"(시 123:2).

22) 행 16:25; 살전 5:18을 참조하라.

23) 바울이 그리스도의 유익을 위하여 참아 내었던 시험의 몇 가지 목록에 대해서는 고
후 11:23-33을 보라.

24) Harris, *Slave of Chrsit*, 42.

25) Charles Spurgeon, "The Great Assize", 설교 번호 1076, *Metropolitan Tabernacle
Pulpit*(Pasadena, TX: Pilgrim Publications, 1984), 18:587.


## 4장

1) Matthew Spinka, *John Hus at the Council Constance*(New York: Columbia
University Press, 1968), 233. 때때로 "후스"(Huss)라는 이름은 "Hus"로 표기되기
도 한다.

2) 얀 후스(John Huss)의 삶에 대한 보다 자세한 내용은 Allen W. Schattschneider,
*Through Five Hundred Years*(Bethlehem, PA: Comenius Press, 1974)와 Oscar
Kuhns, *John Huss: The Witness*(New York; Eaton and Mains, 1907)을 보라.

3) Martin Luther, Mon. Hus., 제 1권, 서문, Herbert Brook Workman, Robert
Martin Pope ed., *The Letters of John Hus*(London: Houder & Stoughton, 1904), 1.

4) Roger Olson, *The Story of Christian Theology*(Downers Grove, IL: InterVarsity
Press, 1999), 349.

5) 후시네츠(Husinec)는 오늘날 체코 공화국(Czech Republic)이다. 그의 성(姓) 후스
는 그가 태어난 마을의 이름에서 유래하였다. 그는 마을 이름을 보헤미아어로 '거위'
라는 뜻의 '후스'(Huss 혹은 Hus)로 축약했다. 그것이 얀 후스의 별명이 되었고, 교
회 역사는 그와 그의 순교를 언급하면서 (루터와 다른 사람들에 의해) "요리된 거
위"(the Goose that was cooked)라고 인용한다.

6) 이 채플은 의도적으로 '베들레헴' 혹은 '떡집'이라는 이름이 붙여졌다. 왜냐하면 이
채플은 평민들이 쉽게 하나님의 말씀으로 배부를 수 있는 곳이었기 때문이다.

7) Matthew Spinka, *John Hus' Concept of the Church* (Princeton, NJ: Princeton University Press, 1966), 10.

8) *550 Years of Jan Hus' Witness* (Geneva: World Alliance of Reformed Churches, 1965), 1-2.

9) David S. Schaff, *John Huss: His Life*, Teachings and Death after Five Hundred Years (Eugene, OR: Wipf and Stock Publishers, 1915), 41.

10) Spinka, *John Hus' Concept of the Church*, 261.

11) 위의 책, 121.

12) 위의 책, 63.

13) Schaff, *John Huss*, 225.

14) Spinka, *John Hus' Concept of the Church*, 259.

15) 위의 책, 261, *De Ecclesia*, 33 재인용.

16) 위의 책, 289.

17) Schaff, *John Huss*, 302-303.

18) Martin Luther, *The Table Talk of Martin Luther*, William Hazlitt ed., trans. (London: Bell & Daldy, 1872), 203-204.

19) 로마 가톨릭은 여전히 교회에 대한 교황의 권위의 절대 무오를 가르친다. 가톨릭 신학자 루드윅 오트(Ludwig Ott)는 *Fundamentals of Catholic Dogma* (Charlotte, NC: Tan Books, 1974)에서 가톨릭의 관점을 다음과 같이 설명한다. "교회의 최고 재판관으로서 교황은 모든 교회법 문제를 법정에 가지고 나가고, 모든 교회 논쟁들에서 항소를 받아들일 권리를 갖는다. 교황 자신은 어떤 사람에게서도 재판을 받지 않는다(CIC 1556; *Prima sedes a nemine judicatur*). 이 땅에는 교황보다 더 높은 재판관이 없기 때문이다. 같은 이유로, 교황의 판단에 대해 항소할 수 있는 더 높은 법정은 존재하지 않는다"(286).

20) Luther, *Table Talk*, 234.

21) John Calvin, *Institutes of the Christian Religion* (『기독교 강요』), 전 2권, John Allen trans. (Philadelphia: Presbyterian Board of Education, 1921), 1:25.

22) John Calvin, *Calvin's Commentaries*, 전 22권 (Grand Rapids: Baker, n.d.), 21:198. 칼빈은 골 2:19에 대해 주석했다.

23) Calvin, *Institutes of the Christian Religion* (『기독교 강요』), 1:155.

24) 위의 책, 1:451-462.

25) John Calvin, *Calvin: Commentaries*, Joseph Haroutunian ed. (Louisville:

Westminster John Knox Press, 1958), 362. 칼빈은 요 12:12-15에 대해 주석했다.

26) 예를 들어, 영국의 왕은 장기간에 걸쳐 17세기 스코틀랜드 교회에 절대적인 통제권을 행사하려 했다. 이와 관련된 일련의 사건에 대한 보다 자세한 내용은 William G. Blaikie, *The Preachers of Scotland*(Edinburgh: T & T Clark, 1888)을 보라. 97쪽에서 블래키(Blaikie)는 이렇게 설명한다. "국가당은 교회의 새로운 예전을 강제로 시행하려고 시도했다. 이를 어길 경우에는 최고의 형벌에 처해졌다. 이를 통해 그리스도의 권위를 제쳐 두고, 예배라는 가장 신성한 영역에서조차 그분이 남겨 놓으신 유산을 압제하려는 결심이 드러났다. 교회는 이에 대한 반작용으로 그리스도께서 교회의 머리 되심과 교회의 거룩한 머리를 따르는 교회의 영광스러운 특권에 대한 보다 전적인 주장을 더 강력하게 펼쳤다."

27) Charles Spurgeon, "The Head of the Church", 설교 번호 839, *Metropolitan Tabernacle Pulpit*(Pasadena, TX: Pilgrim Publications, 1982), 14:621. 또 다른 곳에서 스펄전은 다음과 같이 주장했다. "그리스도께서는 교황이 들어와 교묘히 영광을 가로채 가도록 하기 위해 자신의 피로 교회를 구속하신 것이 아닙니다. 그분은 불쌍한 죄인이요 평범한 한 인간이 모든 민족에 의해 높임 받고, 이 땅에서의 하나님의 대리인으로 자신을 칭하도록 높이 들리기 위해, 하늘에서 이 땅으로 내려 오셔서 자기 백성을 값을 주고 사시고 위해 자기 마음을 쏟아부어 주신 것이 아닙니다. 그리스도께서 언제나 교회의 머리이셨습니다"(Charles Spurgeon, "Christ Glorified", *Metropolitan Tabernacle Pulpit*, 60:592).

28) Charles Spurgeon, "Jesus Our Lord", 설교 번호 2806, *Metropolitan Tabernacle Pulpit*(Pasadena, TX: Pilgrim Publications, 1977), 48:558. 강조된 부분은 원래 설교에 있던 것이다.


## 5장
___

1) Timothy Friberg, Barbara Friberg, Neva F. Miller, *Analytical Lexicon of the Greek New Testament*(Grand Rapids: Baker Books, 2000), 229. 케팔레(kephalē)의 의미에 대한 보다 더 자세한 논의, 특별히 복음주의적인 학자들 간에 이루어진 최근의 논쟁에 대해서는 다음을 참고하라. Wayne Grudem, The Meaning of "κεφαλή"

: An Evaluation of New Evidence, Real and Alleged" *Journal of the Evangelical Theological Society* 44/1(2001년 3월), 25-65.

2) Carl Ludwig Wilibald Grimm, *Greek-English Lexicon of the New Testament*, Joseph Henry Thayer trans.(Grand Rapids: Zondervan, 1970), 345.

3) 위의 책. 그림(Grimm)은 이렇게 주장한다. '사람들의' 케팔레는 '주인'(master, lord)을 의미한다. 같은 입장에서, 더글라스 무(Douglas J. Moo)는 Pillar New Testament Commentary 시리즈 *Colossians*(Grand Rapids: Eerdmans, 2008)에서 골로새서 1장 18절을 주석하면서 다음과 같이 주장한다. "다른 한편 [케팔레의] 기본적인 개념은 그리스도께서 자기 백성의 주님이시라는 일반적인 기독교 개념에 기초한 은유의 상당히 정직한 역작(力作)이다. 고대 세계에서 머리는 몸을 다스리는 곳, 즉 몸을 통제하고 몸의 생명과 유지를 제공하는 곳으로 여겨졌다"(128).

4) William W. Klein, *Ephesians*, *Expositor's Bible Commentary*, 개정판(Grand Rapids: Zondervan, 2006), 61.

5) Jennifer A. Glancy, *Slavery in Early Christianity*(Minneapolis: Fortress Press, 2006), 47. 저자는 라틴어 용어 '파텔파밀리아스'(paterfamilias)에 대해 토론한다. 이 용어는 "'가족의 아버지'(father of the family) 혹은 보다 일반적으로 '한 가정의 머리'"(head of the household)로 번역된다.

6) 갈 6:10; 엡 2:19; 딤전 3:15; 벧전 4:17.

7) 마 11:27; 요 3:35; 17:2; 행 2:36을 참조하라.

8) 계 5:12-13; 17:14; 19:16.

9) 신약성경이 교회를 그리스도의 몸(소마, soma)으로 언급하는 내용에는 우리가 그분의 노예로서 그분께 도움이 된다는 의미를 포함하고 있을 것이다. 머레이 해리스는 *Slave of Christ*(Downers Grove, IL: InterVarsity Press, 1999)에서 이렇게 설명한다. "헬라 문학에서 소마('몸')라는 단어는 육체적인 면에 강조점을 두어 '시체'부터 '신체'에 이르는 의미 범주를 갖고 있다. 이미 주전 3세기에, 이 단어는 아무런 형용사 없이 기본적으로 주인의 소용을 위해 주인에게 소유된 '몸'으로 간주된 노예를 지칭하는 데 사용되었다(LSJ, 1749를 보라). 아리스토텔레스(정치학 125. 4a. 16)는 한 걸음 더 나아갔다. '노예는 생명체라는 의미에서(in the sense of being a living) 주인의 일부분이다. 하지만 주인의 몸과는 분리되어 있는 지체이다'"(111-112).

10) 예를 들어, 딤후 2:24; 벧전 5:3-4.

11) 사 42:8; 48:11; 겔 34:8-10; 행 12:23을 보라.

12) 윌리엄 블래키는 17세기 스코틀랜드의 종교개혁을 언급하면서 이 두 교리 간에 존

재하는 완전한 관계를 지적했다. 비록 그 관점이 반대되는 관점이었지만 말이다. "그 시대의 사람들은 오늘날의 많은 사람들처럼 그리스도께서 그들 개인의 머리가 되신다는 것을 충분히 인식하지 못했다. 반면 그들은 그분이 교회의 머리가 되신다는 사실에 대해서는 열정적으로 반응했다. 한쪽을 부인하는 것은 다른 한 쪽을 부인하는 것만큼 큰 범죄요 어리석은 행위였다. 시온에서 다스리는 왕으로서 그분의 위치를 부인하는 것은 그분의 대속이나 그분의 중보를 부인하는 것만큼이나 그분과의 개인적인 관계를 위태롭게 하는 것이었다"(*The Preachers of Scotland*[Edinburgh: T & T Clark, 1888], 98).

13) William Smith, A. S. Wilkins, *A Dictionary of Greek and Roman Antiquities* (London: John Murray, 1891), "Servus" 항목, 664. 저자들은 이렇게 설명한다. "[로마] 제국에서는 가정에서 일하는 노예들의 숫자가 크게 증가했다. 중요한 인물의 가정에는 가정생활의 모든 분야를 맡아 섬기는 각각의 노예들이 있었다. 상당한 숫자의 노예들을 거느리지 못하는 것은 불명예스러운 일이었다. …호라티우스(Horace, Sat. i. 3, 12)는 웬만한 배경을 가진 사람이 최소한 유지해야만 하는 노예 숫자를 10명이라고 말한 듯하다. …[반면] 아우구스투스 시대에 노예 신분에서 해방된 어느 자유민은 내전(the Civil Wars)에서 많은 재산을 잃어버렸지만 자신이 죽을 때 4,116명의 노예를 남겨 두고 떠났다((Plin. H. N. xxxiii. § 135). 200명이라는 숫자는 한 사람이 거느리는 노예의 규모로는 상식적인 수준이었다(Hor. Sat. i. 3, 11). 그리고 아우구스투스는 심지어 귀향생활을 하는 사람도 20명의 노예나 자유민을 거느릴 수 있도록 허용했다(Dio Cass. Ivi. 27)(656-667).

14) 사회적인 배경에서, 이 용어는 소개되는 사람의 우월함이나 주권을 암시하는 말로서 ('선생님'과 유사하게) 존경의 인사로 사용될 수도 있었다. 그럼에도 불구하고, 이 용어의 주된 사회적 의미는 둘로스('노예')라는 단어였다. 이 단어의 정의에 의하면 퀴리오스(kyrios)는 "어떤 것[혹은 어떤 사람]의 소유자이면서 감독자, 소유주, 그 사람을 통제하는 사람, 주인"이다(*Strong's Enhanced Lexicon*, 2962번 표제어). 신학적인 관점에서, 퀴리오스가 신을 언급하는 것으로 사용될 때 이 주인과 노예 관계는 오해의 여지 없이 명백한 것이다. 따라서 워너 포스터(Werner Foerster)는 이렇게 설명한다. "퀴리오스(κύριος)는 기도나 감사나 맹세 같은 곳에서든 다른 곳에서든 특별히 신과 인간의 개인적인 관계를 표현하는 데 사용된다. 그리고 둘로스와 상관관계가 있는 말로서 둘로스와 관련된 신을 퀴리오스로 묘사한다. 그리고, 그 사람은 그 신의 명령을 감당한다"(Theological Dictionary of the New Testament, unabridged, Gerhard Kittel ed., geoffrey W. Bromiley trans., "κύριος" 항목,

3:1052). 마찬가지로, 갓프라이드 켈(Gottfried Quell)은 이렇게 지적한다. "종교 적인 영역에서 퀴리오스는 하나님을 지칭한다"(*Theological Dictionary of the New Testament*[abridged], s.v., "κύριος" 항목, 488).

15) Harris, *Slave of Christ*, 90.

16) 마 8:9; 13:27-28; 18:31-34; 21:34-36; 24:45-51; 25:23, 26-30; 막 13:34-35; 눅 12:37; 14:16-24; 17:7-10을 참조하라.

17) 마 10:24; 요 13:16; 15:15, 20을 참조하라.

18) Werner Foerster, "코이네 헬라어로 데스포테스(δεσπότης, despotes)와 퀴리오 스(κύριος, kyrios)는 상당 부분 함께 사용되었다. 퀴리오스는 노예와 재산의 소유 주이다"(*Theological Dictionary of the New Testament*, unabridged, "κύριος" 항목, 3:1043).

19) 딤전 6:1-2; 딤후 2:21; 벧후 2:1; 눅 2:29을 참조하라.

20) Harris, *Slave of Christ*, 111-112.

21) 프랜시스 리올(Francis Lyall)은 이렇게 주장한다. "주인과 노예의 관계와, 자유를 얻은 노예와 그의 전 주인(그의 후원자)과의 관계는 오늘날 우리들에게는 잘 이해되 지 않는 측면과 함축적인 의미를 가지고 있다. 우리의 일상에서는 노예가 존재하지 않기 때문에 그 개념이 희석되어 왔다. 대부분의 사람들은 서신서를 통해 노예 개념 을 접할 때, 노예제도를 상당히 낭만적으로 생각한다. 우리가 자신을 비유적으로 '노 예'라고 부르는 것에 익숙해 있기 때문에 '그리스도의 노예'가 되는 것을 매력적으로 생각한다. 그러나 실제는 아주 달랐다"(*Slaves, Citizens, Sons: Legal Metaphors in the Epistles*[Grand Rapids: Academic Books, 1984], 28).

22) Harris, *Slave of Christ*, 112. 이 본문에 대해 그는 이렇게 주장한다. "신약성경에서 로마서 14장 7-8절에서보다 더 명확하게 자기 둘로이[노예들]에 대한 주님의 절대 적인 소유권을 그려 내고 있는 본문은 없다."

23) Thomas Wiedemann, *Greek and Roman Slavery*(New York: Routledge, 1988), 1.

24) Lyall, *Slaves, Citizens, Sons*, 37-38.

## 6장

1) 계 17:14; 19:16을 참조하라.

2) 요 1:1을 보라; 요 5:18을 참조하라.

3) 요 8:58을 보라; 출 3:14; 요 17:5, 24을 참조하라.

4) Gottfried Quell, Gerhard Kittel ed., Geoffrey W. Bromiley trans., *Theological Dictionary of the New Testament*, unabridged(Grand Rapids: Eerdmans, 1965), "κύριος" 항목 3:1060. 켈의 논문은 Werner Foerster's larger dictionary 항목에 수록되어 있다(5장, n. 18을 보라).

5) Gottfried Quell, *Theological Dictionary of the New Testament in One Volume*, Kittel, Gerhard Friedrich ed., Geoffry Bromiley trans.(Grand Rapids: Eerdmans, 1985), "κύριος" 항목, 491. 같은 입장에서, 존 바이런(John Byron)은 이렇게 주장했다. "하나님께서 이스라엘 민족을 '내 백성'으로 임명하신 것은 바로의 주장을 뒤집어 하나님의 소유권을 주장한 것이다. 하나님께 복종하기를 거절한 바로는 바로 자신과 바로가 노예로 삼았던 백성에 대한 하나님의 권위를 거부했다. 애굽은 역병으로 고통을 겪게 되고, 애굽의 왕은 단호하게 노예들을 풀어 주지 않고 더 고통스럽게 압제하기로 한다(출 5:3-21). …출애굽 사건은 이스라엘 민족에 대한 소유권이 애굽의 왕에게서 하늘의 왕 하나님께로 이전되었다는 사실을 나타낸다"(*Slavery Metaphors in Early Judaism and Pauline Christianity*[Tubingen, Germany: J. C. B. Mohr, 2003], 49).

6) 수 세기가 지나 주후 18세기가 되었을 때, 맛소라 학자들은 이와 유사하게 아도나이(adonai)에 사용되었던 모음을 거룩한 이름 여호와(Yahweh)에 사용했다.

7) Quell, Theological Dictionary of the New Testament,(unabridged), "κύριος" 항목 3:1058. 켈은 이렇게 주장한다. "70인경[셉투아젠트, Septuagint]에서 하나님의 이름으로서의 κύριος[퀴리오스] '주'라는 단어는 엄격하게 אָדוֹן[아돈, adon]이나 אֲדֹנָי[아도나이, adonai](케티브[ketib] 형태)를 번역하는 데만 사용된다. 그러나 일반적으로 이 단어는 거룩한 이름 יְהוָה[야훼, Yahweh]의 주해적인 동등어로 사용된다."

8) 아도나이가 퀴리오스로 번역된 예로는 다음과 같은 구절들이 있다. 마 9:38; 11:25; 행 17:24; 딤전 6:15; 계 4:11. 여호와가 퀴리오스로 번역된 예로는 다음과 같은 구절들이 있다. 마 4:7; 22:37; 막 12:11; 히 7:21.

9) Foerster, *Theological Dictionary of the New Testament*(unabridged), "κύϱιος" 항목 3:1094.

10) 예를 들어, 마 7:21; 12:8; 22:44-45; 요 1:23; 9:38; 롬 14:9; 행 10:36; 빌 2:10-11; 고전 2:16; 히 1:10.

11) Murray J. Harris, *Slave of Christ*(Downers Grove, IL: InterVarsity Press, 1999), 113.

12) 롬 10:9-13을 보라; 행 2:21; 16:30-31을 참조하라. 머레이 해리스는 고린도전서 12장 3절을 주석하면서 이렇게 주장했다. "바울 사도가 말하는 것은 심령을 조명하고 의지를 주장하시는 성령님의 능력이 아니면 아무도 이 단순한 내용을 온전한 이해와 헌신으로 고백할 수 없다는 것이다"(*Slave of Christ*, 88-89).

13) Karl Heinrich Rengstorf, Gerhard Kittel, Gerhard Friedrich ed., Geoffrey Bromiley trans., *Theological Dictionary of the New Testament in One Volume*, "doulos" 항목 185.

14) 고전 7:32, 35; 8:6; 골 1:10; 3:22을 참조하라.

15) 약 1:21-25; 벧전 2:9을 참조하라.

16) 롬 12:11; 골 2:6; 벧전 1:16을 참조하라.

17) 고전 8:3; 엡 6:24; 벧전 1:8을 보라. 막 12:30; 요 21:15-17; 요일 2:3을 참조하라.

18) 고전 16:22을 보라; 요 8:42; 롬 8:9을 참조하라.

19) 요 6:66-69; 마 24:13; 골 1:22-23; 딤전 4:16; 히 3:14; 10:38-39; 요일 2:19을 참조하라.

20) 눅 3:8; 갈 5:22-23.

21) 요 3:36; 롬 1:5; 6:16; 15:18; 16:19, 26; 벧전 1:2, 22을 참조하라.

22) 롬 8:9; 고전 6:9-10; 엡 5:5-6; 히 6:4-8; 약 2:17-19.

23) 요 10:11, 14, 28; 롬 8:38-39; 11:33-36; 고전 15:25-26; 벧전 1:19; 요일 3:3.

24) Keith Bradley, *Slavery and Society at Rome*(Cambridge, UK: Cambridge University Press, 1994), 89, 92.

25) 스코트 발트치는 주인들이 노예들을 대하는 태도에서 나타나는 극단적인 잔인함과 굉장한 친절함을 설명하기 위해 고대 로마 문학에 나타난 예들을 소개해 준다(*First-Century Slavery*[Eugene, OR: Wipf and Stock Publishers, 2002], 68-69).

26) Francis Lyall, *Slaves, Citizens, Sons: Legal Metaphors in the Epistles*(Grand Rapids: Academic Books, 1984), 38.

27) 마 6:31-33; 빌 4:19; 고후 9:8을 참조하라.

28) 마 28:18; 롬 14:7-9; 엡 1:20-23; 골 2:10; 약 4:13-15을 참조하라.

29) Dale B. Martin, *Slavery as Salvation*(New Haven, CT: Yale University Press, 1990), xxii.

30) 위의 책, 18.

31) 위의 책, 47.

32) 위의 책, 48.

33) Thomas Wiedemann, *Greek and Roman Slavery*(New York: Routledge, 1988), 9.

34) Rengstorf, *Theological Dictionary of the New Testament*(abridged), "doúlos" 항목, 183. 저자는 70인경을 언급하면서 이렇게 주장한다. "선택 받은 백성들에게 있어서 단 한 가지 옳은 일은 하나님을 향한 배타적인 섬김이다(삿 10:16; 시 2:11, 등). 이런 이유로 인해, 둘로이(doúloi)는 모세(수 14:7), 여호수아(삿 2:8) 아브라함(시 105:42)[,] 다윗(시 89:3), 그리고 야곱(이스라엘 민족을 나타냄, 사 48:20)과 같이 뛰어난 인물들을 언급할 때에는 존경을 나타내는 칭호이다. 둘레우에인(douleúein)의 반대말은 불순종이다."

35) 고전 1:31; 고후 10:17; 빌 3:8.

36) 빌 2:9-11; 계 22:4

37) 엡 1:3-4; 벧전 2:9; 딛 2:14을 참조하라.

## 7장

1) Iain H. Murray, *Heroes*(Carlisle, PA: Banner of Truth, 2009), 90-91.

2) Grant Gordon, "The Earlier Years of Newton and Ryland", 1-10, John Newton, Grant Gordon ed., *Wise Counsel: John Newton's Letters to John Ryland Jr.*(Carlisle, PA: Banner of Truth, 2009), 1에 수록됨.

3) John Newton, *An Authentic Narrative*, Richard Cecil ed.(Edinburgh: John Anderson, 1825), letter 5, 44.

4) 위의 책, letter 5, 39.

5) John Newton, *An Authentic Narrative*, 전4권.(New Haven: Nathan Whiting, 1824), 4:553. 여기 인용된 부분은 "아프리카 노예 무역에 대한 생각"(Thoughts

upon the African Slave Trade)이라는 제목이 붙은 뉴턴의 팸플릿에서 인용한 것
이다.

6) John Newton, *An Authentic Narrative*, letter 5, 42-43.

7) 위의 책, 43-44.

8) 위의 책, letter 6, 47.

9) 위의 책, 46.

10) Iain H. Murray, *Heroes*, 92.

11) John Newton, *An Authentic Narrative*, letter 6, 51.

12) Gordon, "The Earlier Years of Newton and Ryland", 2에서 인용함.

13) 그 시기를 회상하면서, 뉴턴은 다음과 같이 인정했다. "내가 노예 무역에 연계되어
있던 그 시기 동안, 노예 무역의 적법성에 관해서는 최소한의 양심의 가책도 전혀 갖
고 있지 않았다"(*The Works of John Newton*, 1:65).

14) Gordon, "The Earlier Years of Newton and Ryland", 2에서 인용함.

15) Newton, *An Authentic Narrative*, letter 13, 96.

16) 위의 책.

17) Newton, *The Works of John Newton*, 4:533.

18) John Newton, *The Works of the Rev. John Newton: Complete in One Volume*
(London: Thomas Nelson, 1853), 860-861.

19) 위의 책, 869.

20) 1804년 6월 5일자 편지, Kevin Belmonte, *William Wilberforce: A Hero for
Humanity*(Grand Rapids: Zondervan, 2007), 146에 인용됨.

21) Newton, *Wise Counsel*, 380.

22) John Newton, "The Legion Dispossessed", 제 I권, 92장 찬송, *Olney Hymns*,
105-106.

23) Newton, *The Works of John Newton*(Whiting), 1:27, 1763년 1월 17일자 편지에서
인용.

24) John Newton, "I Will Trust and Not Be Afraid", 제 III권, 37장 찬송, *Olney
Hymns: In Three Parts*(London: Thomas Nelson, 1855), 289.

25) 이후에 인용된 인용문들은 올니 찬송가에 수록된 존 뉴턴의 찬송가에서 인용한 것이
다. 인용된 찬송가는 다음과 같다. 제 I권: 109, 101, 118, 121, 122, 123장; 제 II권: 21,
25, 29, 39, 56, 100장, 제 III권: 76, 87장. 찬송가의 형식은 약간 조정되었다. 영국식
표기법은 미국식 표기법으로 변경시켰고, 약어는 축약되기 이전의 단어로 표기했다.

1) 스코트 발트치도 이렇게 지적한다. "게다가 주후 1세기는 노예들을 위한 삶의 환경들이 개선되고 있던 시기였다. 노예들을 더 잘 대우하라는 법적인 판결과 공공의 여론이 생겨났다. …1세기의 노예들은 대부분 주인의 가족구성원으로 태어났다. 그들에게는 중요성과 감성을 증대시키는 개인적이고 공적인 과업을 위한 훈련이 제공되었다. 노예들은 그 나름으로 대우를 받았다"(*First-Century Slavery*[Eugene, OR: Wipf and Stock Publishers, 2002], 71).

2) *Sixty-Six Letters to a Clergyman and His Family*(London: Simpkin, Marshall, & Co., 1844)에서 뉴턴은 신약성경 시대에 불의한 주인을 섬기던 노예들이 겪었던 고난을 다음과 같이 인정했다. "사도들의 시대에 종들은 노예들이었다. …불신 주인의 종들은 의심할 바 없이 많은 고난을 당했다. 그럼에도 사도는 이들 불쌍한 노예들이 그들의 구세주 하나님의 교리를 더 아름답게 하며, 모든 일에 그분의 모범을 따를 것을 기대한다"(160-161).

3) Bartchy, *First-Century Slavery*, 69. 각주(235번)에서, 저자는 다음과 같이 설명한다. "이 이야기는 노예제도의 충격적이고 무시무시한 면을 보여 줄 뿐만 아니라 그런 경우를 방지하려는 정부의 관심을 보여 주는 진기한 이야기이다." 저자는 주인들이 노예들을 잔인하게 대하는 것보다 합당하게 대우함으로써 더 많은 유익을 얻었다는, 단순히 경제적인 관점에서 설명을 계속해 간다.

4) 위의 책, 71, n. 247.

5) 노예들이 때때로 잔인하게 대우받았다는 것을 입증해 주는 그리스 로마 작품들에 대한 연구는 Thomas Wiedemann, *Greek & Roman Slavery*(New York: Routledge, 1988), 9-11, 167-187를 보라.

6) 엡 6:5-9; 골 3:22-25; 딛 2:9-10; 몬 1:15-16을 보라.

7) 로마서 6장을 주석하면서, 레온 모리스(Leon Morris, *Romans*, *Pillar New Testament Commentary*[Grand Rapids: Eerdmans, 1998], 261)는 바울의 독자들에 대해 이렇게 말한다. "그들은 노예제도에 익숙했다. 그리고 바울은 노예란 전적으로 주인의 처분에 달려 있다는 잘 알려진 사실을 가지고 논리를 전개하고 있다. …바울에게 있어서 기본적인 가정은 모두가 그리스도 안에서 신자가 되기 전에 노예였다는 것이다. 그들은 죄에 매여 있었기 때문에 자기 의지로 행할 자유가 없었다."

8) 뷔쉘(F. Büchsel)은 Gerhard Kittel ed., Geoffrey Bromiley trans., *Theological*

*Dictionary of the New Testament*(Grand Rapids: Eerdmans, 1967)의 "λυτρόω"라는 항목에서 이렇게 설명한다. "구속이라는 단어는 이후의 유대 용법에서 항상 이방 백성들의 지배로부터 벗어나는 이스라엘의 구속을 의미한다. 종종 출애굽을 의미하기도 하지만, 유대 역사 가운데에 있었던 다른 많은 구속, 예를 들어, 안티오쿠스 에피파네스 4세(Antiochus Epiphanes IV)로부터의 구속과 같은 것을 의미하기도 한다"(4:350). 신약성경이 다루는 애굽의 노예였던 이스라엘 민족과 죄의 노예라는 불신자와의 연관성과 관련한 자세한 내용은 John Byron, *Slavery Metaphors in Early Judaism and Pauline Christianity*(Tubingen, Germany: J. C. B. Mohr, 2003), 229를 보라.

9) Lawrence O. *Richards*, *Bible Reader's Companion*(Colorado Springs: David C. Cook, 1991),53.

10) 렘 44:15-17; 요 3:19-21; 롬 1:21; 고후 7:1; 딛 1:15를 보라.

11) '전적 타락'이란 모든 죄인이 가능한 최대한 잔인하거나 사악하다는 의미가 아니라는 것을 이해해야 한다. 분명히 그것은 사실이 아니다. 모든 죄인이 집단적인 살인자나 강간범은 아니다. 사실, 어떤 죄인들은 다른 사람들에 비해서 비교적 선한 사람들인 것 같아 보인다. 그러나 성경은 모든 죄인들의 타락의 정도에 대해서 명확하게 말한다. 죄인의 본성이나 존재의 어느 부분이라도 죄로 인해 완전히 부패하지 않은 영역이 없다. 따라서 우리가 '전적 타락'이라고 말할 때 우리는 모든 죄인이 죄의 영향력에 전체적으로 오염되어 있다는 것을 말하고 있는 것이다. 그 오염으로 인해 죄인은 영적으로 죽은 존재이며, 영적인 진리에 긍정적으로 반응하는 것이 완전히 불가능하다고 규정한다.

12) 전적 타락 교리에 대한 보다 자세한 내용은 *Proclaiming a Cross-Centered Theology*(Wheaton, IL: Crossway, 2009)에 수록된 "The Sinner Neither Willing nor Able"(81-98)이라는 장과 *John Calvin: A Heart for Devotion, Doctrine, & Doxology*(Orlando: Reformation Trust, 2008)에 수록된 "Man's Radical Corruption"(129-140)이라는 장을 보라.

13) 렘 13:23; 롬 8:7-8; 14:23; 히 11:6를 보라. 같은 주장으로, 웨스트민스터 신앙고백 (제 9장, § 3)은 이렇게 진술한다. "인간은 죄의 상태로 타락함으로 말미암아 구원에 수반되는 영적으로 선한 일을 행할 모든 능력을 잃어버렸다. 자연인과 마찬가지로, 한가지로 선한 것을 싫어하여, 죄악 가운데서 죽어, 자기 자신의 힘으로 자신을 개종시키거나 그렇게 자신을 준비시킬 수 없다."

14) 요 8:43-44; 고전 2:14을 참조하라. 사단은 이 사악한 세상의 지배자이며(요 12:31;

고후 4:4; 엡 2:2), 모든 "불순종의 아들들"의 아버지이다(엡 5:6을 보라; 마 13:38; 요일 3:10 참조). 그는 "처음부터 살인한 자"(요 8:44), "거짓의 아비"(요 8:44), "악한 자"(요 17:15; 요일 5:19을 보라; 마 13:19 참조), "멸망의 자식", "멸망의 아들들"(요 17:12; 살후 2:3)로 알려져 있어서 "우는 사자 같이 두루 다니며 삼킬 자를 찾"는다(벧전 5:8). 마귀는 비록 광명한 천사(고후 11:14)로 나타나 자신의 명령에 순종하는 대가로 만족을 제공해 주겠다고 주장하지만(마 4:8-10을 보라), 마귀의 유혹은 영적인 파멸을 가져오는 불화살일 뿐이다(엡 6:16을 보라; 요일 2:15-17 참조).

15) Charles Spurgeon, "Unbinding Lazarus", 설교번호 1776, *Metropolitan Tabernacle Pulpit*(Pasadena, TX: Pilgrim Press, 1985), 30:219.

16) 이 논점에 대해서는 작가인 듀앤 에드워드 스펜서(Duane Edward Spencer)가 다음과 같이 지적했다. "우리 주님이 생명을 먼저 허락하지 않으셨다면, 나사로가 절대로 예수님의 음성을 들을 수도, '예수님께 나아올' 수도 없었던 것처럼, '죄로 죽은' 모든 인간은 '그리스도께 나아올' 수 있기 전에 하나님께서 생명을 먼저 허락해 주셔야만 한다. 죽은 사람은 생명을 받을 의지가 없고, 오직 하나님의 능력으로만 죽음에서 일어날 수 있기 때문에, 마찬가지로 자기 자신의(신화적인) '자유의지'를 가진 자연인도 의지적으로 영생을 소유할 수 없다"(요 10:26-28 참조) (Spencer, *Tulip: The Five Points of Calvinism in the Light of Scripture* [Grand Rapids: Baker], 28).

17) Charles Spurgeon, "Human Inability", *New Park Street Pulpit*, 전 4권.(London: Alabaster and Passmore, 1859), 4:138.

18) 인간의 죄의 본성에 대해서는 시 51:5; 롬 3:23; 5:12, 15-17; 고전 15:21를 보라. 죄의 부패한 영향력에 대해서는 시 143:2; 렘 17:9; 롬 1:28; 5:10; 8:7; 엡 2:1-3; 4:18; 딛 1:15; 3:1-3를 보라.

19) Martin Luther, *On the Bondage of the Will*, Henry Cole trans. (London: T. Bensley, 1823), 293, 295. 갈 4:8; 엡 2:2 참조.

20) 겔 18:4; 마 5:29; 롬 6:23; 8:13; 갈 6:8; 약 1:15; 계 20:10-15을 참조하라.

21) Luther, *On the Bondage of the Will*, 320.

22) 위의 책, 125. 이 장에서, 루터는 에라스무스(Erasmus)가 사용한 "자유의지"의 용례의 오류를 지적한다. 그 과정에서 루터는 전적 타락에 대한 자기 자신의 이해를 증언한다.

1) 요 4:10; 행 11:17-18; 엡 2:8; 빌 1:29; 벧후 1:1; 딤후 2:25; 딛 3:5과 같은 본문들은 구원 얻는 회개의 믿음이 하나님의 선물이지 인간의 노력의 산물이 아니라는 사실을 지적해 준다.

2) 키스 브래들리는 그 문제에 대해서 다른 설명 없이, 노예들은 "대부분의 경우 침묵 가운데 절차를 견뎌 낸 것 같아 보인다"라고 설명한다(*Slavery and Society at Rome*[Cambridge University Press, 1994], 56).

3) Francis Lyall, *Slaves, Citizens, Sons: Legal Metaphors in the Epistles*(Grand Rapids: Academie Books, 1984), 38-39. 이에 더해, 머레이 해리스는 고린도전서 6장 20절과 7장 23절과 "애굽 땅의 종살이"(예, 출 6:6; 시 74:2) 이후에 하나님의 보배로운 소유(출 19:5-6; 신 26:18; 말 3:17)가 되기 위해 이스라엘 백성이 얻은 하나님의 '구속-획득'이라는 구약의 개념 사이의 연결 관계를 끌어 낸다(*Slave of Christ*[Downers Grove, IL: Intervarsity Press, 1999], 122).

4) 롬 9:11; 엡 1:4; 살후 2:13; 딤후 1:9; 딛 1:2를 참조하라.

5) 벧전 1:18-19; 계 5:9; 14:4도 보라.

6) 갈 6:10; 엡 2:19; 히 3:6; 벧전 2:5; 4:17를 참조하라.

7) 롬 16:7; 고후 2:14; 엡 3:1; 골 4:10; 딤후 1:8; 딛 2:14; 몬 1, 9, 23; 그리고 벧전 2:9를 참조하라. 로마서 16장 7절, 골로새서 4장 10절, 빌레몬서 23절에 나오는 "나와 함께 갇혔던"이라는 표현은 문자적으로 '전쟁으로 포로가 된 동료 죄수'를 의미한다. 마치 바울은 자기 자신과 함께 갇힌 자들을 그리스도를 섬기는 일에 있어서 함께 포로 된 자들로 지칭하기 위해 이 표현을 비유적인 의미로 사용하고 있다(Harris, *Slave of Christ*, 117).

8) 요 3:7; 5:21; 6:44, 65을 보라. 마 11:27을 참조하라.

9) 빌 1:6과 고전 1:29-31을 참조하라.

10) 겔 18:23, 32; 33:11; 요 3:18,19, 36; 5:40; 살후 2:10-12; 계 22:17을 참조하라.

11) 두 가지 믿음 모두(엡 2:8)와 회개(딤후 2:25)는 하나님의 선물이다.

12) Richard Baxter, *The Saints' Everlasting Rest*, John MacArthur, *The Glory of Heaven*(『존 맥아더, 천국을 말하다』)(Wheaton, IL: Crossway, 1996), 171에 인용됨.

13) 롬 8:29-30, 33; 엡 1:3-11; 골 3:12; 살전 1:4를 참조하라.

14) '미리 아심'이라는 단어는 단순히 미래에 일어날 일에 대한 인식을 의미하는 것이 아

니라, 앞으로 일어날 일에 대한 예정을 의미한다. 이 단어는 단순히 주의 깊은 것을 의미하는 것이 아니라 계획을 의미한다(롬 1:5; 행 2:23 참조). 이 구절의 문맥에서, 이 단어는 하나님이 각각의 그리스도인들과 맺고 있는 관계를 미리 아시고 예정하셨다는 사실을 지적해 준다.

15) *The Evangelical Dictionary of Theology*, EDT는 구속은 "신약성경에서 아고라조 (agorazo)와 리오(lyo) 단어 그룹을 통해 전해진다. 이 용어들은 물건을 구입하거나 노예를 풀어 주는 것을 의미하는 시장 거래 상황을 염두에 둔 것이다. 이 단어들을 사용하면서, 신약성경 저자들은 속박으로부터의 구원을 의미하는 용어로 그리스도의 구원 행위를 묘사하고자 했다. 이런 단어들은 대부분 속전(贖錢)을 지불함으로 속박에서 구원되는 것을 의미한다"고 설명한다(R. David Rightmire, EDT의 "구속하다, 구속," 항목, Walter A. Elwell ed.[Grand Rapids: Baker, 1996], 664-665).

16) W. E. Vine, *Expository Dictionary of New Testament Words*(Old Tappan, NJ: Fleming H. Revell Company, 1966)의 "exagorazō"에 대한 주해에서, 263.

17) William F. Arndt, F. Wilbur Gingrich, *A Greek-English Lexicon of the New Testament*(Chicago: Chicago University Press, 1969)의 "agorazō"에 대한 주해에서, 12.

18) Carl Ludwig Wilibald Grimm, *A Greek-English Lexicon of the New Testament*, Joseph Henry Thayer trans.(Grand Rapids: Zondervan, 1970)의 "agorazō",에 대한 주해에서, 8. 요 17:9-10; 고전 6:20; 갈 3:13; 계 5:9; 14:3-4 참조.

19) Arndt, Gingrich, *A Greek-English Lexicon of the New Testament*의 "λύτρον"에 대한 주해에서, 483.

20) 마 20:28; 막 10:45; 고전 6:20; 7:23; 고후 5:21; 골 2:14; 딤전 2:6 참조.

21) 우리는 마치 그리스도께서 죄악의 노예들을 자유롭게 하기 위해 죄 혹은 사단에게 어떤 종류의 속전(贖錢)을 지불하셨다고 결론을 내리는 것과 같이, 구속 비유가 너무 과장되게 치우치지 않도록 주의해야만 한다. 그리스도께서는 하나님을 위해 죽으셨다. 그래서 그분은, 자신이 대속하고자 하는 자들의 죄악에 대한 온전한 속죄를 이루심으로 하나님의 진노를 가라앉혔고, 하나님의 공의를 만족시켰다. 뷔셀은 Gerhard Kittel ed., Geoffrey W. Bromiley trans. *Theological Wordbook of the New Testament*(Grand Rapids: Eerdmans, 1967)(IV, 344)의 "λύτρον" 항목을 주해하면서 "하나님께서 속전을 받으시는 분이라는 사실에 대해 의심의 여지가 없다. 예수님은 죽음으로써 하나님을 섬긴 것이다. 그리고 하나님은 냉혹하게 자기 아들에게 고통을 요구하신다. 하나님이 예수님을 죽이신다. 따라서 사단이 속전을 받을지도

모르는 모든 가능성은 사라진다. …[죄인들은] 하나님께 진 빚으로부터 자유로워져야만 한다"고 진술한다.

22) 예를 들어, 롬 3:24; 엡 1: 7; 골 1:14.

23) 고전 1:30을 보라; 마 26:28 참조.

24) 엡 4:32; 골 2:13 참조. 우리는 더 이상 죄의 권세 아래 놓여 있지 않지만(롬 6:14-19), 현실은 그렇다. 왜냐하면 새로운 창조는 구속받지 못한 인간의 육체 속에 감금되어 있기 때문에 온전한 몸의 구속이 이루어질 때까지(롬 8:18-23) 이 생을 사는 동안 우리는 여전히 죄와 싸울 것이다(롬 7:21-24; 요일 1:8). 그리스도께서 구원과 관련해 행하신 구속 사역은 절대로 반복될 필요가 없다. 속량과 칭의는 그 순간에 완성되었다. 그러나 하나님의 은혜로운 칭의로 인해 깨끗해진 모든 사람들은 육체 안에서 죄와 싸우고, 성화의 과정 안에서 성장해 가면서 경험적인 차원에서 지속적인 씻음이 필요하다. 주님께서 베드로에게 말씀하신 것처럼, "이미 목욕한 자는 발밖에 씻을 필요가 없느니라 온 몸이 깨끗하니라"(요 13:10). 따라서, 우리는 영적인 친밀감과 유용성을 최상의 수준까지 회복하기 위해, 매일 우리가 깨끗해지도록 용서를 간구하며(마 6:12, 14-15 참조) 우리의 죄악을 규칙적으로 고백해야 한다(요일 1:9). 신자들은 영광 중에 누리게 될 죄의 현실로부터의 온전한 구속을 기다리면서, 죄를 재빨리 고백하고 죄에서 신속하게 돌아섬으로써, 죄로부터 구속받고 그리스도를 통해 하나님과 교제를 누리는 심오한 영적인 복을 모두 누릴 수 있다(요일 1:3을 보라; 히 10:19 참조).

25) 고전 15:56-57; 요일 4:17-18 참조.

26) 요 8:34-36; 롬 8:15, 33-34; 히 2:14-15 참조.

27) 롬 6:1-2, 15 참조. 뷔셀은 구속받은 자들의 구원 얻는 믿음에 수반되는 그리스도를 닮은 윤리를 이렇게 묘사한다. "예수님의 용서를 받아들이는 것은 하나님께 자신의 전 존재를 내어드린, 자신의 생명과 죽음을 통한, 자원하는 순종을 통해 제시된 그분의 선물을 받아들이는 것이다. 그래서 이런 용서를 받아들이는 사람들은 하나님께 동일한 순종을 내어드리기까지 절대로 쉬지 않는다"(*Theological Dictionary of the New Testament*[unabridged] "λυτρόω" 항목, 4:348).

28) 로마서 6장 18절을 주석하면서, 더글라스 무는 이렇게 기록했다. "여기에 사용된 수동태 동사(17절과 22절에서처럼)는 하나님의 주도성에 또다시 주목하게 한다"(*The Wycliffe Exegetical Commentary, Romans 1-8*[Chicago: Moody Press, 1991], 419).

29) James Montgomery Boice, *Romans*, 전4권(Grand Rapids: Baker, 1991), 2:690.

30) Harris, *Slave of Christ*, 153.

31) F. F. Bruce, Romans, *Tyndale New Testament Commentary*(재인쇄, Grand Rapids: Eerdmans, 2002), 133.

32) Moo, *The Wycliffe Exegetical Commentary*, *Romans 1-8*, 415. 무는 다음과 같이 추가적으로 설명했다, "우리는 주인으로부터 결코 자유롭지 않다. 자신이 자유롭다고 생각하는 비그리스도인들은 사단이 만들어 내고 유지하는 잘못된 생각에 사로잡혀 있다. 사람들이 직면해 있는 선택은 '나의 자유를 유지해야만 하는가 아니면 그것을 포기하고 하나님께 복종해야만 하는가?'가 아니라 '죄악을 섬겨야만 하는가 아니면 하나님을 섬겨야만 하는가?'이다.

33) C. E. B. Cranfield, *The Epistle to the Romans*, 전2권(Edinburgh: T&T Clark, 1975), 1:319. 321.에서, 저자는 바울이 사용하는 노예 비유가 "다른 어떤 이미지에도 비견될 수 없는, 생명력과 강렬함을 가진 은혜의 삶을 특징지어 주는 전적 소속, 전적 의무, 전적 책임을 표현하는" 용법이라는 사실을 지적한다.

34) Leon Morris, *The Epistle to the Romans*, *Pillar New Testament Commentary*(Grand Rapids: Eerdmans, 1998), 264.

## 10장

1) 요 6:39; 10:27-29; 빌 1:6; 롬 8:38-39.

2) John Chrysostom, *Homilies on Romans*, 11, Gerald Bray ed., *Romans*, *Ancient Christian Commentary on Scripture*(Downers Grove, IL: InterVarsity, 1998), 170에서 인용.

3) Arthur Tappan Pierson, *George Müller of Bristol*(London: James Nisbet & Co., 1899), 116.

4) Laura Peters, *Orphan Texts*(New York: Manchester University Press, 2000), 9에 인용된 E. C. Tufnell의 보고, 1853-1854년도 지방 연합 학교의 장학사(the inspector of parochial union schools in 1853-54)에 기초한 것임.

5) Pierson, *George Müller of Bristol*, 226.

6) George Müller, *A Narrative of Some of the Lord's Dealing with George Müller, Written by Himself, Jehovah Magnified. Addresses by George Müller Complete and*

*Unabridged*, 전2권(Muskegon, MI: Dust and Ashes, 2003), 1:46.

7) 위의 책, 1:46.

8) George Müller, *The Life of Trust*(New York: Thomas Y. Crowell, 1898), 70.

9) Müller, *Narrative*, 1:752.

10) 위의 책, 1:46.

11) D. Martyn Lloyd-Jones, *Studies in the Sermon on the Mount*, 전2권을 담은 단권본 (Grand Rapids: Eerdmans, 1976), 1:257.

12) Pierson, *George Müller of Bristol*, 290.

13) 예수 그리스도를 지칭하는 맏아들이라는 용어는, 그분이 창조되었다는 것을 의미하는 말이 아니다(어떤 사이비 이단들은 그렇게 주장한다). 오히려 유대와 그리스 로마 문화에서 '맏아들'은 태어난 순서에 관계 없이 유산을 물려받을 권리가 있는 아들을 의미했다. 따라서 '맏아들'이라는 호칭은 '가장 높은 서열' 혹은 '탁월함'을 의미한다.

14) 왜 그리스가 아니고 로마로 관심을 돌리는지-대부분의 신약성경 입양 언어의 이면에는 법이 있다-에 대한 토론은 Francis Lyall, *Slaves, Citizens, Sons: Legal Metaphors in the Epistles*(Grand Rapids: Academie Books, 1984), 95-99를 보라.

15) Francis Lyall, *Slaves, Citizens, Sons*, 125-126을 참조하라. 일반적으로 입양은 상당히 일반적이었지만, 특별히 노예들의 공식적인 입양은 매우 드물었다. 비공식적으로, 해방된 노예는 누구든지 이전 주인을 - 다시 말하자면, 자신을 자유롭게 해 준 사람 - 아버지나 후원자로 보았다(James S. Jeffers, *The Greco-Roman World of the New Testament*[Downers Grove, IL: InterVarsity Press, 1999], 239를 참조하라). 하나님께서 우리를 죄의 노예가 된 상태에서 자유롭게 하셨기 때문에, 이 비유는 신자들에게도 동일하게 적용될 수 있다. 그러나 신약성경의 입양 용어는 공식적인 법적 과정을 가정한다. 이 공식적인 법적 과정을 통해 자식으로서의 모든 특권과 유산권이 공식적으로 부여된다.

16) William W. Buckland, *A Text-Book of Roman Law*(Cambridge, UK: Cambridge University Press, 1963), 127-128을 참조하라. 브라이언 도드(Brian J. Dodd)는 *The Problem with Paul*(Downers Grove, IL: InterVarsity, 1996)에서 노예로 태어났지만 나중에 자유민이 되고 주인에게 입양된 비탈리스(Vitalis)라는 이름의 마케도니아 소년을 예로 든다(97).

17) 신약성경은 수없이 자주 신자들을 하나님의 자녀들로 언급한다(예, 갈 3:16, 26, 29; 엡 5:1, 8; 빌 2:15; 살전 5:5; 히 2:10; 12:5-11; 요일 3:1-3).

18) 따라서 우리는 *The Institues of Gaius and Justinian*, "The adoption of slaves by their masters gives the their freedom" 서론에서 다음과 같은 내용을 발견한다. "주인이 노예를 입양하면 노예는 자유를 얻었다"(T. Lambert Mears[Clark, NJ: Lawbook Exchange, 2005], xxxvii).

19) 프랜시스 리올은 이렇게 설명한다. "*adoptio* 과정에는 두 단계가 있었다. 첫 단계는 '이전' 아버지의 권세라는 과거의 *권리(potestas)*를 무력화시키는 것이었다. 두 번째 단계는 '새로운' 아버지의 아버지로서의 권세를 확립하는 것이었다. …그로부터 입양아는 범사에 새로운 가장의 권위와 지도 아래 놓이게 되었다"(*Slaves*, *Citizens*, Sons, 86-87).

20) Everett Ferguson, *Backgrounds of Early Christianity*(Grand Rapids: Eerdmans, 2003), 65-66.

21) 로마에서 입양은 주로 새로운 아버지에게(합당한 상속자를 제공해 준다는) 유익을 위한 절차였지만, 신약성경의 초점은 하나님의 은혜로운 공급하심을 강조하면서 신자들이 입양을 통해 누리게 되는 유익을 설명하는 데 초점이 맞추어져 있다(*Paul in the Greco-Roman World*, J. Paul Sampley ed.[Harrisburg, PA: Trinity Press, 2003], 58에 인용된 James C. Walters, "Paul, adoption, and Inheritance", 42-76 참조).

22) Lyall, *Slaves*, *Citizens*, *Sons*, 83.

23) 갈 6:10; 엡 2:19-22; 벧전 4:17을 참조하라.

24) J. I. 패커(J. I. Packer)가 설명하는 것처럼, "입양된 신자들의 상태는 그리스도 안에서 그리스도를 통해 하나님께서 독생자를 사랑하시는 것같이 그들을 사랑하시며, 지금 그리스도께서 누리고 계신 모든 영광을 그들과 함께 공유하실 것이라는 의미이다"(*Concise Theology*[Wheaton, IL: Tyndale House, 1993], 167).

25) Andreas J. Kostenberger, David W. Jones, *God*, *Marriage*, *and Family*(Wheaton, IL: Crossway, 2004), 150. 핵심은 월터 엘웰(Walter Elwell)이 다음과 같이 더 자세히 설명한다. "입양은 아들 신분을 타고난 그리스도와 달리 우리는 아들 신분을 부여받았다는 사실을 명확히 해 준다"(*The Shaw Pocket Bible Handbook*[Wheaton, IL: Harold Shaw, 1984], 346).

26) 존 바이런(John Byron)은 이렇게 지적했다. "로마서 8장 15절의 입양 개념은 보통 말하는 노예 신분과 대조되는 것이 아니라 독특한 유형의 노예 신분 즉, 죄의 노예가 되는 노예 신분과 대조를 이룬다(*Slavery Metaphors in Early Judaism and Pauline Christianity*[Tubingen, Germany: J. C. B. Mohr, 2003], 228).

27) Alexander Maclaren, *Expositions of Holy Scripture, the Acts*(장소불명: Bibliolife, 2007), 149.

## 11장

1) 이 문제와 관련하여 추천할 만한 자료는 Russell D. Moore, *adopted for Life* (Wheaton, IL: Crossway, 2009)이다.

2) 신약성경에는, 칭의(그리스도 안에서 우리의 의로움에 대한 선포)와 양자 됨(입양) (하나님의 가족 안에 우리 존재가 거하게 됨) 사이에 가까운 관계가 존재한다. 패커가 다음과 같이 설명한 것처럼 말이다. "칭의는 기초적인 복이다. 그 복에 기초하여 양자 됨(입양)이 발견된다. 입양은 최고의 복이다. 칭의가 그 복을 향해 길을 터 준다"(*Concise Theology*,[Wheaton, IL: Tyndale House, 1993], 167).

3) 모세 이전에, 아브라함은 엘리에셀을 자기 상속자로 삼았다(창 15:2). 어떤 주석가들은 여기에 어떤 형태의 입양이 포함되었다고 믿는다. 아브라함은 조카 롯도 입양했을 수 있다(Josephus, *Antiquities*, I.7.1에 따르면). 이와 유사하게, 야곱은 요셉이 낳은 손자 에브라임과 므낫세를 입양했다(창 48:5). 그렇게 함으로써 야곱은 그들을 이스라엘 두 지파의 조상으로 삼았다.

4) 고대 히브리 사회에서 합법적인 제도의 관점에서 공식적인 입양은 존재하지 않았지만, 신약성경은 몇몇 "공식적이거나 법률상 성립되는 입양은 아니지만, 본질적으로 입양의 실례"가 되는 사례를 포함하고 있다(William Hendrickson, *Romans*, *New Testament Commentary*[Grand Rapids: Baker, 1981], 259). 이런 관점에서 볼 때, 므비보셋은 다윗에게 입양되었다.

5) Catherine Hezser, *Jewish Slavery in Antiquity*(Oxford University Press, 2005), 138-139을 참조하라.

6) John Gadsby, *Slavery, adoption, and Redemption*(장소불명: Primitive Baptist Publishing House, 1865), 34.

7) James M. Scott, *adoption as Sons of God*(Tubingen, Germany: J. C. B. Mohr, 1992)을 참조하라. 때때로, 사무엘하 7장 14절이 이런 식으로 해석되기도 한다.

8) John Byron, *Slavery Metaphors in Early Judaism and Pauline Christianity*(Tubingen,

Germany: J. C. B. Mohr, 2003), 228.

9) 이와 유사하게, 러셀 모어(Russell D. Moore)는 이렇게 기록했다. "너무 자주 우리는 이방인들이 '입양된' 하나님의 자녀들이고, 유대인들은 '타고난' 자녀들이라고 확신한다. 그러나 바울은 이스라엘 백성들도 동일하게 입양된 존재들이라고 말한다(롬 9:4). 이스라엘에 대해 하나님께서 이렇게 말씀하신 적이 있다. '네 근본과 난 땅은 가나안이요 네 아버지는 아모리 사람이요 네 어머니는 헷 사람이라'(겔 16:3) 이스라엘 백성들도 한때는 이방인이었다. 하나님께서 이스라엘에게 하나님께서 '그를 황무지에서, 짐승이 부르짖는 광야에서 만나'셨다(신 32:10)고 깨닫게 하신다. 이스라엘은 길가에 피투성이가 된 채로 내버려진 버림 받은 아이였다"(겔 16:5)(*adopted for Life*, 30).

10) 윌리엄 헨드릭슨(William Hendrickson)은 바울의 입양 비유의 이중적인 영향력에 대해 다음과 같이 설명했다. "로마서 8장 15절과 갈라디아서 4장 5절에서 바울이 '입양'이라는 단어를 사용했을 때, 그 단어와 법적인 신분은 로마의 풍습에서 빌려왔지만, 핵심은 신약성경의 거룩한 계시로부터 기원한 것이다"(*Romans*[Grand Rapids: Baker, 1991], 259. Douglas J. Moo, *The Epistle of Romans*, *New International Commentary on the New Testament*[Grand Rapids: Eerdmans, 1996], 501를 참조하라), 이후로는 NICNT로 표기함. 비록 주석가들이 바울의 마음에서 (로마의 입양이나 유대의 입양 중) 어떤 것이 보다 더 현저했는지에 대해서는 의견이 나뉘지만, 유대와 로마의 입양이 상호 배타적인 것은 아니다. 따라서 바울은 (로마 시민이요, 훈련받은 랍비로서) 두 세계 모두로부터 입양의 이미지를 가져온 것 같다. 러퍼트 데이비스(Rupert Davies)가 "유대와 로마의 관습 모두가 확실하다"라고 지적하는 것처럼 말이다(*The Westminster Dictionary of Christian Theology*, Alan Richardson, John Bowden ed.[Philadelphia: Westminster Press, 1983], "adoption" 항목, 5).

11) James M. Boice, Philip G. Ryken, *The Doctrines of Grace*(Wheaton, IL: Crossway, 2003), 151-152.

12) 이 구절을 주석하면서, 토마스 스크레이너(Thomas R. Schreiner)와 아르델 케인데이(Ardel B. Caneday)는 이렇게 지적했다. "그리스도인으로서 우리들은 하나님의 가족 안으로 입양된다. 그러나 여전히 우리는 부활의 때까지 우리의 입양의 완성을 경험하지 못할 것이다"(*The Race Set Before Us*[Downers Grove, IL: InterVarsity, 2001], 68). 입양이라는 현재의 실제를 통해 미래의 결과를 예상할 수 있기 때문에, 부분적으로 바울이 "유산"의 이미지를 사용하고 있다(Douglas Moo, *The Epistle to*

the Romans, NICNT, 504).

13) Norman Shepherd, *Baker Encyclopedia of the Bible*의 "adoption" 항목, W. A. Elwell, B. J. Beitzel ed.(Grand Rapids: Baker, 1988), I:31.

14) 오늘날, 가장 기초적인 수준에서조차도, 입양은 영구적인 계약으로 폭넓게 이해된다. 어느 일반 작가가 이렇게 표현한 것처럼 말이다. "입양은 영구적인 선택이다. 입양된 자녀는 생물학적 자녀와 동일한 법적 권리와 특권을 갖는다. 입양은 위탁 보호(foster care)나 후견인 제도(guardianship)와 다르다. 그 두 가지는 보통 일시적인 (혹은 일시적인 것으로 여겨지는) 것이다. 그에 반해 입양은 영원한 것이다. 사실, 많은 입양 가족들은 그들을 스스로 '영원한 가족'으로 표현한다"(Christine A. adamec, *The Complete Idiot's Guide to adoption*[Indianapolis: Alpha Books, 1998], 7).

15) Everett F. Harrison, *Romans, Expositor's Bible Commentary*(Grand Rapids: Zondervan, 1996), 93. 강조는 저자가 추가한 것임.

16) D. Martyn Lloyd-Jones, *Great Doctrines of the Bible*(Wheaton, IL: Crossway, 2003), 189.

17) Moo, *The Epistle to the Romans*, NICNT, 500-501.

18) 히 2:14-15; 요일 4:13, 18을 참조하라.

19) 고후 1:22; 엡 1:13-14; 4:30을 참조하라.

20) Herbert Lockyer, *All the Doctrines of the Bible*(Grand Rapids: Zondervan, 1964), 203.

21) Kenneth S. Wuest, *Wuest's Word Studies from the Greek New Testament*(Grand Rapids: Eerdmans, 1997), 92.

22) Wayne Grudem, *Systematic Theology*(Grand Rapids: Zondervan, 1994), 788.

23) 웨스트민스터에 기초한 19세기 교리문답서의 표현 중에서, "그들이 어떻게 입양을 통하여 (영원한 구원에 이르는) 궁극적으로 구제받는가? A. 그들을 자기 자녀로 입양하신 분이 그들의 영원한 하나님 아버지시다. 사 9:6; 따라서, 그들은 하나님의 집에 영원히 거하게 될 것이다. 요 8:35"(*The Westminster Assembly's Shorter Catechism Explained)*[Philadelphia: William S. Young, 1840], 199).

24) 예, 요 3:36; 5:24; 6:47; 17:2, 12; 요일 5:13.

25) John Gill, *The Cause of God and Man*(London: Thomas Tegg & Son, 1888), 364-365.

26) Alexander Maclaren, *Expositions of Holy Scripture, the Acts*(장소불명: Bibliolife, 2007), 149, 행 4:26, 27, 29에 대한 주해.

27) 마 12:50; 요 12:36; 엡 5:1, 8; 딤후 1:9; 벧전 1:14-16을 참조하라.

28) 요 8:34-36; 롬 8:15-17; 갈 4:3-7; 히 2:15을 참조하라.

29) 롬 6:18; 고전 7:23; 갈 5:24을 보라; 약 1:1; 롬 1:1을 참조하라.

30) 예수님은 요한복음 15장 15절에서, 다락방 담화를 통해 자기 제자들에게 이렇게 말씀하셨다. "이제부터는 너희를 종이라 하지 아니하리니 …너희를 친구라 하였노니" 언뜻 보기에, 예수님이 노예 비유를 깡그리 무시하는 것처럼 보인다. 그러나 아주 오랜 세월이 지난 후에도 제자들이 자신들을 "그리스도의 노예"로 계속하여 언급하고 있다는 사실이 증명해 주듯이 실제로는 그렇지 않다(예, 벧후 1:1의 베드로와 계 1:1의 요한). 나아가, 예수님은 우정을 예수님께 대한 복종으로 정의하셨다. "너희는 내가 명하는 대로 행하면 곧 나의 친구라"(요 15:14).(노예들은 주인이 행하는 일에 내밀히 관여하지 않기 때문에) 요한복음 15장 15절에서, 예수님이 지적하시는 핵심은 간단히 말해 예수님이 행하신 모든 일들을 제자들에게 계시해 주심으로써 예수님은 제자들을 단순히 노예들로 대우하신 것이 아니라 친구와 (비밀 따위도 털어놓을 수 있는) 막역한 친구들로 대우하셨다는 것이다. 예수님이 신자들을 친구요 노예로 보셨다는 사실은 수많은 신약성경 본문을 통해 증명된다(Harris, *Slave of Christ*[Downers Grove, IL: InterVarsity Press, 1999], 144-146도 보라).

## 12장

1) Keith Bradley, *Slavery and Society at Rome*(Cambridge University Press, 1994)에 인용됨.

2) 위의 책, 103. 저자는 그 허구의 연극에 등장하는 "그 당시 동시대의 현실로부터 이끌어 낸 노예 심리"가 정확함을 증명하면서 그 연극을 로마의 극작가 플리니(Pliny the Younger)의 작품에 견준다(105).

3) 데이비스(W. D. Davies)와 데일 앨리슨 주니어(Dale C. Allison Jr.)가 설명한 것처럼, "이전의 비유처럼 이 비유는 명백한 상징들로 가득 차 있다. 주인은 예수님이다. 예수님의 노예들은 그 구성원들이 다양한 책임을 받아 감당해야 하는 [가견적인] 교회를 나타낸다. 주인이 떠나는 것은 이 땅에 오신 예수님이 떠나시는 것이다. 주인이 오랫동안 부재한 것은 교회 시대를 말한다. 주인의 다시 오심은 인자의 재림을 말한다. 착

한 노예들에게 주어진 상급은 최후의 심판 때에 충성된 자들에게 주어진 하늘의 상급을 나타낸다. 그리고 그들의 기쁨은 메시아의 연회에 참여한 기쁨이다"(*The Gospel According to Saint Matthew*, vol. 3, ICC[Edinburgh: T&T Clark, 2000], 402).

4) 롬 5:17; 딤후 2:12; 계 2:26-27; 3:21을 참조하라.

5) 마이클 카드는 예수님의 비유들 중에서 노예가 등장하는 모든 비유를 언급하면서 다음과 같이 지적한다. "예수님의 노예 비유들은 모든 의심을 넘어서서 주인 되신 하나님이 '마음이 굳은 분'이 아니라 백만 달러 빚을 탕감해 주시는 측량할 수 없는 긍휼을 가지신 분이라는 사실을 가르쳐 준다. 그분은 노예들을 섬기고 노예들의 발을 씻기기 위해 채비를 하시는 주인이다. 그분은 기꺼이 종들과 함께 그리고 종들을 위해 고난당하고 죽기 원하는 분이시다. 그러나 마지막으로 나는 꼭 이 말을 해야만 한다. 그분은 월급이나 보상에 기반한 것이 아니라, 단순히 우리 주님이 누구신지를 아는 지식에 기반한 단순한 순종, 신뢰에 기반한 순종을 기대하시는 주님이시다"(*A Better Freedom*[Downers Grove, IL: InterVarsity Press, 2009], 116).

6) 이 사실에서 계 3:11과 22:12, 20에 있는 우리 주님의 약속이 유래한다.

7) 요일 2:28, 3:2-3을 보라; 딛 2:11-13을 참조하라.

8) R. C. H. Lenski, *Interpretation of Saint Paul's Epistle to the Romans 8-16*(Minneapolis, Augsburg Fortress, 2008), 843.

9) Mark Edwards, *Encyclopedia of Ancient Greece*, Nigel Guy Wilson ed.(New York: Routledge, 2006)에 수록된 "Paul, St." 542-543 .

10) John Piper, *Don't Waste Your Life*(『삶을 허비하지 말라』)(Wheaton, IL: Crossway, 2007), 45-46.

11) 마 5:12; 10:42.

12) 작가인 제인 가드너(Jane F. Gardner)는 이런 풍습이 고대 로마에만 존재하는 독특한 것이었다고 지적한다. "나머지 그리스 로마 세계와는 달리 로마인들은 보통 노예해방 증서와 더불어 노예에게 시민권을 부여했다는 사실은 고대 시대와 현대 시대 모두에서 논평을 불러일으켰다"(*Being a Roman Citizen*[New York: Routledge, 1993], 7).

13) James Albert Harrill, *The Manumission of Slaves in Early Christianity*(Tubingen: J. C. B. Mohr Siebeck, 1995), 171. William D. Phillips, *Slavery from Roman Times to the Early Transatlantic Trade*(University of Minnesota Press, 1985), 30에서 이에 대한 예외적인 예들을 제시한다. 제니퍼 글랜시도 유사한 예외적인 예들을 주목한다. 하지만 다음과 같이 결론을 맺는다. "그럼에도 불구하고, 많은 노예들은 적어

도 생의 마지막 몇 해만이라도 자유민으로서뿐만 아니라 시민으로서 살아갈 수 있는 충분한 행운을 가졌다"(*Slavery in Early Christianity*[Minneapolis: Fortress Press, 2006], 95).

14) 세 번째 유형의 노예해방("인구조사를 통한 노예해방")은 로마의 인구조사가 진행될 때에만 가능했다. 그리고 주인이 자기 노예는 노예가 아니라 자유민으로서 계수되어야 한다고 주장해야만 가능했다. 이 방법은 신약성경 시대에는 더 이상 사용되지 않았다(Scott Bartchy, *First-Century Slavery*[Eugene, OR: Wipf and Stock Publishers, 2002], 92).

15) Gardner, *Being a Roman Citizen*, 9.

16) Murray J. Harris, *Slave of Christ*[Downers Grove, IL: InterVarsity Press, 1999], 72. 이 점에 관해, 프랜시스 리올은 다음과 같이 추가적으로 이야기한다. "자유를 얻은 노예와 자유민으로 태어난 자 사이에는 근본적인 차이가 있었다. 자유를 얻은 노예는 그의 후원자인 이전 주인에게 어느 정도 종속되었다"(*Slaves, Citizens, Sons: Legal Metaphors in the Epistles*[Grand Rapids: Academie Books, 1984], 43).

17) Lyall, *Slaves, Citizens, Sons*, 44을 참조하라.

18) James Jeffers, *The Greco-Roman World of the New Testament*(Downers Grove, IL: InterVarsity Press, 1999), 239.

19) 비록, 이전의 노예에서부터 법적인 시민권을 부여하는 결과를 가져다주지는 않았지만, 다양한 비공식적인 노예해방의 방법들도 존재했다(Harris, *Slave of Christ*, 72 참조).

20) Amy Chua, *Day of Empire*(New York: Doubleday, 2007), 45.

21) Harris, *Slave of Christ*, 72. 같은 입장에서, 키스 브래들리는 이렇게 지적한다. "공식적인 노예해방 증서는 노예가 자유로워졌고 동시에 로마의 시민권이 주어졌다는 것을 의미했다. 다시 말해, 그 노예는 즉시 로마 시민 사회로 수용되었으며, 그것은 아주 급격한 신분의 변화였다"(*Slavery and Society at Rome*, 155).

22) 에버레트 퍼거슨(Everett Ferguson)은 *Backgrounds of Early Christianity*(Grand Rapids: Eerdmans, 2003)에서 이렇게 설명한다. "공화정[주전 509년에서 주전 28년] 아래에서 시민권은 특정한 의무를 수반했다. 특별히, 군대복무의 가능성이 있었다. 그러나 원수(元首) 정치(로마 제국 초기의 정치 형식)[주전 27년부터 주후 284년]에서 그런 의무들은 시민권으로부터 점점 더 떨어져 나갔다"(63).

23) Derek Benjamin Heater, *A Brief History of Citizenship*(New York: New York University Press, 2004), 31.

24) A. Souter, *Dictionary of the Apostolic Church*, vol. 1, James Hastings ed.(New

York: Charles Scribner's Sons, 1919), "Citizenship" 항목, 212. 25. 고전 7:22을 보라; 요 8:32, 36; 롬 8:2, 12-14을 참조하라.

25) 고전 7:22을 보라; 요 8:32, 36; 롬 8:2, 12-14을 참조하라.

26) 롬 8:1, 33-34; 히 7:25; 요일 2:1을 참조하라.

27) 빌 3:20을 보라; 벧전 2:11을 참조하라.

28) 요 1:12-13; 벧전 1:3-4, 23을 참조하라.

29) 요일 2:29; 4:7; 5:4.

30) 고후 5:18-21; 엡 6:19-20을 참조하라.

31) Lyall, *Slaves, Citizens, Sons*, 63.

32) 위의 책, 66.

33) 위의 책.

34) 히 11:16, 26; 요일 2:16-17을 참조하라.

35) 히 12:22-24; 골 3:1을 참조하라.

36) 고후 5:8; 살전 4:17을 참조하라.


## 13장

1) 마 5:3; 13:44-46; 눅 17:33; 고전 3:18을 참조하라.

2) 마 5:4; 23:12; 20:16; 눅 22:26; 행 20:35을 참조하라.

3) 창 50:20; 신 6:4; 마 28:19; 요 1:1, 14; 히 1:3; 4:15을 참조하라.

4) Michael Card, *A Better Freedom*(Downers Grove, IL: InterVarsity Press, 2009), 23-24.

5) James Montgomery Boice, *Romans*, 전4권(Grand Rapids: Baker, 1991), 2:689-690; 강조는 원본에 있는 것임. Douglas Moo, *The Wycliffe Exegetical Commentary*, 로마서 1-8(Chicago: Moody Press, 1991), 415을 참조하라. 그는 이렇게 기록했다. "우리는 주인으로부터 절대로 자유롭지 않다. 그리고 자신이 자유하다고 생각하는 비그리스도인들은 마귀가 만들어 내고 유지하는 환상 속에 있는 것이다."

6) Alexander Maclaren, *Expositions of Holy Scripture, the Acts*(장소불명: Bibliolife, 2007), 148.

7) Chrysostom, *Homilies on Romans*, 11, Gerald Bray ed., *Romans, Ancient Christian Commentary on Scripture*(Downers Grove, IL: InterVarsity, 1998), 163에서 인용됨.

8) Francis Lyall, *Slaves, Citizens, Sons: Legal Metaphors in the Epistles*(Grand Rapids: Academie Books, 1984), 129-130.

9) John Piper, 출간되지 않은 2010년 2월 9일자 이메일. 허락을 받고 사용함.

10) Murray J. Harris, *Slave of Christ*(Downers Grove, IL: InterVarsity Press, 1999), 155.

11) 위의 책, 142.

12) Augustine, *Confessions*(『고백록』), 1, Jay P. Green trans., *Saint Augustine's Confessions*(LaVergne, TN: Lightning Source, 2001), 1에서.

13) Jim Elliot, Elisabeth Elliot ed., *The Journals of Jim Elliot*(Old Tappan, NJ: Revell, 1978), 253에서. 이 일기의 날짜는 1950년 7월 7일이다.

14) Charles Spurgeon, "Jesus Our Lord", *Metropolitan Tabernacle Pulpit*(Pasadena, TX: Pilgrim Publications, 1977), 48:558. Italics original.

## 부록

1) 제임스 제퍼스(James S. Jeffers)에 따르면, "헤르마스는 자기 자신과 다른 그리스도인들을 하나님의 노예들로 여겼다(Vis. 1.2.4; 4.1.3; Mand. 3.4; Sim. 8.6.5). 이들 문단이 함축하고 있는 함의는 그리스도인들은 주인이 자기 노예들에게 요구하는 동일한 순종으로 하나님께 은혜를 갚아야 한다는 것이다"("Jewish and Christian Families in First-Century Rome", Karl P. Donfried, 와 Peter Richardson ed., *Judaism and Christianity in First-Century Rome* [Grand Rapids: Eerdmans, 1998], 148에서).

2) 제임스 알로이시우스 클레이스트(James Aloysius Kleist)는 클레멘트가 고린도교회에 보낸 첫 번째 서신서에 대해서 다음과 같이 지적한다. "이 서신서의 약 20개 문단에서 클레멘트는 하나님을 표현할 때 현대적인 어법으로는 일반적이지 않은 명칭인 '주인'(the Master)을 사용했다. 그 시각은 사도 바울이 자신을 가리켜 그리스도

의 둘로스 혹은 '노예'로 부르도록 격려했던 것과 동일한 것이다"(*The Epistles of St. Clement of Rome and St. Ignatius of Antioch*[Mahwah, NJ: Paulist Press, 1946], 106-107n35).

3) Ignatius, *Letter to the Philadelphians*, 4, Bart D. Ehrman trans., The Apostolic Fathers(Cambridge, Mass.: Harvard University, 2003), I:287에서 인용됨.

4) Shepherd of Hermas, *Exposition on the Eighth Commandment*, 38.3-6, Ehrman, The Apostolic Fathers(Cambridge, Mass.: Harvard, 2005), II:269-271에서 인용함.

5) Polycarp, *Letter to the Philippians*, 1-2, Ehrman, The Apostolic Fathers(2003), I:335에서 인용함.

6) Eusebius, *Ecclesiastical History*, 5.1-4, John Allen Giles trans., *The Writings of the Early Christians of the Second Century*(London: John Russell Smith, 1857), 222에서 인용함.

7) *Corpus Scriptorum Ecclesiasticorum Latinorum*, 81.3:28.21-3, Eric Plumer, *Augustine's Commentary on Galatians*에 대한 비평적 노트(New York: Oxford University Press, 2003), 30n153에서 인용함.

8) Chrysostom, *Homilies on First Corinthians*, 설교 19.5-6(고전 7:22-23), Philip Schaff, *A Select Library of the Nicene and Post-Nicene Fathers of the Christian Church*(New York: Christian Literature Company, 1889), XII.108-109에서 인용됨. 영어 번역본은 읽기 쉽게 업데이트되었다.

9) John Chrysostom, *Homilies on Romans*, 11, Gerald Bray ed., *Romans, Ancient Christian Commentary on Scripture*(Downers Grove, IL: InterVarsity, 1998), 179에서 인용됨.

10) Gerald Bonner, "Anti-Pelagian Works", Allan Fitzgerald ed., *Augustine through the Ages: An Encyclopedia*(Grand Rapids: Eerdmans, 1999), 43에서 인용됨.

11) Augustine, "설교번호 159", John E. Rottelle trans., *Sermons*(Hyde Park, NY: New City Press, 1992), 124에서 인용됨.

12) Augustine, *Homilies on the Gospel of John 1-40*, 설교 29. Edmund Hill trans. (Hyde Park, NY: New City Press, 2009), 495.

13) Charles Hodge, *Exposition of the First Epistle to the Corinthians*(New York: Robert Carter & Brothers, 1878), 125.

14) Charles Spurgeon, "Eyes Right," *Metropolitan Tabernacle Pulpit*(Pasadena, TX: Pilgrim Publications, 1974), 34:689.

15) Charles Spurgeon, "The Way to Honor", 설교 번호 1118, *Metropolitan Tabernacle Pulpit*(Pasadena, TX: Pilgrim Publications, 1981), 19:356-357.

16) Charles Spurgeon, "Jesus Our Lord", *Metropolitan Tabernacle Pulpit*(Pasadena, TX: Pilgrim Publications, 1977), 48:558. 강조는 원본에 있는 것임.

17) Alexander Maclaren, *Expositions of Holy Scripture, the Acts*(n.p.: Bibliolife, 2007), 148-149.

18) R. C. H. Lenski, *Interpretation of Saint Paul's Epistle*(Minneapolis: Augsburg Fortress, 2008), 843.

19) J. Campbell White, "The Ownership and Lordship of Jesus Christ", *Students and the Modern Missionary Crusade*(New York: Student Volunteer Movement for Foreign Missions, 1906), 29, 36에서 인용됨.

20) Jim Elliot, Elisabeth Elliott ed., *The Journals of Jim Elliot*(Old Tappan, NJ: Revell, 1978), 174, 1949년 10월 28일자 일기.

21) 위의 책, 253, 1950년 7월 7일자 일기.

국제제자훈련원은 건강한 교회를 꿈꾸는 목회의 동반자로서 제자 삼는 사역을 중심으로
성경적 목회 모델을 제시함으로 세계 교회를 섬기는 전문 사역 기관입니다.

# 슬레이브

**초판 1쇄 발행** 2012년 1월 15일
**초판 12쇄 발행** 2023년 1월 31일

**지은이** 존 맥아더
**옮긴이** 박주성

**펴낸이** 오정현
**펴낸곳** 국제제자훈련원
**등록번호** 제2013-000170호(2013년 9월 25일)
**주소** 서울시 서초구 효령로68길 98(서초동)
**전화** 02)3489-4300   **팩스** 02)3489-4329
**이메일** dmipress@sarang.org

ISBN 978-89-5731-558-3  03230